ENTRE VERSOS Y MELODIAS
CULTIVANDO SERENIDAD EN EL MUNDO DE LA IA
Un viaje a través de sonidos, poesía y armonía digital
Transformación en la era de creatividad inteligente
NATHAN NIFCO, Ph.D.

First edition

ISBN: 978-1-0694444-2-4 (paperback)

ISBN: 978-1-0694444-0-0 (ebook)

elchifbooks.com

Contenido

A todos los primeros lectores – Gracias!.

Sus percepciones, reflexiones y comentarios honestos han ayudado a dar forma al corazón de este libro. Su compromiso le dio vida antes de su primer paso público. Estoy profundamente agradecido por tu tiempo y tu confianza.

A ustedes nuevos lectores de este libro: gracias por uniros a este viaje. Bienvenidos a este espacio de reflexión y conexión. Vuestro apoyo da vida a esta obra, y me siento honrado de compartirla con vosotros.

Todo el contenido de estas páginas —incluyendo la poesía, las composiciones musicales, los gráficos y el marco de los *Doce Pilares del Bienestar*— es creación exclusiva y propiedad intelectual del autor. Está protegido y compartido aquí respetuosamente con el propósito de promover el bienestar, la reflexión y una conexión más profunda.

Esta obra está dedicada a nuestra conciencia humana compartida.

En una era cada vez más moldeada por la inteligencia artificial, se vuelve aún más vital permanecer anclados en la esencia de lo que nos hace humanos: nuestra capacidad para sentir, reflexionar, detenernos y sanar.

Que nunca perdamos nuestro anhelo por encontrar significado.
Que la serenidad no sea un lujo, sino una necesidad.

Y que aprendamos a cultivar momentos de quietud, no para escapar del mundo, sino para verlo con mayor claridad. Porque es en el silencio amable, en el lenguaje de las melodías y las versos, donde puede surgir una nueva consciencia de la importancia de la serenidad.

Y de esa nueva consciencia, puede tomar forma una conciencia más profunda y sabia.

Con presencia y paz.

Nathan Nifco

Melodías y Versos: Cultivando Serenidad en un Mundo de IA

Viaje a Través de la Música, la Poesía y la Armonía Digital

El Chif
EST. 4464
BOOKS

Redefiniendo la Paz y Armonía en una Era de Creatividad Inteligente

Introducción al Concepto de "Paisaje Melódico"

El "Paisaje Melódico" representa una innovación revolucionaria en el ámbito de las composiciones originales para piano, diseñada para trascender los límites tradicionales de la música instrumental. Este término fusiona la idea de un "paisaje sonoro" (un entorno auditivo inmersivo) con elementos "melódicos" (estructuras armónicas y rítmicas fluidas), buscando crear experiencias multisensoriales donde el piano no es solo un instrumento, sino un portal hacia mundos narrativos integrados. En esencia, un Paisaje Melódico es una composición pianística que evoca escenarios vívidos, como si el oyente paseara por un paisaje real, pero enriquecido con melodías que guían las emociones y la imaginación.

Esta innovación se sustenta en una estructura conceptual única: **doce pilares fundamentales**, que actúan como cimientos filosóficos y técnicos de la creación, y **cinco colecciones temáticas** (*Esclarecimiento, Serenidad, Ternura, Naturaleza y Odisea)*, que agrupan las composiciones en conjuntos coherentes. Lo que hace único a este enfoque es la integración armónica de la poesía (como elemento narrativo y lírico), la música (centrada en el piano como eje principal) y el multimedia (incluyendo visuales, proyecciones o elementos digitales). Esta tríada se entrelaza para generar una experiencia holística: la poesía proporciona el guion emocional escrito y narrado, la música lo musicaliza, y el multimedia lo visualiza, creando una sinestesia que estimula múltiples sentidos simultáneamente.

A continuación, detallo esta estructura de manera comprensiva, ilustrando cómo cada componente contribuye a la innovación del Paisaje Melódico.

Las Cinco Colecciones: Agrupaciones Temáticas

Las cinco colecciones —***Esclarecimiento, Serenidad, Ternura, Naturaleza y Odisea***— organizan las composiciones en conjuntos temáticos, cada una explorando un aspecto distintivo del Paisaje Melódico. Cada colección incluye varias piezas para piano, acompañadas de poemas originales y elementos multimedia (como videos, arte digital o instalaciones interactivas). Esta estructura facilita presentaciones en conciertos, álbumes o experiencias inmersivas, donde la integración armónica es evidente: la poesía se recita o proyecta, la música se interpreta en vivo, y el multimedia se activa en sincronía.

1. ***Esclarecimiento***: Centrada en la introspección y la claridad mental. Las composiciones presentan melodías contemplativas con progresiones armónicas minimalistas; la poesía explora la búsqueda de la verdad interior; el multimedia incluye visuales abstractos que evolucionan lentamente, como patrones de luz que simbolizan la iluminación.
2. ***Serenidad***: Enfocada en la calma y la paz interior. Melodías suaves y fluidas evocan tranquilidad; la poesía describe estados de reposo y armonía; el multimedia incorpora videos de paisajes serenos, como lagos al amanecer, sincronizados con la música.
3. ***Ternura***: Explora emociones cálidas y afectivas, como el amor y la compasión. Melodías delicadas con acordes cálidos; poesía íntima y emotiva; multimedia con imágenes suaves, como retratos familiares o flores en movimiento, que refuerzan la conexión emocional.
4. ***Naturaleza***: Inspirada en paisajes terrestres (bosques, océanos, montañas). Composiciones con melodías ondulantes y orgánicas; poesía descriptiva que celebra la biodiversidad; multimedia con videos 360° de entornos naturales, diseñados para una inmersión sensorial completa.
5. ***Odisea***: Visiones de viajes épicos, tanto físicos como espirituales. Melodías con elementos dinámicos y contrastantes, que combinan lo acústico con toques electrónicos; poesía narrativa sobre aventuras y descubrimientos; multimedia con proyecciones de realidad virtual o animaciones que transportan al oyente a mundos imaginarios.

Cada colección puede expandirse indefinidamente, pero siempre anclada en los doce pilares para mantener la coherencia.

Integración Armónica de Poesía, Música y Multimedia

La verdadera innovación del Paisaje Melódico radica en cómo la poesía, la música y el multimedia se integran sin dominarse mutuamente. La **poesía** actúa como el esqueleto narrativo, proporcionando textos que se recitan durante la interpretación o se imprimen en libretos, guiando al oyente a través de la narrativa. La **música para piano** es el alma melódica, traduciendo la poesía en notas que evocan los paisajes descritos. El **multimedia** añade una dimensión visual y táctil, como videos proyectados en conciertos o aplicaciones interactivas que permiten al público influir en la experiencia.

Por ejemplo, en una pieza de la colección ***Naturaleza***, un poema sobre un bosque se recita mientras el piano imita el susurro del viento en las hojas, y un video de follaje en movimiento se proyecta, creando una armonía donde cada elemento refuerza a los otros. En ***Odisea***, una composición podría incluir un poema épico sobre un viaje estelar, acompañado por melodías expansivas y visuales generados por IA que muestran galaxias en movimiento. Esta integración no es aditiva, sino sinérgica: la poesía inspira la melodía, la música da ritmo a las visuales, y el multimedia cierra el ciclo emocional.

Los paisajes melódicos están organizados también en doce pilares los cuales corresponden a dimensiones del bienestar humano. Estos pilares serán detallados a lo largo de este libro.

Conclusión

El Paisaje Melódico no es solo una etiqueta; es una filosofía artística que redefine la composición pianística como una experiencia inmersiva y multidisciplinaria. Apoyada en los doce pilares y las cinco colecciones *—Esclarecimiento, Serenidad, Ternura, Naturaleza y Odisea—*, esta innovación invita a creadores y oyentes a explorar nuevos horizontes, donde la armonía entre poesía, música y multimedia genera un impacto duradero y transformador.

Parte I

Despertando la Necesidad por la Serenidad

«La primera y mayor victoria es conquistarse a uno mismo.»

– Plato

Preludio a la Parte I

Despertando la Necesidad por la Serenidad

¿Alguna vez has sentido que el mundo entero vibra como un teléfono que no deja de sonar, mientras tus pensamientos corren sin control? Vamos, hay una forma de encontrar la calma en este caos.

En un mundo que a menudo gira fuera de control, las exigencias de la vida diaria pueden dejarnos abrumados y desconectados, despertando un anhelo silencioso por la paz: un santuario dentro de nosotros mismos. Este prólogo te invita a reconocer el caos que te rodea y habita en ti, y a ver la necesidad de cultivar la serenidad como respuesta a los estresores modernos. Este viaje se alinea con un tema de despertar, subrayando que la serenidad es un estado vital que debemos recuperar al reconectar con nuestro yo interior.

A través de los siguientes capítulos, exploraremos los estresores de la vida moderna, entenderemos su impacto en nuestro bienestar y descubriremos cómo las suaves artes de la poesía y el paisajismo sonoro pueden guiarnos hacia la serenidad. Aquí sentamos las bases para tu viaje, comenzando justo donde estás ahora e iluminando el camino que tienes por delante.

Navegando la Tormenta

Encontrando Calma en el Caos

¡Bienvenido! El día amanece con el zumbido incesante de notificaciones, una bandeja de entrada que desborda y una lista de tareas que parece estirarse hasta el infinito. En ese caos, la paz suena como un sueño lejano, pero este libro te muestra cómo alcanzarla con poesía y sonido.

Si tu corazón late rápido, tus pensamientos se sienten nublados y una inquietud silenciosa se cuela, no estás solo, ¿Verdad que suena familiar? Este es el caos interior, una tormenta que muchos navegamos a diario. En este capítulo, caminaremos juntos por los estresores modernos que agitan esta turbulencia y desentrañaremos su impacto en nuestra mente, cuerpo y alma. Descubriremos por qué cultivar la serenidad no es solo un lujo: es un salvavidas. Con historias con las que te identificarás, reflexiones simples y un toque de introspección, comenzaremos a encontrar calma en medio de la tormenta. Demos ese primer paso juntos.

Un Día en la Vida del Estrés

Conoce a Sara, cuyo día arranca a las 6 de la mañana con un teléfono ya repleto de correos". Para las 8, está lidiando con llamadas, plazos apremiantes y deberes familiares. Come apresuradamente el almuerzo en su escritorio y, al caer la noche, está demasiado exhausta para disfrutar de sus hijos. Este ciclo implacable la deja vacía. Tal vez hayas vivido una versión de la historia de Sara, atrapado en un bucle donde el estrés crece no solo por grandes eventos, sino por las presiones diarias, como una mochila que se hace más pesada con cada paso. ¿La buena noticia? Hay un camino para salir, y empieza por entender a qué nos enfrentamos.

Estresores Modernos y Su Impacto

La vida hoy puede sentirse como caminar en la cuerda floja. Las presiones del trabajo, las responsabilidades familiares, las preocupaciones económicas y el scroll infinito de las redes sociales nos atan a un zumbido constante de "¡sigue, sigue, sigue!". Suma el pitido de las notificaciones y la expectativa de estar siempre "encendido", y no es de extrañar que el abrumamiento sea una marca de nuestro tiempo. Este caos no solo sacude nuestras mentes: reverbera en nuestro cuerpo y alma. Dolores de cabeza por tensión, noches inquietas o una sensación persistente de desconexión pueden resultarte familiares. Con el tiempo, el estrés crónico puede conducir a agotamiento o incluso dolencias físicas, como un peso que aplasta más cada día. Pero aquí hay una chispa de esperanza: reconocer esta carga es el primer paso para aliviarla.

Para guiarte en este viaje, nos apoyaremos en los *Doce Pilares del Bienestar:* principios eternos, cada uno ligado a un cristal simbólico. Estos pilares, que exploraremos en detalle en la Parte VI: Mi Viaje de Serenidad Creativa, son la base para construir una serenidad duradera. A través del sonido y la poesía, descubrirás cómo encarnar cada uno.

Los Signos de la Sobrecarga de Estrés

El estrés no susurra: grita a través de nuestros cuerpos y emociones. Físicamente, podrías notar hombros tensos, fatiga que no se va ni durmiendo, o un pulso acelerado. Emocionalmente, puede aparecer como irritabilidad —un grito a un ser querido por un café derramado— o ansiedad que hace girar tus pensamientos sin parar. Tal vez las tareas que antes manejabas ahora se sienten enormes, o te sientes lejos de lo que amas. Estos son tu cuerpo y tu alma agitando una bandera, diciendo: "Oye, necesitamos un respiro". Identificar estas señales no es para culpar: es para tomar conciencia, la primera semilla del cambio.

Definiendo la Serenidad: Calma en Medio de la Tormenta

Entonces, ¿cuál es el antídoto a este caos? La serenidad. Imagina un puerto tranquilo donde los barcos descansan mientras las olas rugen a lo lejos, o una vela que brilla firme en una habitación ventosa: imágenes de calma que resisten en medio del torbellino. La serenidad no es solo la ausencia de estrés: es una paz profunda y constante que puedes llevar dentro, incluso cuando la vida se pone ruidosa. A diferencia de la relajación —un suspiro fugaz tras un día largo—, la serenidad es un hogar que construyes en tu interior. Es la fuerza para enfrentar un atasco o una charla difícil con la mente clara y el corazón firme. ¿Cómo se siente la serenidad para ti? Quizá sea un recuerdo esperando ser redescubierto..

Los Beneficios de la Serenidad

¿Por qué buscar esta calma? Porque la serenidad es un regalo que no deja de dar. Para tu mente, es claridad, como limpiar el vaho de una ventana para ver nítido otra vez, avivando el enfoque y la creatividad. Para tu cuerpo, es un bálsamo, reduciendo el cortisol, aliviando la tensión y dejando que tu sistema sane. Para tu espíritu, es conexión: una gratitud silenciosa que te eleva. La ciencia dice que hallar calma con regularidad puede bajar la ansiedad y mejorar la salud, como reducir la presión arterial, ¿no es increíble? La serenidad no es huir: es tu cuerpo encontrando alivio tras un día largo."

Por Qué la Serenidad Importa Ahora

En un mundo que exalta estar ocupado, el estrés puede parecer el precio de entrada. Pero no tiene por qué ser así. Según un informe de febrero de 2023 del Instituto Americano del Estrés, el 83% de los trabajadores estadounidenses sienten estrés laboral, y un 25% señala su trabajo como la fuente principal de estrés en sus vidas, costándole a la economía miles de millones de dólares al año. A nivel global, la Organización Mundial de la Salud marca la ansiedad y la depresión como causas principales de discapacidad. Esto no es solo números: es un llamado a actuar. La serenidad no es opcional en este caos: es esencial. Es el suelo firme que nos impide hundirnos, una luz que podemos compartir. No estás solo en esto, y el viaje hacia la calma vale cada paso.

Calma Instantánea: Cinco Rompedores de Estrés

• **Respira Hondo:** Inhala por cuatro, sostén por cuatro, exhala por cuatro. Repite y siente el suelo bajo tus pies.

• **Escucha Atentamente:** Sal afuera, escucha los pájaros o las hojas susurrando. Deja que la naturaleza te calme.

• **Susurra Palabras:** Recita un poema o cita favorita. Deja que su ritmo te envuelva.

• **Imagina Paz:** Cierra los ojos, visualiza una playa tranquila o un rincón acogedor. Deja que el estrés se disuelva.

• **Reproduce Sonidos**: Elige música suave —piano o tonos ambientales—. Deja que acune tu mente.

Estos son adelantos de lo que viene: la poesía y el sonido como senderos a una paz más profunda..

Tu Estrés, Tu Viaje: Una Autoevaluación

El estrés nos golpea a todos de manera diferente: algunos lo sienten como preocupación, otros como frustración. ¿Cómo se manifiesta en ti? Toma un cuaderno y dedica un momento:

- ¿Con qué frecuencia te sientes abrumado por las tareas diarias?
- ¿Hay pistas físicas: dolores de cabeza, cansancio, tensión?
- ¿Cómo está tu ánimo: ansioso, irritable, distante?
- ¿Ha sufrido tu creatividad o enfoque?

Anota lo que resalte. Sin juzgar, solo observando. Este es tu punto de partida, un paso valiente hacia la calma.

Mirando Adelante

Hemos encarado el caos y vislumbrado la promesa de la serenidad: una calma que nos eleva y sostiene. ¿Dónde sientes ese anhelo de paz en tu vida? Al pasar la página, exploraremos cómo la poesía y el sonido —palabras y melodías— se vuelven tus compañeros en este viaje. Tras explorar la tormenta interior, miremos más allá para ver cómo el caos del mundo la amplifica, y por qué la serenidad es nuestro antídoto urgente. Sigamos juntos.

Tras haber explorado las tormentas internas que enfrentamos, ahora dirijamos nuestra mirada al caos externo que nos rodea en el mundo moderno.

El Caos Moderno: Por Qué la Serenidad Importa Ahora

Un Mundo a Toda Máquina

Imagina despertar en una mañana típica: tu reloj inteligente zumba con una alerta de estrés, un feed de noticias seleccionado por IA despliega titulares urgentes en tu teléfono, y un dron de entrega ronronea fuera de tu ventana. Esta es nuestra realidad: un coro incansable de señales que ahoga cualquier rastro de quietud. ¿Cuándo fue la última vez que te sentiste realmente en paz, no solo en silencio, sino centrado de un modo que perdura? El caos moderno no es solo ruido: es una ola de distracción, expectativa y urgencia que nos aleja de nosotros mismos. Este libro arranca aquí, en el torbellino de esa tormenta, porque la serenidad no es un lujo: es una necesidad que no podemos ignorar. El viaje que sigue ofrece un camino a través del sonido y la poesía para recuperar lo que se nos escapa. Pero primero, enfrentemos el porqué.

El Ruido de una Era Impulsada por la IA

Vivimos en un mundo donde la inteligencia artificial no solo susurra en el fondo: es la banda sonora ruidosa e incesante de nuestras vidas. Los algoritmos en plataformas como X (antes Twitter) están diseñados con precisión para intensificar nuestras emociones, generando feeds que despiertan indignación u obsesión. La semana pasada, miré mi teléfono antes del desayuno y me vi atrapado en una tormenta de opiniones opuestas sobre una noticia, mi corazón latiendo antes de servir mi café. Más allá de las redes, los asistentes de voz dan respuestas instantáneas a cada pregunta, mientras la música generada por IA fluye desde altavoces inteligentes, auriculares y hasta ascensores. Un estudio reciente apuntó que el tiempo frente a pantallas ha subido un 30%, y no es de extrañar: la IA ha perfeccionado el arte de mantenernos atados a su ritmo implacable."

Compáralo con el pasado, cuando la vida se desplegaba al suave compás de la naturaleza: el crepitar de un fuego, el subir y bajar constante de la marea. Ahora, estamos rodeados por el pitido de notificaciones, el zumbido de la conectividad sin fin y el murmullo de la automatización: un ruido que nunca respira.

⊠

El Caos del Ruido Impulsado por la IA

Este ruido impulsado por la IA —como los algoritmos que avivan la furia— hace más que llenar nuestros oídos: perturba nuestra serenidad a cada paso. Imagina: intentas relajarte tras un día largo, pero tu teléfono se enciende con una notificación, arrastrándote a un debate que no buscaste. O le haces una pregunta simple a tu asistente de voz, solo para enfrentar una avalancha de sugerencias. Hasta la música en tus auriculares, seleccionada por un algoritmo astuto, te mantiene al borde, demasiado intensa. Es un bombardeo constante de estímulos, dejando poco espacio para el silencio o la reflexión. Nuestras mentes, antes libres para vagar en momentos tranquilos, ahora están enredadas en una telaraña de provocaciones personalizadas y sobrecarga informativa. La serenidad parece un recuerdo lejano, espantada por un estruendo digital que siempre va un paso adelante.

La Espada de Doble Filo de la IA

No me malinterpretes: la IA no es el villano aquí. Es una herramienta, capaz de brillar cuando se usa bien. Podría crearte un paisaje sonoro relajante de hojas susurrando y olas lejanas en segundos, y esa es parte de su magia. Pero en su configuración predeterminada, la IA tiende fuertemente hacia la sobreestimulación. Está hecha para mantenernos enganchados, no para dejarnos descansar. La conveniencia de una lista de reproducción personalizada o una respuesta rápida tiene un costo: un ritmo tan implacable que ahoga los espacios donde la calma podría echar raíces. Nuestros ancestros no necesitaban un algoritmo para hallar paz: tenían el pulso natural del mundo, el susurro del viento entre árboles, el latir lento de un río. Nosotros luchamos por recuperar esa quietud, nuestros sentidos abrumados por un zumbido que no se apaga.

Recuperando la Serenidad con Prácticas Centradas en lo Humano

Aquí entran las prácticas centradas en lo humano, no como un rechazo a la tecnología, sino como un modo de equilibrar su ruido con algo más suave, más real. Piensa en salir a escuchar las olas romper contra la orilla. Imagina la tensión derritiéndose de tus hombros mientras su ritmo constante te envuelve, sin prisa y sin cambios. O visualízate acurrucado con un poema, dejando que sus palabras se desplieguen lentamente, anclándote al presente con su poder callado. Estos no son escapes del mundo moderno: son salvavidas, reconectándonos con nosotros mismos mientras la IA zumba en el fondo. Pruébalos cinco minutos al día: te recordarán qué se siente al respirar hondo, al dejar que tus pensamientos se posen en vez de correr tras la próxima notificación.

Encontrando un Equilibrio

En un tiempo donde el ruido impulsado por la IA —como los algoritmos que alimentan la indignación— amenaza con tragarse nuestra serenidad, estos pequeños actos de calma se vuelven esenciales. No te piden abandonar tus dispositivos ni vivir fuera del sistema. Más bien, te invitan a tallar momentos de quietud en medio de la tormenta. Cambia tu pantalla por el sonido del océano por solo un minuto y siente la diferencia. Deja que unas pocas palabras bien elegidas de un poema se asienten, cortando el caos con su claridad. Estas prácticas son para reclamar los espacios tranquilos donde podemos oírnos pensar, donde la paz no se pierde: solo espera que sintonices de nuevo. Así que, cuando el estruendo digital se sienta demasiado, aléjate. Deja que las melodías, sonidos o un verso de poesía te traigan de vuelta al centro. Descubrirás que la serenidad no se ha ido: está ahí, bajo el ruido, lista para ser redescubierta.

La Mente Fragmentada: La Atención en Crisis

Este ruido no solo nos envuelve: nos fragmenta. La neurociencia sugiere que nuestra atención promedio ahora es de seis segundos, menos que los ocho de hace una década. El cortisol, la hormona del estrés, se dispara mientras hacemos malabares con una llamada laboral, un chat y un correo redactado por IA, todo al mismo tiempo. Intenté meditar una vez, solo para que mi altavoz inteligente interrumpiera a media respiración con una actualización del clima; mi calma se rompió más rápido que un parpadeo. Nuestros cerebros, hechos para un enfoque profundo —piensa en un cazador rastreando presa o un poeta tejiendo un verso—, ahora se pierden en una niebla de multitareas.

El costo es alto: agotamiento, ansiedad, una vaga sensación de deriva. Estamos dispersos, no solo por el sonido, sino por el volumen de estímulos compitiendo por nuestras mentes. La serenidad ofrece una fuerza contraria: un modo de reunir esos fragmentos en plenitud. Más adelante, ahondaremos en la ciencia de cómo el sonido reconecta nuestro sistema nervioso para la paz. Por ahora, sabe esto: el caos nos quiebra, pero podemos elegir sanar. Empieza por ver la crisis como es.

La Pérdida de Espacios Silenciosos

Sal afuera, y el silencio parece un mito. Las ciudades laten con bocinas, sirenas y el zumbido de drones; incluso los senderos rurales traen el leve eco de granjas solares o autopistas lejanas. Lo sentí el mes pasado, caminando por un bosque para huir del clamor. Ansiaba quietud, pero mis auriculares —con una lista generada por IA— se activaron con un podcast sin avisar. Arrancándolos, me detuve, y solo entonces el susurro del viento y el canto de un pájaro me alcanzaron. Ese momento impactó profundamente: el silencio no solo se esfuma de nuestro mundo, se desvanece dentro de nosotros. El hijo de un amigo me preguntó hace poco: "¿Cómo es el silencio?" La pregunta me dejó helado."

Hemos desaprendido cómo pausar. Las casas vibran con el parloteo de la IA, las calles con tráfico, hasta nuestros pensamientos con bucles de preocupaciones o pendientes. Esta pérdida no es menor: es donde la serenidad echa raíces. Sin esos huecos, el sonido pierde profundidad y las palabras su peso. Más adelante, recuperaremos el poder del silencio, entrelazándolo con poesía y melodías. Por ahora, basta con ver qué está en juego: un mundo sin silencio es un mundo sin paz.

¿Por Qué Ahora? La Urgencia de la Serenidad

¿Por qué importa esto ahora? Mira alrededor: las apps de salud mental reportan un alza del 40% en registros de ansiedad, una epidemia silenciosa de nervios deshechos. Los debates en X arden con más intensidad, bots de IA avivando la división con precisión inquietante —desplázate por cualquier hilo y sentirás el fuego—. Los titulares susurran temores sobre la autonomía de la IA, un futuro donde las máquinas nos superen. Una colega confesó que no ha dormido sin ruido blanco generado por IA en años; su zumbido es su nana, no su elección. Esto no es distopía: es hoy, y es apremiante."

La serenidad no es pasiva aquí: es rebeldía. Es un acto humano de reclamar agencia en un mundo guiado por máquinas, una postura que dice: "Elijo la calma en la tormenta". La promesa de este libro —nutrir la paz en un mundo de IA— empieza con esa intención. Las herramientas por venir —la resonancia del sonido, el bálsamo de la poesía, la claridad de la atención plena— no son escapes, son salvavidas. No podemos esperar una era más quieta; la serenidad es nuestro ahora, una elección radical de quedarnos quietos cuando todo corre.

Girando Hacia la Calma

Este caos —ruido, fragmentación, silencio perdido— no es nuestra derrota: es nuestro despertar. Estamos alertas a la tormenta, y ahí empieza el viaje. Las páginas siguientes, comenzando con la sinfonía de la serenidad, ofrecen el cómo: formas de tejer sonido y palabras en un escudo, un refugio, una vida. En medio del estruendo, una ola rompe suavemente, una palabra perdura cierta —aquí, la serenidad susurra su promesa—. Pasa la página, no para huir, sino para hallar lo que espera: una paz que resiste, sin importar la marea.

Ahora que hemos enfrentado el caos moderno y su impacto, exploremos cómo el arte y el sonido se convierten en portales poderosos hacia la paz interior.

Arte y Sonido

Portales a la Paz Interior

A lo largo de la historia, el arte y el sonido han sido venerados no solo por su belleza, sino por su poder para sanar y transformar. Desde los cantos rítmicos de rituales antiguos hasta los versos calmantes de la poesía, estas expresiones creativas han sido caminos al bienestar durante siglos. En este capítulo, exploraremos cómo la poesía y el paisajismo sonoro —el arte de crear sonidos— pueden ser herramientas únicas y poderosas para cultivar serenidad. Nos sumergiremos en la ciencia detrás de su impacto en nuestro cerebro y emociones, y descubriremos cómo estas prácticas han cruzado culturas para fomentar sanación y paz. Al avanzar por este capítulo, empezarás a ver cómo estas herramientas eternas pueden entretejerse en tu vida, ofreciendo un modo suave pero profundo de nutrir tu bienestar.

Un Legado de Sanación: Cómo la Poesía y el Sonido Han Calmado Almas a Través del Tiempo

Viajemos atrás en el tiempo para ver cómo la poesía y el sonido han sido tesoros de sanación. Imagina la antigua Grecia, donde la poesía no era solo arte: era medicina para el alma, su poder resonando en cuentos de dioses como Apolo. Las recitaciones épicas de Homero calmaban a los oyentes con su flujo rítmico. Al otro lado del mundo, culturas indígenas han confiado en el sonido de formas parecidas. En África, el latir constante de los tambores en rituales no solo une comunidades: se cree que sana almas. Por su parte, el haiku japonés ofrece una pausa serena, sus líneas breves invitando a la atención plena al capturar la calma de la naturaleza. Y en la Europa medieval, monjes llenaban salones de piedra con cantos gregorianos, sus armonías elevando corazones hacia la paz. Estas prácticas nos revelan que la poesía y el sonido siempre han sido más que belleza: son puentes a la serenidad, sin importar la era o el lugar.

La Ciencia de la Calma: Cómo Palabras y Sonidos Nos Reconectan

Después de explorar sus raíces históricas, exploremos por qué estas herramientas funcionan tan bien. La ciencia nos da pistas fascinantes. Cuando escuchas un paisaje sonoro relajante —como sonidos naturales o cantos de pájaros—, tus ondas cerebrales pueden cambiar, aumentando las ondas alfa y theta que traen relajación. Son como un ritmo lento y soñador en tu cerebro, ayudándote a descansar o crear.

Un estudio de 2015 en el Journal of Neuroscience halló que sonidos de tempo lento bajan el ritmo cardíaco y los niveles de estrés, dando a tu cuerpo un respiro del trajín. La poesía hace algo similar. La investigación del Dr. James Pennebaker muestra que escribir o leer palabras expresivas —como un poema sentido— ayuda a desenredar emociones, aliviando la ansiedad al dar sentido a lo que llevas dentro. El ritmo de un poema, como una nana, puede incluso sincronizarse con tu respiración, guiando tu mente a la calma. No es de extrañar que estas prácticas se sientan tan bien: están afinando tu cerebro para la paz.

Por Qué la Poesía y el Paisajismo Sonoro Destacan

Entonces, ¿qué hace a la poesía y el paisajismo sonoro especiales frente a, digamos, una clase de yoga o meditación silenciosa? Es su habilidad para envolver tu mente y sentidos en algo inmersivo pero sencillo. Leer un poema en voz alta activa tu voz, tus oídos y tu corazón a la vez, mezclando pensamiento y sentir en un instante de presencia. El paisajismo sonoro, con sus capas de sonidos diseñados, puede llevarte a un bosque o la orilla del mar sin moverte de tu silla. A diferencia del ejercicio, que se centra en el cuerpo, o el arte visual, que depende de los ojos, estas herramientas se zambullen directamente en tus emociones mediante el sonido y las palabras. Lo mejor: son fáciles de probar —sin equipo caro, horas libres o habilidades previas—. Unas líneas de poesía o un breve paisaje sonoro caben en el día más ajetreado, haciendo que la serenidad se sienta cercana.

Un Momento de Cambio: La Historia de Natalia

¿Necesitas una pausa? Conoce a Natalia, bibliotecaria de 42 años en Ciudad de México. Entre el tráfico, los pendientes y el celular que no dejaba de sonar, se sentía desbordada. Un día, recordó los versos de Julia de Burgos que había amado de joven. Buscó uno, lo leyó en voz alta. Sintió una calma despertar.

Desde entonces, cada mañana, al preparar su café, lee un poema breve: a veces de Octavio Paz, a veces de Idea Vilariño. Poco a poco, cambió el ruido de las noticias por susurros poéticos. En el metro, comenzó a escuchar música instrumental —bandoneones, guitarras suaves— de fondo. A las dos semanas, sus pensamientos parecían menos caóticos; incluso comenzó a escribir sus propias líneas.

No fue un milagro, sino una práctica: la poesía y el sonido, combinados como bálsamo cotidiano. La historia de Natalia muestra cómo unos minutos diarios pueden abrir un respiro, y cómo lo pequeño —un verso, una nota— puede sembrar una calma duradera.

Trayéndolo a Casa: Formas Simples de Empezar

¿Listo para intentarlo? Aquí van formas fáciles de tejer poesía y paisajismo sonoro en tu vida:

- **Comienza con Palabras**: Elige un poema corto que te eleve. Léelo en voz alta —quizá con café—, dejando que su ritmo se asiente en tu día.
- **Pausa con Sonido:** Busca o crea una lista de 5 a 10 minutos de sonidos calmantes —piensa en lluvia o olas suaves—. Escucha en un descanso, ojos cerrados, y solo déjate llevar.
- **Escribe Libre:** Una vez por semana, garabatea unas líneas de tu propia poesía. Empieza con “Ahora mismo, siento…” y sigue el flujo, sin reglas, solo tú.
- **Relájate**: Reproduce un paisaje sonoro suave al prepararte para dormir. Deja que te arrulle como una nana tierna.

Prueba uno —o todos— por unos días. Nota cómo te sientes. Podrías sorprenderte de cómo estos actos pequeños traen un susurro de serenidad a tu mundo.

Reflexiones: Tu Primer Paso Hacia la Serenidad

Como hemos visto, la poesía y el paisajismo sonoro son regalos del pasado y el presente: herramientas que sanan a través de la historia, la ciencia y la magia cotidiana. Te encuentran donde estás, ofreciendo un modo de acallar el caos y hallar una calma firme. Ya sea el eco de un canto, el fluir de un verso o las mañanas serenas de Natalia, estas prácticas nos muestran que la serenidad no está lejos: espera en las palabras y sonidos a nuestro alrededor.

Con una comprensión de cómo el arte y el sonido nutren el bienestar, estamos listos para adentrarnos en una de las formas de arte más expresivas y transformadoras: la poesía. En el próximo capítulo, exploraremos cómo la poesía actúa como alquimia emocional, transformando nuestros sentimientos más profundos en fuentes de fuerza y paz.

Los Doce Pilares del Bienestar

Fundamentos esenciales para vivir con plenitud

Los *Doce Pilares del Bienestar* forman un marco completo para alcanzar una salud y bienestar holístico, abarcando la naturaleza multifacética de la vida humana. Estos pilares incluyen dimensiones físicas, mentales, emocionales, sociales y espirituales, cubriendo áreas esenciales como la nutrición, la actividad física, el sueño, el manejo del estrés, la regulación emocional, la estimulación mental, la conexión espiritual, las relaciones sociales, la conciencia ambiental, la satisfacción laboral, la estabilidad financiera y el crecimiento personal.

Cada pilar juega un rol vital en fomentar el bienestar general, y juntos crean un efecto sinérgico donde nutrir un área impulsa las demás. Al entender e integrar estos doce pilares en la vida diaria, las personas pueden cultivar una base equilibrada y resiliente para una existencia vibrante y plena.

Para guiarte hacia la paz interior, he incluido un diagrama de los *Doce Pilares del Bienestar*: un mapa visual de los principios centrales que sostendrán tu camino a la serenidad. Imagina un círculo de hexágonos dividido en doce partes, cada una representando un pilar.

A lo largo de este libro, exploraremos cómo el arte y el sonido —a través de la poesía y el paisajismo sonoro— dan vida a estos pilares. Tómate un momento para mirar el diagrama y notar qué pilar te llama —quizá uno tocado por una melodía que atesoras o un verso que te mueve—.

Tejeremos estos pilares en cada capítulo, con una inmersión más profunda esperándote en la Parte VI: Mi Viaje de Serenidad Creativa. Por ahora, deja que este diagrama sea un compañero suave, iluminando cada paso hacia la paz que buscas.

Estos doce pilares del bienestar son el cimiento sobre el cual podemos construir una vida de equilibrio, armonía y paz interior, guiándonos hacia un futuro donde la serenidad no sea solo un instante pasajero, sino una forma de ser. Esta visión nos inspira a ver estos pilares como más que principios: son escalones hacia un viaje transformador. Imagina una vida donde el bienestar no es un sueño lejano, sino una realidad vibrante que vives cada día. Al abrazar estos pilares, no solo persigues una calma temporal; estás forjando un santuario duradero de paz y propósito.

Los Íconos de los Pilares del Bienestar

Los íconos en la imaginería tienen una capacidad asombrosa para influir en la transformación personal al actuar como símbolos potentes que conectan con nuestras emociones, mente subconsciente y aspiraciones. Así es como impactan:

Desencadenantes Emocionales

Los íconos llegan al subconsciente, saltando el pensamiento racional para evocar sentimientos profundos. Estas respuestas emocionales pueden cambiar tu mentalidad, haciendo de los íconos catalizadores para el cambio.

Anclajes para Metas y Valores

Los íconos pueden ser recordatorios constantes de lo que te importa. Cada vistazo a esa imagen refuerza tu razón para cambiar, fortaleciendo tu voluntad.

Conexión con Algo Mayor

Muchos íconos portan un significado colectivo, vinculándote a una experiencia humana más amplia. Esta conexión puede darte propósito o dirección, alimentando la transformación al hacerte sentir parte de algo más grande que tú.

Refuerzo Psicológico

Tu cerebro responde a señales visuales. Los íconos que asocias con fuerza, confianza o paz pueden reforzar esas cualidades en tu mente. En el crecimiento personal, rodearte de imágenes significativas construye caminos neuronales alineados con el cambio que deseas.

Los íconos son poderosos porque destilan ideas complejas en formas simples y evocadoras. Desencadenan emociones, refuerzan metas y nos conectan con significados más profundos, todo mientras trabajan callados en el fondo de nuestras mentes. Para la transformación personal, son como herramientas en tu bolsillo: sutiles, pero capaces de provocar un cambio hondo cuando resuenan contigo. Elige tus íconos con cuidado: podrían moldear quién llegas a ser.

⊠

Los Pilares del Bienestar y Sus Íconos

A continuación, una breve explicación de cada pilar con su ícono, detallando cómo contribuyen al bienestar, especialmente en tiempos de caos y un mundo impulsado por la IA, y por qué son esenciales para alcanzar la serenidad.

Enfoque y Claridad Mental

Concentrarse en lo que importa y mantener pensamientos organizados para decidir con eficacia. Ante el caos, filtran distracciones y reducen el abrumamiento. En un entorno dominado por la IA, donde abunda la sobrecarga informativa, te ayudan a procesar datos sin perderte. Una mente clara y enfocada baja la ansiedad y el estrés, creando una base tranquila para la paz interior. La poesía afina el enfoque al anclarte al presente, y el paisajismo sonoro calma el ruido mental.

Calma y Serenidad

La calma es no agitarse; la serenidad, una paz profunda. En el caos, la calma permite pensar claro en la tormenta. En un mundo de IA, da respiro a la estimulación veloz.

Como pilar y meta, construye y sostiene paz directamente.

Sanación y Equilibrio

La sanación recupera del estrés o trauma; el equilibrio mantiene la armonía en la vida. En el caos, la sanación restaura y el equilibrio evita el agotamiento. En un mundo de IA, contrarrestan la tensión de estar siempre conectado. Sentirte completo y estable promueve una mente serena.

Confianza y Resiliencia Interior

La confianza es creer en ti; la resiliencia, reponerte de caídas. En el caos, empoderan acción y perseverancia. En un mundo de IA, apoyan aprender en el cambio. Confiar en ti fomenta una paz constante.

Fuerza y Coraje

La fuerza es resiliencia física y emocional; el coraje, la voluntad de enfrentar retos. En el caos, te sostienen ante incertezas. En un mundo de IA, el coraje ayuda a adaptarte a cambios tecnológicos rápidos, evitando sentirte insuficiente.

Saber que puedes con las dificultades genera seguridad y paz.

Sabiduría y Conciencia

La sabiduría se gana con la experiencia y guía mejores decisiones; la conciencia implica atención plena a ti y tu entorno. En medio del caos, la sabiduría da perspectiva para navegar con calma. En un mundo de IA, la conciencia del impacto tecnológico asegura elecciones éticas. Confiar en tu juicio y estar presente reduce la turbulencia interior, elevando la paz.

Tranquilidad y Paz Interior

La tranquilidad es quietud; la paz interior, armonía interna. En el caos, la tranquilidad es un refugio mental. En un mundo de IA, contrarresta el ruido digital. La paz interior es la esencia de la serenidad, un núcleo firme en tormentas externas.

Amor y Afecto

Representan lazos emocionales y apoyo de relaciones. En el caos, ofrecen consuelo y pertenencia. En un mundo de IA, donde lo digital puede ser frío, mantienen la conexión humana. Sentirte amado contrarresta el aislamiento, nutriendo tranquilidad emocional.

Abundancia y Bendiciones

Este pilar refleja gratitud, enfocándose en lo positivo. En el caos, cambia la escasez por suficiencia, aliviando la desesperanza. En un mundo de IA, frena la carrera por "más", anclándote al ahora. La gratitud fomenta un estado pacífico y satisfecho.

Prosperidad y Compasión

La prosperidad asegura seguridad material y emocional; la compasión fomenta empatía. En el caos, crean comunidad y estabilidad.

En un mundo de IA, la compasión reduce brechas tecnológicas, mejorando la armonía social. Seguridad y conexión generan una vida serena.

Positivismo y Optimismo

El positivismo se enfoca en las soluciones y la positividad, mientras que el optimismo mantiene la esperanza en el futuro.

En tiempos caóticos, ambos previenen la desesperación e inspiran a la acción. En un mundo con inteligencia artificial, el optimismo impulsa la adaptabilidad y la innovación. Una actitud esperanzadora y positiva reduce el miedo, allanando el camino hacia la calma

Transformación y Autorrealización

La transformación es crecer; la autorrealización, conocerte auténtico. En el caos, permiten adaptarte a nuevas realidades. En un mundo de IA, anclan tu identidad en cambios tecnológicos. Alinear actos con propósito trae paz profunda y duradera.

Fin de la Parte I

Parte II

La Sinfonía de la Serenidad

"La música no está en las notas, sino en el silencio entre ellas. La melodía es la esencia de la música."

– Wolfgang Amadeus Mozart

Preludio a la Parte II

La Sinfonía de la Serenidad

En el torbellino de la vida diaria, estamos rodeados por una cacofonía de sonidos: algunos discordantes, otros reconfortantes. Pero ¿y si pudiéramos seleccionar los sonidos a nuestro alrededor para crear una sinfonía de serenidad? El paisajismo sonoro, la práctica consciente de dar forma a nuestro entorno auditivo, nos invita a escuchar con intención el mundo sonoro que nos rodea. A través de los capítulos que siguen, aprenderás a conectarte con los sonidos cotidianos, identificar aquellos que te traen calma y crear entornos sonoros personalizados que fomenten la relajación y el equilibrio emocional. Ya sea el susurro de las hojas o el suave murmullo de la música de fondo, descubrirás cómo el sonido puede ser un poderoso aliado en tu búsqueda de la paz interior. En un mundo saturado por el ruido digital de la IA, el paisajismo sonoro te ayuda a recuperar la calma.

Aprendiendo a Escuchar con Plena Atención

Cultivando la escucha consciente para el bienestar

Cierra los ojos por un momento y escucha: ¿qué oyes? El zumbido del refrigerador, el lejano canto de los pájaros, tal vez el murmullo de voces cercanas. En este capítulo, cultivaremos el arte de escuchar, aprendiendo a notar los sonidos cotidianos que a menudo pasan desapercibidos. Al tomar conciencia de nuestro paisaje sonoro, podemos identificar qué sonidos nos calman y cuáles nos provocan estrés. Incluso crearás un 'mapa sonoro' de tu entorno, un ejercicio simple pero poderoso que te ayudará a entender cómo el sonido influye en tu estado de ánimo. Al embarcarnos en este viaje de conciencia auditiva, comenzarás a ver cómo el mundo a tu alrededor puede ser una fuente de serenidad. En un mundo donde el ruido digital de la IA puede abrumarnos, este enfoque te ayudará a redescubrir la calma."

El Arte de Escuchar: Notando los Sonidos Cotidianos

Bienvenido al primer paso del paisajismo sonoro: simplemente escuchar. En nuestras vidas ajetreadas, es fácil dejar que los sonidos a nuestro alrededor se mezclen de fondo, sin ser notados. Pero estos sonidos son parte de la sinfonía de nuestros días, moldeando cómo nos sentimos, conscientemente o no. El arte de escuchar nos invita a hacer una pausa y sintonizarte con el mundo con oídos frescos y un corazón abierto. Es una forma suave de traerte al momento presente, una práctica que, como la poesía que nos ancla con sus palabras, puede llevarte hacia la atención plena y la paz interior frente al ruido digital de la IA.

Probemos juntos. Encuentra un lugar acogedor donde puedas sentarte unos minutos sin interrupciones. Cierra los ojos, toma una respiración lenta y profunda, y escucha. ¿Qué sonidos se deslizan en tu conciencia? Tal vez sea el suave zumbido de un ventilador, el canto de los pájaros afuera o el leve ritmo de pasos en el pasillo. No te preocupes por etiquetarlos como buenos o malos, solo obsérvalos. Deja que te envuelvan, como olas lamiendo la orilla. Podrías sorprenderte de cuánto oyes una vez que realmente comienzas a escuchar."

Identificando Desencadenantes Personales de Calma o Estrés

Después de notar los sonidos en el ejercicio anterior, mapéalos visualmente. Cada sonido lleva una pequeña chispa de emoción, y lo que enciende calma en una persona podría avivar estrés en otra. El susurro de las hojas podría sentirse como un arrullo tranquilizador para ti, mientras que alguien más podría encontrarlo inquietante. El lejano murmullo del tráfico podría ser un constante reconfortante o una intrusión molesta. Este es tu viaje, y tus reacciones son lo que lo hacen único.

Piensa en los sonidos que notaste en nuestro pequeño ejercicio. ¿Cómo te hicieron sentir? ¿El canto de los pájaros elevó tu ánimo o distrajo tu atención? ¿El zumbido de un electrodoméstico te calmó o crispó tus nervios? No hay prisa, tómate tu tiempo para reflexionar. Al conocer estos desencadenantes personales, estás desbloqueando una clave para tu propia serenidad, descubriendo qué notas en tu sinfonía diaria traen armonía y cuáles piden un tono más suave. Frente al bombardeo de notificaciones digitales, identificar sonidos calmantes te ayuda a recuperar el equilibrio.

Entendiendo los Mapas Sonoros

Con tus oídos despiertos y tus sentimientos sintonizados, convirtamos tu escucha en algo que puedas ver y sostener: un 'mapa sonoro'. Imagínalo como una guía amigable del mundo auditivo a tu alrededor, una forma de capturar los sonidos y cómo tocan tu espíritu. Es como esbozar un mapa de un lugar familiar, pero en lugar de calles y monumentos, estás trazando los sonidos, cantos y susurros que llenan tu espacio. Como un poema, tu mapa sonoro teje ritmos y emociones en un retrato único de tu entorno.

Así puedes empezar: acomódate en un lugar cómodo, cierra los ojos y escucha por uno o dos minutos. A medida que cada sonido llega a ti, anótalo en una lista o dibuja un diagrama contigo en el centro, colocando los sonidos como estrellas a tu alrededor. Nota de dónde vienen: cerca, lejos o en el ambiente, y cómo te hacen sentir. Por ejemplo:

- **Cerca**: El susurro de las hojas en la brisa (calmante)
- **Cerca**: Niños riendo mientras juegan cerca (alegre)
- **Media distancia:** El murmullo del tráfico en la carretera (neutral)
- **Lejos**: Un pájaro cantando en un árbol distante (pacífico)
- **Ambiente**: El leve murmullo de las abejas en las flores (tranquilizador)

¿Ves cómo esto pinta un cuadro? El parque ofrece una mezcla de sonidos suaves y estimulantes con un murmullo de fondo constante. Tu mapa podría verse completamente diferente, y esa es su belleza: es solo tuyo."

Ejercicio: Construye Tu Mapa Sonoro

¿Listo para hacer el tuyo? Sumérgete con un ejercicio sencillo y práctico. Toma un cuaderno o una hoja de papel, pon un temporizador de 5 minutos y encuentra un lugar donde puedas relajarte.

Cierra los ojos y deja que los sonidos vengan a ti. A medida que oigas cada uno, anótalo junto con cómo te hace sentir. Aquí tienes una pequeña tabla para empezar, puedes llenarla mientras avanzas:

Sonido Sentimiento

(ej., canto de pájaros) Elevador, calma, alegría, conexión con la naturaleza, sensación de renovación matutina.

(ej., lluvia) Paz, introspección, nostalgia, confort.

(ej., olas del mar) Tranquilidad, amplitud, relajación, atemporalidad.

(ej., fuego crepitante) Calor, acogimiento, intimidad, confort primal.

(ej., río fluyendo) Claridad, paz, sensación de movimiento y limpieza.

Cuando el temporizador suene, mira lo que has reunido. ¿Qué sonidos te envuelven en calma? ¿Cuáles te empujan hacia el estrés? Este es tu primer paso para dar forma a un paisaje sonoro que se sienta bien para ti, un pequeño regalo de conciencia que puedes llevar adelante.

Ahora que hemos aprendido a escuchar con atención plena los sonidos a nuestro alrededor, es hora de tomar control de nuestro entorno auditivo. En el siguiente capítulo, exploraremos cómo seleccionar un santuario sonoro personal, eligiendo y creando paisajes sonoros que fomenten la serenidad en varios aspectos de nuestras vidas.

Aprovechando el Sonido para el Cuerpo y la Mente

La vibración transformadora del sonido

Así como podríamos arreglar una habitación para que se sienta más pacífica, podemos moldear los sonidos en nuestras vidas para crear un santuario para nuestros oídos y nuestras almas. En este capítulo, exploraremos cómo seleccionar tu propio santuario sonoro, eligiendo y creando paisajes sonoros que te traigan calma y concentración. Desde el suave ritmo de las olas del mar hasta los sutiles tonos de los ritmos binaurales, aprenderás sobre diferentes tipos de sonidos y sus efectos en tu bienestar. También te presentaremos herramientas y recursos accesibles para hacer que el paisajismo sonoro sea amigable para principiantes, asegurándote de que puedas comenzar a crear tu refugio auditivo de inmediato. Junto con la poesía, que te ancla con sus palabras, el paisajismo sonoro transformará tu entorno en un espacio que nutra la serenidad. En un mundo saturado por el ruido digital de la IA, tu santuario sonoro será un refugio para la paz.

Encontrando los Sonidos que Te Calman

Comencemos conectándote con los sonidos que hacen que tu corazón se sienta a gusto. Piensa en un momento en que te sentiste completamente relajado o en paz: tal vez fue un paseo matutino tranquilo con la brisa entre los árboles, una tarde junto al mar con las olas lamiendo la orilla, o una noche acogedora con el suave murmullo de una canción favorita de fondo. ¿Qué sonidos te rodeaban en esos momentos? Toma un cuaderno o simplemente haz una pausa y anótalos en tu mente. Estos son los hilos de tu santuario sonoro personal.

Lo hermoso de este proceso es que es completamente tuyo: no hay una solución universal. Tal vez ames el rítmico golpeteo de la lluvia en un tejado, o quizá el lejano silbido de un tren te traiga una extraña sensación de tranquilidad. Sonidos como las olas del mar, el crepitar de un fuego o la música ambiental son excelentes puntos de partida, pero no temas explorar más allá de lo habitual. El murmullo de una cafetería o el susurro de las hojas podrían hablarte de maneras que no esperabas. Este paso es todo sobre descubrir qué te calma, preparando el escenario para todo lo que sigue.

Entendiendo los Ritmos Binaurales, el Ruido Blanco y Sus Efectos

Ahora que has comenzado a descubrir los sonidos que te calman, exploremos por qué ciertos sonidos obran su magia. Dos ejemplos fascinantes son los ritmos binaurales y el ruido blanco: ambos tienen un don para moldear cómo nos sentimos, y son más fáciles de entender de lo que podrías pensar.

Los ritmos binaurales ocurren cuando reproduces dos frecuencias ligeramente diferentes, medidas en Hz o hercios, en cada oído (usando audífonos para mejores resultados). Por ejemplo, 300 Hz en tu oído izquierdo y 310 Hz en el derecho crean un tono pulsátil de 10 Hz en tu cerebro. Esto puede empujar tus ondas cerebrales hacia patrones vinculados con la relajación, la concentración o el sueño.

El ruido blanco, por otro lado, es como una manta sonora acogedora. Es una mezcla constante de todas las frecuencias a la vez: piensa en la estática de un televisor antiguo o el sonido constante de un ventilador. Funciona enmascarando otros ruidos, lo que lo convierte en un salvavidas si intentas concentrarte en un espacio concurrido o dormir con un mundo ruidoso fuera de tu ventana.

Conocer esto puede ayudarte a elegir sonidos con propósito. ¿Quieres relajarte? Prueba ritmos binaurales en un rango de baja frecuencia, como delta (0.5-4 Hz), para facilitar la relajación. ¿Necesitas bloquear distracciones? El ruido blanco podría ser tu nuevo mejor amigo. En un entorno saturado por notificaciones de IA, estos sonidos te ayudan a recuperar la calma. Es como tener una caja de herramientas de sonido, lista para apoyar lo que sea que estés sintiendo.

Creando Paisajes Sonoros Personalizados para Diferentes Momentos

Con tus sonidos favoritos en mente y un poco de conocimiento sobre por qué funcionan, es hora de jugar a ser compositor y crear paisajes sonoros adaptados a los ritmos de tu vida. Ya sea que estés meditando, trabajando o relajándote para la noche, la combinación correcta de sonidos puede marcar la diferencia.

Para la meditación, imagina un fondo suave que te mantenga anclado: tal vez el goteo de un arroyo junto con suaves campanillas de viento, o la resonancia profunda de un cuenco tibetano. Estos sonidos fluidos y calmantes pueden ayudarte a sumergirte en la atención plena sin distraer tu concentración.

Si estás abordando trabajo o estudio, podrías querer algo constante que se desvanezca de fondo. Música ambiental con un tempo lento, una capa ligera de ruido blanco o incluso el sutil murmullo de una grabación de cafetería pueden mantener tu mente aguda sin abrumarla. He descubierto que una lista de reproducción de jazz suave puede convertir una tarde dispersa en una productiva, ¡quizá también funcione para ti!

Para dormir, inclínate hacia sonidos que se sientan como una nana para tu alma. El constante romper de las olas del mar, una lluvia suave o incluso una melodía tranquila pueden señalar a tu cuerpo que es hora de descansar. Experimenta un poco: superpón una tormenta lejana sobre una suave pista de piano y ve si te lleva al país de los sueños.

¿La parte divertida? Puedes mezclar y combinar hasta que se sienta justo. Como un poema, tu paisaje sonoro combina ritmos y emociones para crear un momento de calma, perfectamente sintonizado con el momento que experimentas.

Herramientas Accesibles para el Paisajismo Sonoro

No necesitas equipo sofisticado ni un gran presupuesto para comenzar con el paisajismo sonoro: hay montones de herramientas amigables para principiantes para ayudarte a sumergirte. Las aplicaciones son un lugar fantástico para empezar, y aquí tienes algunas favoritas:

- **Calm**: Esta joya ofrece una biblioteca de paisajes sonoros —piensa en lloviznas de selva tropical, fuegos crepitantes o instrumentales suaves—, además de meditaciones guiadas si quieres un poco de guía extra. Es perfecta para relajarte o dormir.

- **Headspace**: Conocida por la atención plena, también tiene sonidos para dormir y pistas ambientales para facilitarte la calma. Es como un retiro de bolsillo.

- **Noisli**: Este es un patio de juegos para amantes del sonido. Puedes mezclar y combinar sonidos —como lluvia, viento o el traqueteo de un tren— para construir tu propio ambiente personalizado.

Muchas de estas aplicaciones tienen versiones gratuitas o pruebas, así que puedes probarlas sin comprometerte. Algunas incluso usan IA para personalizar tus paisajes sonoros, transformando la tecnología en una aliada para la calma. Descarga una, ponte unos auriculares y deja que la exploración comience: ¡es así de simple!

⊠

Ejercicio: Creando Tu Paisaje Sonoro

¿Listo para ponerte manos a la obra? Probemos un pequeño ejercicio para conectarte con los sonidos a tu alrededor. Encuentra un lugar cómodo donde estés: tu sala, un banco en el parque, tu patio trasero, y acomódate. Cierra los ojos si quieres, toma unas respiraciones profundas y simplemente escucha. Dedica unos 5 minutos a absorber el paisaje sonoro.

¿Qué oyes? Tal vez sea el murmullo del tráfico, el canto de un pájaro o el sonido constante de un ventilador. Toma un papel (o la aplicación de notas de tu teléfono) y lista cada sonido que notes. Luego, junto a cada uno, anota cómo te hace sentir. ¿El susurro de las hojas eleva tu espíritu? ¿Una puerta que se cierra de golpe te sobresalta? Sin juzgar, solo con curiosidad.

Como un poema refleja tus emociones, este inventario sonoro es como un espejo para tus oídos, mostrándote qué nutre tu calma y qué podría necesitar un pequeño ajuste. Es un paso pequeño, pero agudizará tu conciencia y te ayudará a seleccionar con intención.

Recursos Gratuitos o de Bajo Costo para el Paisajismo Sonoro

Si estás ansioso por comenzar pero quieres mantenerlo económico, estás de suerte: hay muchas opciones gratuitas o de bajo costo para explorar. YouTube es una mina de oro: busca 'olas del mar para dormir' o 'sonidos de bosque para relajarse', y encontrarás horas de paisajes sonoros a tu alcance. ¡He descubierto listas de reproducción que se sienten como vacaciones, sin necesidad de boleto de avión!

También hay aplicaciones gratuitas como Relax Melodies o MyNoise, donde puedes mezclar sonidos —piensa en grillos, un fuego crepitante o suaves olas— en tu propia combinación perfecta. En un mundo dominado por el ruido digital de la IA, estos recursos te permiten crear un refugio sonoro accesible para todos, para que puedas comenzar a construir tu santuario hoy, sin importar tu presupuesto.

A medida que nos volvemos expertos en crear nuestros paisajes sonoros, no debemos pasar por alto el profundo impacto del silencio. En el próximo capítulo, nos sumergiremos en el poder del silencio en el paisajismo sonoro, entendiendo cómo, al igual que las pausas en un poema, complementa el sonido y mejora nuestra capacidad para encontrar la paz interior.

Equilibrando Silencio y Sonido para la Serenidad

Armonizando el contraste como camino al interior

En un mundo lleno de ruido, el silencio puede sentirse como un regalo raro y precioso. Sin embargo, la quietud no es simplemente la ausencia de sonido; es un espacio donde podemos escuchar nuestros propios pensamientos, sentir nuestra propia presencia y conectar con la paz interior. En este capítulo, exploraremos el profundo papel del silencio en el paisajismo sonoro, entendiendo cómo complementa y potencia los sonidos que elegimos. Como las pausas en un poema, el silencio da ritmo y profundidad a nuestros paisajes sonoros. Aprenderás a equilibrar el ruido, la música y la quietud, y descubrirás los beneficios de practicar el silencio consciente para profundizar tu conciencia. A través de ejercicios simples, como sentarte en silencio por unos minutos, experimentarás de primera mano cómo el silencio puede ser una herramienta poderosa para cultivar la paz interior. En un mundo saturado por el ruido digital de la IA, el silencio se convierte en un refugio esencial para la serenidad.

Por Qué el Silencio es Tan Importante como el Sonido

El sonido se manifiesta de diversas maneras, cada una contribuyendo de forma única a nuestro mundo auditivo:

• **Sonidos de la Naturaleza:** Estos sonidos naturales —como el susurro de las hojas, el canto de los pájaros, ríos fluyendo o vientos aullando— nos conectan con la tierra. Pueden ser calmantes, como las olas del mar, o caóticos, como una tormenta, ofreciendo un encanto crudo y sin filtrar ideal para la relajación o el anclaje.

• **Sonidos Melódicos**: Caracterizados por su cualidad musical, incluyen música instrumental, canto o incluso el murmullo armonioso de maquinaria. Intencionalmente elaborados, evocan emociones, cuentan historias y resuenan profundamente debido a su ritmo y estructura.

• **Sonidos Ambientales:** Ruidos de fondo, como la lluvia o el murmullo de una ciudad, establecen la atmósfera. Ya sean naturales o humanos, moldean sutilmente nuestro ánimo y paisaje sonoro sin exigir atención, mejorando escenarios como una biblioteca silenciosa o una cafetería bulliciosa.

• **Ruido**: A menudo indeseado, el ruido incluye tráfico, construcción o maquinaria ruidosa. Subjetivo por naturaleza, puede ser disruptivo y estresante o energizante, como un concierto de rock, dependiendo de la percepción.

• **Habla**: Vocalizaciones humanas —hablar, susurrar, gritar o reír— llevan significado, emoción e intención. Más allá de las palabras, el tono y la inflexión profundizan la comunicación, convirtiéndola en una piedra angular de la interacción.

• **Sonidos de Animales**: Desde un perro ladrando hasta un león rugiendo, estos ruidos ofrecen perspectiva sobre el mundo natural. Sirven para propósitos como la comunicación o el apareamiento y enriquecen nuestra coexistencia con la vida silvestre.

• **Sonidos Mecánicos**: Producidos por máquinas —como el tictac de un reloj o el sonido constante de un ventilador—, reflejan funcionalidad y progreso. Pueden ser rítmicos y tranquilizadores o discordantes cuando fallan.

• **Sonidos Electrónicos:** Pitidos, tonos o sonidos sintetizados de teléfonos y computadoras marcan la era moderna. Precisos y artificiales, sirven como alertas prácticas o roles creativos en la música electrónica.

• **Silencio**: La ausencia de sonido, el silencio actúa como un contraste vital. Realza el ritmo y la emoción en la música y puede ser calmante o inquietante en la vida, dando significado a los sonidos a su alrededor.

Juntos, estas formas —desde sonidos de la naturaleza hasta el silencio— crean una sinfonía que influye en cómo nos sentimos, pensamos e interactuamos con nuestro paisaje sonoro. Como un poema, esta sinfonía combina ritmo, emoción y pausas para enriquecer nuestra experiencia.

⊠

Equilibrando Ruido, Música y Quietud

Crear un paisaje sonoro calmante implica encontrar armonía entre el ruido, la música y la quietud. El ruido representa el bullicio cotidiano de la vida: platos chocando o el ruido del tráfico. La música introduce sonidos intencionales, como una lista de reproducción de olas del mar o una suave melodía de guitarra. La quietud, encarnada por el silencio, proporciona la calma que une todo. Un desequilibrio —demasiado ruido, música abrumadora o silencio excesivo— puede perturbar la serenidad, dejándonos agitados, ahogados o aislados. La clave es una mezcla personal que se sienta armoniosa.

Para lograr esto, comienza notando los sonidos a tu alrededor: ¿cuáles te elevan y cuáles te estresan? Podrías suavizar el ruido con música calmante o crear espacios de quietud para restaurar. Un concepto útil aquí es el rango dinámico: la diferencia entre los momentos más fuertes y más suaves. Como las pausas en un poema, el silencio amplifica este rango, haciendo que los sonidos subsiguientes —como el canto de un pájaro o una cuerda pulsada— sean más vívidos y reconfortantes después de una pausa tranquila.

⊠

Creando un Paisaje Sonoro Armonioso

Entender las diversas formas del sonido nos empodera para seleccionar nuestro paisaje sonoro intencionalmente. Ya sea aprovechando el poder anclante de los sonidos de la naturaleza, la fuerza emocional de la melodía o la pausa clarificadora del silencio, podemos moldear nuestro alrededor para apoyar el bienestar. Al equilibrar conscientemente el ruido, la música y la quietud —adaptados a la preferencia personal—, creamos paisajes sonoros que no solo mejoran nuestras vidas diarias, sino que también calman el alma, haciendo que cada sonido sea más vivo y significativo. En un mundo donde el ruido digital de la IA puede abrumarnos, estos paisajes sonoros nos devuelven la calma

Practicando el Silencio Consciente para Profundizar la Conciencia

Entonces, ¿cómo hacemos que el silencio sea más que un espacio entre sonidos? Ahí es donde entra el silencio consciente: se trata de estar completamente presente en la quietud. Esto no es sobre forzar tu mente a estar en blanco (¡buena suerte con eso!). Es sobre sentarte contigo mismo, notar lo que surge y dejarlo ser. Practicar el silencio consciente puede profundizar tu conciencia y traer una sensación de paz que se queda contigo, ya sea que estés creando paisajes sonoros o simplemente transcurriendo tu día. Como las pausas en un poema, el silencio consciente te permite saborear la profundidad de cada momento.

Aquí tienes un pequeño ejercicio para probar: Encuentra un lugar acogedor donde no te interrumpan. Siéntate cómodamente, cierra los ojos y toma unas respiraciones lentas y profundas. Luego, por solo dos minutos —pon un temporizador si quieres—, déjate estar en silencio. Concéntrate en tu respiración, la sensación de tu asiento o incluso los sonidos tenues que podrías oír. Los pensamientos aparecerán (¡siempre lo hacen!), y está bien: imagínalos flotando como hojas en un arroyo. Cuando los dos minutos terminen, anota cómo te sientes. Tal vez notes una ligereza, una claridad o solo una sonrisa tranquila. Esta práctica simple puede convertirse en tu recurso para anclarte, haciendo que tanto tus paisajes sonoros como tus momentos pacíficos se sientan aún más serenos.

La Ciencia de la Serenidad

Sonido y Hormonas

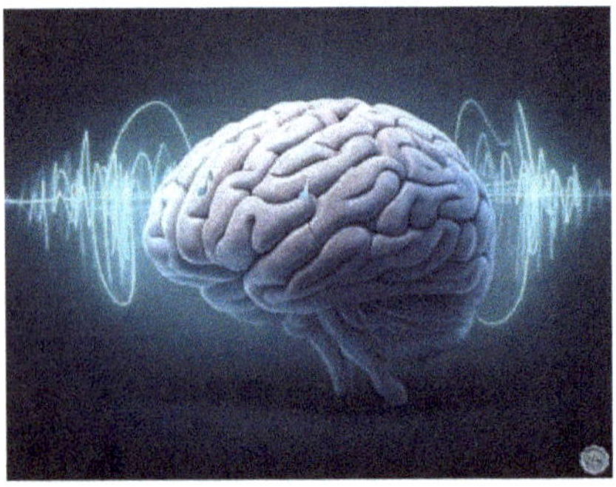

La serenidad, esa profunda sensación de calma y paz, hace más que solo calmar la mente; entreteje la música, el lenguaje e incluso cómo funcionan nuestros cuerpos de maneras asombrosas. La palabra 'serenidad' tiene una conexión especial con 'serenata', esas delicadas melodías nocturnas que se remontan al latín 'serenus', que significa 'claro' o 'tranquilo'. Pero no es solo una idea hermosa: es algo real que nos afecta físicamente, hasta las hormonas que fluyen en nosotros. Ya sea las notas delicadas de una serenata de Mozart o un momento tranquilo para ti, la serenidad puede reducir hormonas de estrés como el cortisol y la adrenalina, mientras impulsa las que nos hacen sentir bien, como la oxitocina, la serotonina y las endorfinas. Esta armonía perfecta de arte y ciencia, que resuena con los Pilares del Bienestar como Calma y Serenidad, une la calma y la música para equilibrar tanto el cuerpo como la mente. En un mundo saturado por el ruido digital de la IA, la serenidad nos ofrece un refugio para la paz interior.

Cómo la Serenidad Trabaja Su Magia

Entonces, ¿qué pasa dentro de nosotros cuando sentimos esta calma? Cuando estamos relajados y sin estrés, el sistema nervioso de nuestro cuerpo, la parte que nos ayuda a reaccionar al mundo, se une con nuestro sistema endocrino, el centro de control de las hormonas. Este trabajo en equipo involucra al sistema nervioso y al sistema endocrino. Cuando el estrés golpea, un centro de control en tu cerebro le dice a tu cuerpo que bombee cortisol, la hormona del estrés, como si accionara un interruptor de emergencia. Piensa en ellos como el equipo de manejo de estrés del cuerpo. Cuando la serenidad entra, cambian a modo de relajación, reduciendo las hormonas de estrés y aumentando las que nos hacen sentir bien. Como un verso poético que fluye con suavidad, la serenidad restaura el equilibrio, creando una sensación tan natural y elevadora como una melodía bien tocada.

⊠

Hormonas Clave Afectadas por la Serenidad

Cortisol (Hormona del Estrés)

Exploremos algo que nos afecta a todos: el estrés y cómo impacta nuestros cuerpos. Específicamente, nos sumergiremos en el cortisol, a menudo llamado la hormona del estrés, y cómo un poco de serenidad puede hacer una gran diferencia. Exploremos juntos cómo funciona.

¿Qué es el Cortisol?

¿Conoces esa sensación cuando estás estresado: tal vez tu corazón late rápido o tu mente no se calma? Ahí es cuando el cortisol entra en acción. Es como el sistema de alarma incorporado de tu cuerpo, liberado por tus glándulas suprarrenales para ayudarte a manejar esos momentos tensos. Todo el proceso es gestionado por una parte de tu cerebro llamada el eje HPA (abreviatura de eje hipotalámico-hipofisario-adrenal, pero no te preocupes, no nos pondremos demasiado técnicos aquí).

Así funciona: cuando el estrés golpea, tu cerebro inicia una reacción en cadena. Una parte, el hipotálamo, envía una señal, piensa en ella como un pequeño mensajero llamado CRH, a otra parte, la glándula pituitaria. Esa parte luego le dice a tus glándulas suprarrenales: '¡Oye, es hora de liberar algo de cortisol!'. Es un esfuerzo en equipo para ayudarte a superar esos momentos estresantes.

Cómo Ayuda la Serenidad

Ahora, aquí está la parte realmente buena: cuando te sientes calmado y sereno, tu cuerpo no necesita sonar la alarma tanto. Ese eje HPA del que hablamos puede tomar un respiro. Menos estrés significa menos de esos mensajeros (CRH, una hormona que señala el estrés, y ACTH, una hormona que desencadena el cortisol) corriendo por ahí, y eso lleva a menos cortisol flotando en tu sistema.

La ciencia lo respalda: estudios han encontrado que prácticas simples como la meditación, la respiración profunda o escuchar una serenata pueden reducir tus niveles de cortisol entre un 20 y un 30%. Eso es enorme, ¿verdad? Es como darle a tu cuerpo un abrazo cálido y acogedor desde adentro, conectándote con la calma a través de la poesía o el paisajismo sonoro.

Oxitocina (La Hormona del Vínculo)

¿Conoces esa sensación cálida y reconfortante cuando compartes una risa con un amigo o disfrutas de un abrazo suave? ¡Eso es la oxitocina haciendo su magia! A menudo llamada la 'hormona del vínculo', la oxitocina es como el químico natural de los abrazos de tu cuerpo. Se produce en una parte de tu cerebro llamada hipotálamo y se libera por la glándula pituitaria para ayudarte a sentirte conectado, confiado y profundamente relajado, especialmente durante momentos positivos y tranquilos.

Aquí está la parte genial: cuando estás en un estado sereno —piensa en toques suaves, música relajante, recitar poesía o un momento tranquilo de atención plena—, tu cuerpo aumenta la producción de oxitocina. Investigaciones, como estudios de Neuroscience & Biobehavioral Reviews, muestran que entornos serenos o estados meditativos pueden elevar los niveles de oxitocina, especialmente cuando te sientes seguro y amado. Es como si tu cerebro celebrara la calma, invitándote a prolongarla. ¿Y el resultado? Más oxitocina significa más calidez emocional y tranquilidad, creando un acogedor bucle que te mantiene sintiéndote sereno.

Así que, la próxima vez que necesites un pequeño impulso emocional, intenta abrazar la serenidad: es como envolver tu corazón en una manta tibia

Serotonina (El Regulador del Ánimo)

¿Alguna vez te has preguntado por qué una mente calma se siente tan refrescante? Eso es la serotonina, el impulsor natural del ánimo de tu cerebro, en acción. Este neurotransmisor es como un ayudante de la felicidad, manteniendo tu ánimo estable, tu sueño reparador y tu sensación de bienestar fuerte. Se produce en tu cerebro (¡y hasta en tu intestino!) con la ayuda de áreas como los núcleos del rafe, y prospera cuando te sientes bien.

Ahora, la serenidad entra para darle un empujón a la serotonina. Cuando estás calmado —quizá después de meditar o simplemente despejar tu mente de desorden—, tu cerebro recibe un impulso de serotonina. Estudios que usan escáneres PET en meditadores han mostrado que prácticas que inducen calma pueden realmente aumentar los niveles de serotonina. Además, cuando estás menos estresado, el cortisol (esa molesta hormona del estrés) no bloquea la producción de serotonina, dejándola fluir libremente. ¿El beneficio? Más serotonina trae más paz y contentamiento, haciendo que tu estado sereno sea aún más sólido.

Así que, cuando necesites un impulso de ánimo, intenta encontrar un poco de calma: ¡es como sol para tu alma!

Endorfinas (Analgésicos Naturales)

¿Conoces esa sensación encantadora cuando estás riendo con amigos o sumergiéndote en la paz de la naturaleza? Eso son las endorfinas haciéndote sentir bien desde adentro. Estos pequeños péptidos, liberados por tu glándula pituitaria e hipotálamo, son como los ayudantes naturales del bienestar de tu cuerpo. Aparecen durante actividades placenteras o calmantes —como ejercicio, risas, leer poesía o escuchar música— y te traen una sonrisa al rostro.

Aunque las endorfinas son famosas por esa euforia post-ejercicio, los estados serenos también pueden provocar una liberación más sutil. Imagina escuchar música relajante (como una serenata) o disfrutar de un momento tranquilo al aire libre: estos pueden desencadenar un leve impulso de endorfinas. No es tan intenso como un gran pico de ejercicio, pero estudios sobre musicoterapia muestran que es medible y real. Este sutil impulso agrega una tranquila sensación de bienestar a tu día, haciendo que el efecto calmante de la serenidad sea aún más dulce.

Así que, cuando te sientas un poco bajo, intenta abrazar la serenidad: ¡es como un abrazo suave para tu corazón!

Melatonina (La Hormona del Sueño)

¿Alguna vez has notado cómo una noche tranquila te hace sentir listo para dormir? Eso es la melatonina, la guía natural del sueño de tu cuerpo, haciendo su trabajo. Producida por la glándula pineal en tu cerebro, esta hormona regula tus ciclos de sueño-vigilia y ama un entorno calmado y oscuro. Pero cosas como luces brillantes o estrés pueden desequilibrarla, gracias al cortisol poniendo obstáculos.

Aquí es donde la serenidad salva el día: un estado calmado, especialmente por la noche, reduce los niveles de cortisol, permitiendo que la producción de melatonina fluya sin problemas. Crear una atmósfera serena —como recitar un poema tranquilo, disfrutar de una melodía serena o relajarte en silencio— se alinea perfectamente con el aumento natural de melatonina de tu cuerpo por la noche. ¿El resultado? Más melatonina significa relajación más profunda y sueño reparador, convirtiendo tus noches en un retiro pacífico.

Así que, cuando llegue la hora de dormir, intenta conectar con la serenidad: ¡es como una taza tibia de cacao para tu alma!

Resumiendo

¿No es increíble cómo un poco de serenidad puede hacer tanto? Al impulsar la oxitocina, la serotonina, las endorfinas y la melatonina, no solo te sientes más calmado ahora: te estás preparando para mejores ánimos, conexiones más fuertes y sueños más dulces. Esta calma resuena con los Pilares del Bienestar, como Calma y Serenidad, que nos guían hacia la paz interior. Así que, la próxima vez que la vida se sienta abrumadora, recuerda que la serenidad es como un aliado poderoso para tu cuerpo y mente. En un mundo donde el ruido digital de la IA puede abrumarnos, la serenidad es un refugio para la calma. ¡Abrázala y deja que la calma fluya!

Aplicando la Paz

El Impacto de los Sonidos en el Cuerpo y la Mente

La serenidad, ya sea inspirada por una serenata relajante, un verso poético o una pausa consciente, afecta profundamente nuestro estado físico y mental. Activa la respuesta de relajación del cuerpo (sistema nervioso parasimpático), tranquilizando la respuesta al estrés (sistema nervioso simpático). Este cambio reduce las hormonas del estrés, como el cortisol y la adrenalina, mientras fomenta la liberación de hormonas apacificadoras, como la oxitocina y la serotonina. En un entorno saturado por el ruido digital de la IA, estas prácticas nos devuelven la calma."

Las técnicas que promueven la serenidad, como la atención plena, recitar poesía o escuchar música tranquila, también influyen en la actividad cerebral. Aumentan las ondas alfa, asociadas con la relajación, lo que se correlaciona con una reducción de las hormonas del estrés y un aumento de los niveles de serotonina y endorfinas, los impulsores naturales del bienestar del cuerpo. Un bucle de retroalimentación intensifica este efecto: al disminuir las hormonas del estrés, los signos físicos de tensión, como un ritmo cardíaco elevado o la presión arterial alta, se reducen, reforzando la sensación de calma y estabilizando aún más los niveles hormonales. Estas prácticas, alineadas con el *Pilar de Calma y Serenidad,* promueven un estado de bienestar profundo.

Limitaciones

Diferencias Individuales: El impacto de la serenidad varía, ya que alguien con ansiedad crónica podría no experimentar una reducción inmediata del cortisol.

Duración: Una calma breve, por ejemplo, un descanso de 5 minutos, puede no influir en las hormonas tanto como una paz prolongada, como una hora de meditación.

Desafíos de Medición: Los cambios hormonales se miden indirectamente a través de marcadores como el cortisol en saliva o la serotonina en sangre, no se observan en tiempo real.

A pesar de estas limitaciones, prácticas como recitar poesía o crear paisajes sonoros pueden ser accesibles para fomentar la calma en cualquier momento.

Resumen de los Efectos de la Serenidad

En esencia, la serenidad reduce las respuestas al estrés y potencia las sustancias que promueven el bienestar, creando un efecto en cascada donde la calma fomenta más calma a través del cerebro y el sistema endocrino. Los sonidos relajantes, como los de una serenata o un verso poético, pueden amplificar este proceso, actuando como una señal externa que reduce el estrés mientras mejora sutilmente el estado de ánimo.

El Poder Curativo de la Música

El mundo médico ha reconocido durante mucho tiempo las propiedades curativas de la música para la mente. La capacidad de la música para reducir el estrés y la ansiedad mientras mejora las habilidades cognitivas y la memoria inspiró un campo de la medicina conocido como musicoterapia, que existe en alguna forma desde finales del siglo XVIII. De manera similar, la poesía, con su ritmo y emoción, comparte estas propiedades curativas. En un mundo dominado por el ruido digital de la IA, la musicoterapia ofrece un refugio para la mente.

Habiendo descubierto cómo la serenidad, a través del sonido y la quietud, moldea nuestra fisiología, ahora cambiamos el enfoque hacia el arte de la poesía. En el próximo capítulo, exploraremos cómo la serenidad se entrelaza con la poesía y los paisajes sonoros para fusionarse y crear experiencias inmersivas y transformadoras que involucran tanto la mente como los sentidos. Estas experiencias, alineadas con el *Pilar de Tranqulidad y Paz Interior,* transforman nuestro bienestar.

Fin de la Parte II

Parte III

La Poesía Como Camino Hacia la Paz

«No te sientas solo: todo el universo está dentro de ti.»

–Rumi

Preludio a la Parte III

La Poesía Como Camino Hacia la Paz

Las palabras tienen una singular capacidad para tocar nuestros corazones, expresar nuestros sentimientos más profundos y guiarnos hacia la paz. En la Parte III, exploramos el poder transformador de la poesía, una forma de expresión que sirve como un prisma para nuestras emociones y un bálsamo para nuestras luchas. En los capítulos siguientes, descubrirás la poesía como algo más que palabras: un compañero de la serenidad. Ya seas nuevo en la poesía o un admirador de larga data, esta sección te invita a explorar su potencial para la alquimia emocional y la atención plena. Alineada con el *Pilar de Tranqulidad y Paz Interior,* la poesía transforma nuestras emociones en un refugio de calma. En un mundo saturado por el ruido digital de la IA, la poesía ofrece un refugio para la calma y la conexión emocional.

Este viaje te guiará a través de la alquimia de la poesía, la atención plena y sus expresiones atemporales.

La Alquimia de la Poesía

Transformando emoción en verso

La poesía es una herramienta poderosa para la alquimia emocional, transformando sentimientos negativos en positivos a través de la expresión, la comprensión y la transmutación. Al expresar emociones, la poesía, ya sea escrita o leída, ayuda a manifestar sentimientos complejos como la tristeza o la ira, haciéndolos tangibles y más fáciles de enfrentar. A través de la comprensión, las metáforas e imágenes de la poesía profundizan nuestra exploración de los sentimientos, revelando sus raíces, como un alquimista que convierte materias primas en tesoros. A través de la transmutación, crear o interactuar con la poesía cambia las perspectivas, reformulando el dolor como belleza o el caos como claridad, convirtiendo el "plomo" emocional en "oro". Al tender un puente entre la mente inconsciente y consciente, la poesía fomenta la sanación y el crecimiento, encarnando la alquimia emocional. Alineada con el *Pilar de Tranquilidad y Paz Interior*, la poesía transforma el caos emocional en calma y claridad. En un mundo saturado por el ruido digital de la IA, la poesía ofrece un refugio para procesar y transformar nuestras emociones.

Transformando Emociones a Través del Verso

Alguna vez un poema ha nombrado un sentimiento que no podías articular, como una calma repentina en una tormenta? Esto es la magia de la poesía: su capacidad para transformar nuestras emociones crudas en algo hermoso y significativo. En este capítulo, exploramos cómo la poesía sirve como alquimia emocional, transmutando experiencias internas en fuerza y paz. Examinaremos cómo el ritmo, el lenguaje y el sentimiento se entrelazan, aprendiendo técnicas de lectura consciente para permitir que las imágenes vívidas y la cadencia nos calmen e inspiren. Como un paisaje sonoro, el ritmo de la poesía nos envuelve, guiándonos hacia la calma. A través de ejemplos históricos y modernos, como los versos calmantes de Rubén Dario o Pablo Neruda que abrazan el alma o los poemas de naturaleza de Gabriela Mistral, veremos el poder curativo de la poesía a lo largo del tiempo, y tendrás la oportunidad de crear tus propias líneas. En un mundo donde el ruido digital de la IA puede abrumarnos, la poesía nos ofrece un espacio de calma y reflexión.

Atención Plena en la Poesía

Te invitamos a explorar 'La Poesía como Alquimia Emocional', un capítulo que te sumerge en el poder transformador de la poesía. Parte de Cómo Encontrar Serenidad con Palabras y Melodías, esta sección explora cómo los versos, dentro de 'La Poesía de la Paz', fomentan la expresión emocional, la atención plena y la serenidad. Imagina la poesía como una herramienta de alquimista, convirtiendo emociones turbulentas en momentos de claridad y calma. Ya seas nuevo en la poesía o un lector experimentado, este capítulo es para ti. Descubriremos por qué la poesía resuena, cómo saborearla con atención plena y su rol curativo a lo largo de los siglos. Además, intentarás escribir tus propias palabras, accesible para todos. Alineada con el *Pilar de Sabiduría y Mayor Conciencia,* esta práctica profundiza nuestra relación con nosotros mismos. Comencemos esta exploración serena juntos.

Beneficios de Leer Poesía

Leer poesía ofrece una multitud de beneficios que enriquecen la mente, el corazón y el alma. Proporciona una poderosa conexión afectiva, ayudando a los lectores a procesar y expresar sentimientos complejos mientras fomenta la empatía y la comprensión por perspectivas diversas. El lenguaje imaginativo de la poesía y sus imágenes vívidas potencian la creatividad, expanden el vocabulario y mejoran las habilidades de comunicación. Sus cualidades rítmicas y líricas promueven la atención plena y la presencia, ofreciendo un escape meditativo que puede reducir el estrés y proporcionar sanación sentimental. Además, la poesía fomenta el pensamiento crítico al desafiar a los lectores a interpretar simbolismo, temas y metáforas, mientras también ofrece perspectivas culturales e históricas que profundizan nuestra comprensión del mundo.

Más allá de sus recompensas intelectuales y sentimentales, la poesía inspira y motiva, transmitiendo mensajes de esperanza, resiliencia y belleza que fomentan el crecimiento personal. Reaviva un sentido de maravilla y aprecio por los pequeños momentos de la vida, recordándonos que debemos desacelerar y saborear la riqueza de nuestras experiencias. En un entorno dominado por el ruido digital de la IA, la poesía nos invita a reconectar con nuestra humanidad. Ya sea leída por placer, reflexión o estimulación intelectual, la poesía es una forma de arte transformadora que nutre la creatividad, la empatía y una conexión más profunda con nosotros mismos y el mundo que nos rodea."

Conexión Entre Ritmo, Lenguaje y Sentimiento

Alguna vez has sentido cómo un poema acelera tu corazón o despierta un dolor silencioso? La poesía teje ritmo, lenguaje y sentimiento en algo vivo. A diferencia de la escritura cotidiana, destila las palabras a su esencia: cada una elegida para despertar una imagen, un sonido o una emoción. El ritmo, desde el latido constante de un soneto hasta el flujo del verso libre, baila con tu respiración, atrayéndote a su mundo. Como un paisaje sonoro, el ritmo de la poesía crea una melodía que resuena con el alma. Como olas lamiendo la orilla, la poesía calma o agita, siempre conmoviéndote. Las pausas entre líneas te invitan a demorarte, sintiendo el peso de lo no dicho, como en "El mundo está en silencio ahora", donde el silencio profundiza la calma. Así, la poesía canta a tu alma, transformando emociones crudas en paz y profundidad.

Técnicas para Leer Poesía con Atención Plena: Aliento e Imagen

Ahora que entiendes el impacto emocional de la poesía, experimentémosla con mayor presencia. La lectura consciente transforma la poesía en una mini-meditación, ayudándote a anclarte en ti mismo y abrazar su magia. Alineada con el *Pilar de Calma y Serenidad,* esta práctica te conecta con la paz interior. Aquí hay formas simples de comenzar:

- **Lee Lentamente y en Voz Alta** - La poesía prospera cuando se escucha. Pronuncia las palabras en voz alta, incluso suavemente, notando cómo ruedan por tu lengua, como saboreando el sabor único del poema.

- **Concéntrate en Tu Respiración** - Deja que el ritmo del poema guíe tu respiración: inhala al comienzo de una línea, exhala al final, o haz una pausa en una coma, sincronizando cuerpo y palabras.

- **Visualiza las Imágenes** - Cuando un poema pinta una escena, como "El mundo está en silencio ahora", cierra los ojos y vívela. Siéntela. ¿Qué emociones surgen al entrar en este momento?

- **Pausa y Reflexiona** - Después de leer, reflexiona sobre lo que se agitó dentro de ti: ¿un recuerdo, una sensación de calma? Deja que el poema se asiente sin prisas.

Estos pasos son regalos, no reglas, para profundizar tu conexión. Adáptalos a ti: la poesía se adapta a tus necesidades.

Silencio en la Poesía: Pausar para Impactar

Más allá del ritmo y las imágenes, las pausas de la poesía ofrecen un camino hacia la atención plena, adecuado para un libro sobre la serenidad a través de palabras y melodías. Al leer un poema, ya sea tuyo o un favorito, las palabras tienen poder. Sin embargo, una pausa puede amplificar su significado. Considera una línea de un poema, como "El mundo está en silencio ahora", seguida de un silencio sereno. Esta pausa no es solo un descanso: es un momento para sentir la quietud, dejando que las palabras resuenen en tu corazón. Como las pausas en un paisaje sonoro, el silencio en la poesía amplifica su resonancia emocional. Al compartir poesía en voz alta, intenta demorarte entre líneas o estrofas. El silencio profundiza la emoción, construye anticipación e invita a la conexión, incluso al leer solo. En un mundo lleno de ruido digital de la IA, estas pausas nos devuelven la calma. Puede transformar la lectura en una reflexión tranquila y poderosa.

Ejemplos Históricos y Modernos de Poesía Curativa

El poder curativo de la poesía abarca siglos, un compañero silencioso a lo largo del tiempo. Hace mucho tiempo, 'La Casa de Huéspedes' de Rumi tejió amor y anhelo en versos que aún ofrecen paz en medio del caos. En el siglo XIX, románticos como Wordsworth elaboraron la belleza de la naturaleza en palabras, como un paseo por un bosque, sanando espíritus. Sus versos, como un paisaje sonoro de la naturaleza, envuelven el alma en calma. Hoy, 'Yo no soy yo' de Juan Ramón Jiménez calma con imágenes de simplicidad y aceptación, invitándote a una introspección profunda. Poetas como Manuel Acuña crean poemas cortos y honestos que sanan al afirmar experiencias compartidas. En terapia, escribir o leer poesía ayuda a desenredar emociones, procesando el dolor para encontrar luz. Estas voces, antiguas y modernas, revelan la poesía como un bálsamo atemporal, transformando el dolor en esperanza.

Practicando la Lectura Consciente con “Yo no soy yo”

Te invitamos a probar la lectura consciente con 'Yo no soy yo' de Juan Ramón Jiménez, un breve poema cargado de profundidad con un llamado calmante a la introspección, elegido por sus imágenes de autoaceptación y esencia eterna. Como escuchar un paisaje sonoro, esta práctica te sumerge en la calma del poema. Así es como comenzar: Encuentra un lugar tranquilo y léelo lentamente en voz alta (o en silencio si lo prefieres).

- **Deja que tu respiración siga las líneas**: inhala suavemente en “Soy este, que va a mi lado sin yo verlo”, exhala mientras te observas a ti mismo.

- Explora la dualidad de la identidad humana, no es únicamente lo que crees ser, sino que existe otra versión más auténtica de ti. ¿Qué ves o sientes?

- Después, haz una pausa por un momento.

¿Te sientes más ligero o anclado? Anota un pensamiento si lo deseas. Aquí hay un extracto (encuentra el poema completo en la sección de Recursos):

Soy este que va a mi lado sin yo verlo;

que, a veces, voy a ver,

y que, a veces, olvido.

¿Qué se agitó dentro de ti? Sin presiones, solo nota. Este es tu primer paso en la suave alquimia de la poesía.

Un Ejercicio Breve: Escribe Tu Propia Impresión Emocional

Te invitamos a convertirte en poeta. Este ejercicio busca expresión auténtica, no perfección, dando forma a tus emociones como un paso en la alquimia de la poesía. Alineado con el *Pilar de Transformación y Autorealización,* este ejercicio te ayuda a transformar tus sentimientos en palabras. Haz una pausa para registrarte: ¿Cómo te sientes: calmado, inquieto? Comienza con una frase como "Siento..." o "Ahora mismo, soy..." y deja que las palabras fluyan. Aquí hay ejemplos para inspirarte:

- 'Siento como una cometa, tirando de la cuerda, a punto de volar o romperse.'
- 'Ahora mismo, soy un guijarro, quieto, esperando el abrazo del arroyo.'

Escribe o reflexiona sobre una línea sobre tu estado emocional, luego léela en voz alta para sentir su peso. ¿Cómo se siente dar forma a tu mundo interior? Esta es tu pieza de alquimia emocional, haciendo el momento tangible y verdadero.

⊠

Explorando Formas Poéticas y Sus Impactos Emocionales

La poesía es una forma de arte vibrante y en evolución, con 'estructuras' que abarcan diversas estilos, tipos definidos por esquemas de rima, métrica, longitudes de línea, estrofas o temas. Algunas, arraigadas en tradiciones culturales, siguen reglas estrictas, mientras que otras ofrecen libertad sin límites.

La poesía viene en todas las formas y tamaños, cada expresión agitando emociones como un menú de estados de ánimo para explorar. Como paisajes sonoros, estas formas poéticas crean melodías emocionales únicas. Aunque la vastedad de la poesía desafía un catálogo completo, la sección de Recursos enumera las formas principales con descripciones de sus características, usos e impacto emocional. Aquí hay un vistazo a algunas: intenta escribirlas o leerlas para descubrir qué resuena.

En un mundo dominado por el ruido digital de la IA, estas formas poéticas nos invitan a encontrar calma y significado. Habiendo explorado el poder transformador de la poesía, es hora de aprender cómo aprovechar ese poder en nuestras vidas diarias.

Las Raíces del Poder Calmante de la Poesía

De la palabra al corazón: historia y ciencia

Habiendo dado forma a tus sentimientos en verso, exploremos las diversas formas que dan poder a los versos. Discutiremos técnicas prácticas para leer poesía con atención plena, seleccionar poemas que resuenen con nuestros sentimientos y usar la poesía como una herramienta para la reflexión y la sanación.

Durante siglos, la poesía ha ofrecido paz, sus palabras un latido constante en medio del caos. ¿Qué nutre su poder calmante? Exploremos las raíces históricas, científicas y espirituales de la serenidad de la poesía, revelando por qué sigue siendo un refugio atemporal para el alma. Alineada con el *Pilar de Tranquilidad y Paz Interior,* esta exploración revela la poesía como un camino hacia la calma. En un mundo saturado por el ruido digital de la IA, la poesía ofrece un refugio sereno para el alma.

Desenterrando la Fuente de la Paz de la Poesía

La poesía ha sido durante mucho tiempo un refugio para la mente inquieta, un bálsamo para el alma cansada. Pero, ¿por qué posee tan gran poder para calmarnos? En este capítulo, profundizaremos en las raíces de la naturaleza calmante de los versos: explorando su rol histórico como fuente de serenidad, la ciencia detrás de su abrazo rítmico y las conexiones espirituales que fomenta. Como un paisaje sonoro, su abrazo rítmico envuelve el alma en calma. A través de historias, ejemplos e perspectivas, descubriremos cómo la poesía ha sido, y continúa siendo, un camino atemporal hacia la paz. Ya seas un lector experimentado o nuevo en el verso, estas raíces te anclarán en la fuerza silenciosa de la poesía y te inspirarán a entretejerla en tu propia vida. En un mundo dominado por el ruido digital de la IA, la poesía nos ofrece un refugio de paz.

Raíces Históricas de la Poesía y la Serenidad

Desde cantos antiguos hasta sonetos modernos, la poesía ha sido una compañera en la búsqueda de la calma de la humanidad. En las civilizaciones tempranas, el verso rítmico a menudo estaba ligado al ritual: imagina los himnos védicos de la India o las epopeyas orales de Grecia, recitados para estabilizar el espíritu antes de la batalla o la oración. Los monjes medievales encontraron consuelo copiando Salmos a la luz de las velas, sus versos sirviendo como un salvavidas hacia la paz divina. En Japón, el haiku surgió como una forma de capturar momentos fugaces de quietud en medio del caos de la vida. Incluso hoy, las lecturas de poesía en cafeterías o espacios en línea sirven como pausas comunales, donde las palabras ralentizan el giro del mundo. Como paisajes sonoros, estas lecturas crean un espacio de calma compartida. Alineada con el *Pilar de Tranquilidad y Paz Interior,* la poesía ha tejido calma a través de los siglos, cosiendo momentos de paz en un mundo fracturado.

⊠

La Ciencia del Efecto Calmante de la Poesía

Pero, ¿qué hace que la poesía sea tan singularmente calmante? La ciencia ofrece pistas. El cerebro está cableado para el ritmo, y cuando leemos o escuchamos poesía, nuestras mentes se sincronizan con su métrica, muy parecido a un latido del corazón o una nana. Como un paisaje sonoro, el ritmo de la poesía alinea nuestras mentes con la calma. La investigación, como estudios en biblioterapia, sugiere que leer verso métrico puede reducir las hormonas del estrés, creando un efecto calmante similar a la música suave. La rima y la repetición también juegan un papel, ofreciendo predictibilidad que calma el sistema nervioso. Escribir poesía involucra los centros creativos del cerebro, desplazando el enfoque de la ansiedad al flujo. No es sorprendente que la biblioterapia, usar la literatura para la sanación, a menudo recurra al verso. En un entorno saturado por el ruido digital de la IA, la poesía ofrece una pausa reparadora, convirtiéndose en una rebelión silenciosa contra el caos.

La Poesía como Ancla Espiritual y Emocional

Más allá de la ciencia, la poesía toca algo más profundo: nuestra alma, nuestros sentimientos. Destila sentimientos complejos en líneas simples, haciendo que lo abrumador se sienta manejable. Una sola estrofa puede contener dolor, alegría o anhelo, ofreciendo un espejo a nuestro mundo interior. Para muchos, la poesía es una forma de oración o meditación, una manera de conectarse con algo mayor, ya sea la naturaleza, el amor o lo divino. Imagina los versos de San Juan de la Cruz sobre la unión mística o las odas de Octavio Paz a lo natural y lo sagrado; sus palabras no solo describen la paz, la evocan. Alineada con el *Pilar de Confianza y Resilencia,* la poesía nos conecta con nuestra esencia, anclándonos en el presente y recordándonos nuestra humanidad compartida."

Ejemplos y Anécdotas de la Vida Real

Imagina a la maestra rural en Chiapas que llevaba siempre consigo un pequeño cuaderno con versos de Gabriela Mistral, leyendo en voz baja a sus alumnos antes de comenzar la clase, como si cada estrofa sembrara calma en medio de la precariedad. O imagina cómo, tras el terremoto de 1985 en Ciudad de México, los vecinos se reunían por las noches alrededor de velas, y alguien recitaba fragmentos de 'Alturas de Macchu Picchu' de Pablo Neruda, encontrando en sus palabras una forma de resistencia poética y consuelo compartido. Como un paisaje sonoro, estas recitaciones creaban un espacio de calma compartida. Estas historias revelan que el poder de la poesía no es teórico ni lejano: es íntimo, tangible, un refugio emocional en medio del caos. En un mundo donde el ruido digital de la IA puede abrumarnos, estas historias muestran la poesía como un refugio tangible.

Aplicando la Poesía para la Serenidad Personal

¿Cómo puedes abrazar este poder? Comienza pequeño: lleva un poema favorito en tu bolsillo o teléfono, una piedra de toque para días difíciles. Léelo en voz alta: como un paisaje sonoro, el ritmo del poema te envuelve en calma. Si te sientes inclinado, escribe tus propios versos, sin reglas; el acto en sí es una liberación. Únete a un círculo de poesía, en línea o en persona, para compartir la calma con otros. Cuando el mundo se sienta demasiado ruidoso, encuentra un rincón tranquilo y deja que un poema sea tu compañero. Alineadas con el *Pilar de Calma y Serenidad,* estas prácticas te guían hacia la paz interior. Por ahora, sabe que la poesía está al alcance, esperando estabilizar tu espíritu.

El Regalo Atemporal de la Poesía

Las raíces del poder calmante de la poesía corren profundas: a través de la historia, la ciencia, el espíritu y las historias. Es un regalo transmitido a través de generaciones, tan vivo hoy como lo era en tiempos antiguos. Al pasar estas páginas, recuerda: la poesía no es solo palabras en una página; es una puerta a la paz, un recordatorio de que la serenidad está tejida en el tejido del lenguaje. Alineada con el *Pilar de Tranquilidad y Paz Interior,* la poesía te invita a reconectar con la calma. En un mundo donde el ruido digital de la IA puede abrumarnos, la poesía permanece como un refugio atemporal. Deja que te guíe, línea por línea, de vuelta a ti mismo.

Lleva este regalo adelante: deja que la poesía te guíe de vuelta a la serenidad.

Sanación a Través de la Poesía

Guía del Lector

Construir una biblioteca de poesía personal es como crear un santuario de calma y retrospección. En este capítulo, te guiamos en la selección de una colección que refleje tu paisaje emocional. Aprenderás técnicas de lectura consciente para dejar que cada palabra resuene, junto con formas de elegir poemas que coincidan con tus estados de ánimo y momentos, usando los versos para la reflexión y la sanación. Alineada con el *Pilar de Sanación y Equilibrio,* esta práctica te conecta con tu mundo interior. Ya sea buscando consuelo en el estrés o alegría en la vida diaria, este capítulo revela la poesía como un compañero fiel en tu camino hacia la serenidad. En un mundo saturado por el ruido digital de la IA, la poesía ofrece un refugio para la calma y la introspección.

Construyendo una Biblioteca de Poesía Personal para el Bienestar Emocional

Imagina tener un pequeño rincón de tu mundo lleno de poemas que se sientan como si hubieran sido escritos solo para ti: palabras que te hacen pausar, que envuelven tu corazón como un abrazo cálido. Eso es lo que puede ser una biblioteca de poesía personal: un santuario para tu alma. Como un paisaje sonoro, tu biblioteca de poesía crea una melodía única para tu alma. No se trata de reunir cada poema famoso que existe; se trata de coleccionar los que te hablan. Deberían sentirse como viejos amigos, listos para ofrecer calma o insight cuando lo necesites.

¿Por qué crear una? Porque los versos tienen una forma especial de encontrarse contigo donde estás emocionalmente. Cuando la vida se siente caótica, un verso suave puede traerte de vuelta a la quietud. Cuando estás rebosante de alegría, un poema animado puede bailar junto a tu felicidad. Para empezar, piensa en poemas que te hayan tocado antes: tal vez una línea que perdura en tu mente o una pieza que una vez te hizo llorar. Anótalos. Si eres nuevo en la poesía, no te preocupes: este capítulo te ayudará a hacer crecer tu colección paso a paso. Por ahora, ve tu biblioteca como algo vivo, que evolucionará contigo mientras viajas hacia la serenidad.

Técnicas para una Lectura Profunda y Consciente

Con un poema delante de ti, ¿cómo conectas profundamente? A diferencia de hojear noticias, la poesía te invita a demorarte, dejando que cada palabra resuene. Alineada con el *Pilar de Calma y Serenidad,* la lectura consciente transforma un verso en un momento de paz o insight. Así es cómo saborearlo:

- **Lee en Voz Alta** - La poesía prospera cuando se habla. Pronuncia las palabras en voz alta, sintiendo su ritmo mientras ruedan por tu lengua, como las primeras notas de una canción. Como un paisaje sonoro, el ritmo del poema te envuelve en una melodía serena.

- **Visualiza las Imágenes** - Los poetas pintan con palabras. Imagina sus escenas: un lago tranquilo, una puesta de sol ardiente, dejando que las imágenes florezcan en tu mente.

- **Nota Tus Emociones** - ¿Qué evoca el poema? ¿Calma, tristeza o esperanza? Tus sentimientos te conectan con su corazón.

• **Busca Patrones** - Nota palabras repetidas o rimas, señales que destacan el núcleo del poema.

• **Considera el Título** - Un título establece el ánimo, abriendo una puerta al significado del poema.

Tómate tu tiempo; no hay prisa. Si un poema parece esquivo, su belleza puede revelarse poco a poco, como una flor que se abre bajo el sol. Intenta leer en voz alta a Juan Ramón Jiménez: '¡Inteligencia, dame el nombre exacto de las cosas!' Siente la urgencia en 'exacto' y percibe el anhelo de capturar la esencia del mundo con palabras precisas. Eso es la lectura consciente en acción: una conexión íntima entre palabra, emoción y presencia.

Eligiendo Poemas que Resuenan con Diferentes Estados de Ánimo

La poesía puede ser como un amigo que siempre sabe qué decir. ¿Te sientes abrumado? Un poema sereno puede calmarte. ¿Rebosante de alegría? Uno juguetón puede unirse a la celebración. El arte es aprender a elegir poemas que coincidan con tu ánimo o lo cambien suavemente.

Comienza registrándote contigo mismo: ¿Qué necesitas ahora? ¿Calma? ¿Inspiración? ¿Un momento tranquilo? Si estás estresado, podrías gravitar hacia poemas sobre la paz de la naturaleza, como una brisa suave entre los árboles. Si estás triunfante, un poema sobre gratitud podría sentirse justo. A medida que tu biblioteca crece, incluso podrías organizarla por emoción: imagina una sección de 'paz' o un rincón de 'coraje', así tienes las palabras perfectas al alcance de tu mano. Como componer un paisaje sonoro, esta selección crea una melodía para tu alma. En un mundo donde el ruido digital de la IA puede abrumarnos, esta biblioteca te ofrece un refugio de calma.

Recomendaciones de Poemas para Diferentes Emociones

¿Buscas un punto de partida? Aquí hay una lista corta de poemas que coinciden con algunos sentimientos comunes: piénsalos como pequeños regalos para guardar en tu biblioteca. Como paisajes sonoros, estos poemas resuenan con tus emociones más profundas:

- **Para la Paz:** 'El poema de mi vida' de Idea Vilariño – Una meditación serena que abraza la sencillez de la existencia y la quietud de lo esencial.

- **Para el Duelo**: 'Masa' de César Vallejo – Un poema poderoso sobre la unión humana frente a la muerte, que transforma la pérdida en redención colectiva.

- **Para la Alegría**: 'Táctica y estrategia' de Mario Benedetti – Un juego de palabras amoroso que despierta sonrisas por su ternura e ingenio.

- **Para el Amor:** 'Te amo' de Pablo Neruda (Soneto XVII) – Una declaración profunda, sencilla y eterna del amor que no pretende deslumbrar, sino acompañar.

- **Para la Esperanza**: 'Voy a vivir' de Alfonsina Storni – Una afirmación de vida valiente y luminosa que renace incluso en la adversidad.

Cada poema, alineado con el *Pilar de Tranquilidad y Paz Interior*, te guía hacia el bienestar. Sumérgete en estos y ve cuál despierta algo en ti: son solo el comienzo de tu aventura poética.

Consejos para Descubrir Poemas Personales

Esas recomendaciones son un encantador punto de partida, pero la verdadera magia ocurre cuando encuentras poemas que se sientan como tuyos. Así es cómo descubrirlos:

- **Busca por Tema o Emoción**: Prueba sitios web como 'Poemas del Alma', escribe 'calma' o 'sanación' y ve qué aparece. Es como una búsqueda del tesoro para tu corazón.

- **Explora Antologías:** Toma un libro de poemas agrupados por temas que amas, tal vez atención plena o las maravillas de la naturaleza, y hojéalo hasta que algo resuene.

• **Sigue a Poetas en Línea:** Los poetas en Instagram o Twitter a menudo comparten brillantez en pequeñas dosis. Sigue a algunos cuyas palabras te atraen y observa cómo tu feed se llena de inspiración.

• **Visita Eventos de Poesía**: Ya sea una lectura local o un taller en línea, escuchar poemas hablados en voz alta puede hacer que cobren vida de una nueva manera.

• **Mantén un Diario de Poesía:** Cuando una línea o poema te impacta, anótala. Alineado con el *Pilar de Transformación y Autorealización,* este diario refleja tu viaje interior. Con el tiempo, tendrás una colección que es un reflejo perfecto de ti.

Eres el explorador aquí: ve donde te lleve tu curiosidad y deja que la serenidad te siga. En un mundo dominado por el ruido digital de la IA, estos poemas te conectan con tu esencia.

Usando la Poesía como Espejo para la Autorreflexión

La poesía no se trata solo de lo que el poeta quiso decir: se trata de lo que significa para ti. Es un espejo que refleja tus propias alegrías, miedos y sueños, ayudándote a verte más claramente. Como un paisaje sonoro, el poema te envuelve en una melodía de introspección. Alineada con el *Pilar de Sabiduría y Mayor Conciencia,* esta práctica ilumina tu mundo interior. Así es cómo desbloquear su magia personal:

1. **Lee con Apertura:** Deja que el poema te envuelva sin pensar demasiado. ¿Qué capta tu atención o tira de tu corazón?

2. **Detecta Momentos Clave:** ¿Qué líneas o imágenes se quedan contigo? Tal vez sea una sola palabra que se sienta cargada de significado.

3. **Conéctalo con Tu** Vida: ¿El poema te recuerda algo: un recuerdo, una persona, una tarde tranquila? Ahí es donde se vuelve personal.

4. **Siente las Emociones:** ¿Qué se agita dentro de ti mientras lees? ¿Alegría? ¿Anhelo? Deja que esos sentimientos guíen tus pensamientos.

5. **Anota algunas reflexiones:** Escribe sobre lo que el poema trae a colación: es como una pequeña charla contigo mismo. Inténtalo con este fragmento de 'El limonero lánguido suspende' de Juan Ramón Jiménez: 'El limonero lánguido suspende / una pálida rama polvorienta / sobre el encanto de la fuente limpia...' Quizás te transporte a un jardín de infancia donde aprendiste a escuchar el silencio, o tal vez te inspire a buscar un rincón de naturaleza donde tu alma pueda descansar. No hay una forma correcta de sentir: solo está tu verdad, vibrando en cada palabra que resuena contigo.

Práctica Guiada: Reflexionando sobre el Significado de un Poema para el Crecimiento Personal

Vamos a unir todo con una pequeña práctica. Aquí hay un poema corto "*Aquí l alma navaga*", un poema de Luis De Leon para reflexionar:

Aquí el alma navega
por un mar de dulzura, y finalmente
en él ansí se anega
que ningún accidente
estraño y peregrino
oye o siente.

Te invitamos a integrar todo con una pequeña práctica. Aquí hay un poema corto, Oda a la vida retirada de Fray Luis de León, para reflexionar:

Toma un momento tranquilo con él, luego pregúntate:

• **¿Qué destaca?** Tal vez sea la imagen de la vida sencilla, un retiro sereno donde la naturaleza ofrece paz.

• **¿Cómo se siente?** ¿Te hace sentir que el alma descansa en un entorno apacible, lejos del bullicio, envuelta en la suavidad de la naturaleza?

• **¿Puedes pensar en un momento en que hayas sentido esta calma?**

• **¿Qué podría decir esto sobre la búsqueda de paz interior en un mundo agitado?**

Toma un bolígrafo y escribe tus pensamientos: déjalos fluir libremente. Como escuchar un paisaje sonoro, esta práctica te sumerge en la calma del poema. Alineada con el *Pilar de Tranquilidad y Paz Interior,* esta práctica te guía hacia la calma. Esta es tu oportunidad de ver cómo la poesía puede iluminar algo nuevo dentro de ti, guiándote hacia la sanación y la calma.

Mientras que la poesía ofrece una forma profunda de conectar con nuestro yo interior, la serenidad también implica armonizar con el mundo que nos rodea. En el próximo capítulo, cambiaremos nuestro enfoque a la sinfonía de sonidos que nos rodean, aprendiendo a sintonizar con los ruidos cotidianos e identificar aquellos que nos traen calma.

Versos del Alma

Un Viaje a Través del Corazón de la Poesía

La poesía es un paisaje vasto y hermoso, lleno de formas que han evolucionado a lo largo de siglos para expresar la experiencia humana de maneras únicas. Cada forma lleva su propio ritmo, estructura y resonancia emocional, ofreciendo a los poetas y lectores diferentes caminos para explorar sentimientos, ideas e historias. Ya sea que te atraiga la elegancia estructurada de un soneto o el rebote juguetón de un limerick, hay una forma que habla a cada corazón. Alineada con el *Pilar de Amor y Afecto,* esta exploración te invita a conectar con tus sentimientos a través del verso. En esta narración, viajaremos a través de algunas de las formas de poesía más queridas, descubriendo sus orígenes, estilos y las emociones que agitan, todo de una manera atractiva y fácil de seguir. Adéntrate y descubre la magia de los versos juntos. En un mundo saturado por el ruido digital de la IA, la poesía ofrece un refugio sereno para el alma.

El Soneto: Una Danza de Estructura y Emoción

Imagina un poema de 14 líneas, una danza coreografiada de palabras. Eso es el soneto, a menudo elaborado con un ritmo de diez sílabas que alterna acentos suaves y fuertes, como el latido del corazón. Como un paisaje sonoro, su ritmo ordenado resuena con el alma. Este poema viene en dos formas principales: el shakespeariano, con tres grupos de cuatro líneas y un pareado final, y el petrarquiano, dividido en una apertura de ocho líneas y un cierre de seis líneas, cada uno con patrones de rima distintos que tejen armonía.

Los sonetos en la poesía en español también exploran los grandes temas: el amor, la belleza, el paso del tiempo o la inevitabilidad de la muerte. Cada uno construye su camino hacia una 'volta', ese giro sutil que transforma el tono o la perspectiva. En el famoso soneto Amor constante más allá de la muerte de Francisco de Quevedo, el amor traspasa la frontera de la vida:

Cerrar podrá mis ojos la postrera,
sombra que me llevare el blanco día...

Lo que comienza como una meditación sobre la muerte se convierte en una afirmación del amor eterno. Su estructura, a la vez contenida y poderosa, sostiene emociones hondas como una vasija tallada con precisión. Alineado con el *Pilar de Calma y Serenidad,* el soneto canaliza sentimientos profundos en una forma estructurada, despertando amor, melancolía, contemplación y una serena claridad: herramientas poéticas para acompañarnos mientras navegamos los misterios de la existencia.

Haiku: Capturando el Momento Fugaz

Si los haikus son susurros, los limericks son estallidos de risa. Estos poemas de cinco líneas tienen un ritmo saltarín y un esquema de rima donde la primera, segunda y quinta líneas riman, y las terceras y cuartas líneas, más cortas, comparten su propio sonido. Como un paisaje sonoro juguetón, su ritmo saltarín despierta sonrisas. A menudo son tontos o ingeniosos, diseñados para hacerte sonreír.

Imagina el viejo con barba de Edward Lear que encuentra pájaros anidando en ella: ¡absurdo y delicioso! Por ejemplo:

Un gato de Cádiz, tan listo,
cazaba ratones con gusto.
Mas un día, ¡qué error!, tropezó con fervor,
y en la red del ratón fue su susto.

Alineado con el *Pilar de Abundamcoa y Bendiciones*, el limerick ilumina el alma con risas, recordándonos divertirnos con las palabras.

Limerick: Explosiones de Alegría en Cinco Líneas

Mientras los haikus capturan la quietud efímera en susurros delicados, los limericks irrumpen como carcajadas inesperadas. Esta forma poética de cinco líneas baila con un ritmo vivaz y anapéstico —casi como una jiga ligera— y sigue un esquema de rima AABBA: las líneas primera, segunda y quinta comparten rima larga y sonora, mientras las dos centrales, más breves, riman entre sí para crear un efecto de remate ingenioso.

Piensa en el viejo con barba de Edward Lear que encuentra pájaros anidando en ella: ¡absurdo y delicioso! Los limericks despiertan humor, alegría y a veces un poco de ingenio furtivo. Son la forma en que la poesía nos recuerda divertirnos con las palabras.

Balada: Narración a Través de la Canción

Las baladas son los narradores de la poesía. Escritas en estrofas de cuatro líneas con una rima simple, tejen historias de amor, tragedia o aventura. Provenientes de tradiciones orales, son fáciles de seguir y te llevan con su ritmo. Como un paisaje sonoro narrativo, su ritmo te envuelve en la historia.

Una balada como El romance del conde Arnaldos te arrastra al encuentro místico de un caballero con un marinero cantor. Por ejemplo: ¿Quién es el caballero que canta en la mar? / Su voz lleva ecos de un triste penar… Alineada con el *Pilar de Prosperidad y Compasión* la balada te sumerge en historias que resuenan con el corazón, agitando nostalgia, empatía o emoción, según el cuento. Las baladas se sienten como sentarse junto a un fuego, perdido en un relato que podría ser tuyo.

En la ribera del alba, un marinero solitario
detuvo a quien celebraba un banquete en el vestuario.
Su abrigo estaba raído, su mirada era un faro
de historias de tormentas, de naufragios y amparo.

Contó del viento traicionero que al barco detuvo,
del cielo sin esperanzas, del corazón que asciende.
De un pájaro errante, messías en tormento,
que el marino creyó sombra, y le robó el aliento.

La tripulación exánime, sin fe ni consuelo,
colgó el ave muerta en su cuello, símbolo de duelo.
Los días se hicieron años, sin risa ni bebida,
y la bruma del arrepentimiento borró su vida.

Hasta que un súbito destello: la belleza de los peces
lo conmovió profundamente, su juicio enalteces.
Murió el ave y cayó la culpa del marinero:
nació en su pecho un juramento severo.

Ahora recorre el mundo, contando su pecado,
para que otros aprendan lo que el error le ha enseñado:
que quien falta al vínculo que une lo divino,
lleva el peso eterno del juramento marino.

Oda: Una Celebración en Verso

Las odas son las cantoras de la poesía. Estos poemas líricos cantan las alabanzas de una persona, lugar o cosa: cualquier cosa que valga la pena celebrar. Pueden ser formales o fluidas, pero siempre elevan su sujeto con imágenes vívidas y emoción. Como un paisaje sonoro, su ritmo eleva el alma con una melodía de celebración.

La Oda al tomate de Pablo Neruda nos envuelve en asombro no con un pájaro, sino con algo tan cotidiano como una fruta que estalla de vida en la cocina:

El tomate, estrella de la tierra,

recurrente y fértil estrella...

Alineada con el *Pilar de Positivismo y Optimismo,* la oda, en la tradición hispanoamericana, despierta admiración, gratitud y una profunda conexión con lo simple o lo sublime. Nos invita a celebrar lo que amamos —sea el mar, la infancia, un objeto o una emoción— con voz plena. Leer una oda es recordar que lo ordinario también puede ser sagrado, y que la maravilla está al alcance de una mirada atenta y un verso honesto.

⊠

Elegía: Un Espacio para el Duelo y la Reflexión

Donde las odas celebran, las elegías lloran. Estos poemas habitan el territorio de la pérdida, a menudo una muerte, sin una estructura fija, pero con un tono sereno y sombrío. Como un paisaje sonoro melancólico, su tono envuelve el alma en un canto sereno. Son un espacio donde el dolor individual se entrelaza con emociones universales, ofreciendo consuelo a través del duelo compartido.

La Elegía a Ramón Sijé de Miguel Hernández es un ejemplo conmovedor. Escrito tras la muerte de su amigo íntimo, el poema clama desde el alma:

Yo quiero ser llorando el hortelano

de la tierra que ocupas y estercolas...

Hernández convierte su pena en un canto de amor eterno, entre la rabia, la ternura y la aceptación. Alineada con el *Pilar de Transformación y Autorealización,* la elegía nos ayuda a procesar el duelo con suavidad, guiándonos con palabras suaves por el sendero difícil del adiós, recordándonos que en el dolor también habita la belleza de haber amado.

Epopeya: La Gran Aventura

Las epopeyas son el equivalente poético de las superproducciones cinematográficas: relatos extensos de héroes, gestas y mitos, a menudo teñidos de lo sobrenatural. Escritas en un estilo elevado, reflejan el alma, los valores y la memoria colectiva de un pueblo. Como un paisaje sonoro épico, su narrativa resuena con la grandeza del espíritu humano.

El Cantar de mio Cid, por ejemplo, nos transporta a la España medieval, donde Rodrigo Díaz de Vivar, el Cid Campeador, cabalga entre el honor, la destreza y la pérdida, en un mundo donde la lealtad y el destino se entrelazan.

Alineada con el Pilar de Resiliencia y Coraje, la epopeya celebra la fortaleza del espíritu humano, despertando asombro, emoción y un orgullo profundo. Te invita a embarcarte en viajes más grandes que la vida misma, viajes que cruzan batallas, exilios y reencuentros, y que siguen resonando a través de los siglos como parte viva de nuestra identidad.

Verso Libre: La Libertad de Fluir

El verso libre es poesía sin ataduras: sin rimas fijas ni métricas obligatorias, solo el fluir natural de las palabras tal como nacen. Como un paisaje sonoro sin restricciones, su flujo libre resuena con la voz del alma. Es como hablar con el alma, dejando que los saltos de línea y las imágenes construyan el sentido.

En Altazor de Vicente Huidobro, por ejemplo, la voz poética se lanza al abismo del lenguaje con fuerza y libertad:

He caído de mi estrella

y viajo por este otro cielo

Alineado con el *Pilar de Fortaleza y Coraje* el verso libre se siente crudo y honesto, lleno de energía impredecible o de silencios significativos. Permite que las emociones se derramen sin filtros: vulnerable, caótico, revelador. Es ideal para cuando quieres que tus palabras respiren sin restricciones, y que el poema se parezca a tu propia respiración.

Villanella: El Estribillo Hipnótico

Las villanelas son como una melodía que no puedes dejar de tararear. Con sus 19 versos, cinco estrofas de tres líneas y una última de cuatro, repiten dos versos clave a lo largo del poema, creando un ritmo envolvente que roza lo hipnótico. Como un paisaje sonoro repetitivo, su ritmo hipnótico envuelve el corazón.

Aunque no es común en la tradición hispana, algunos poetas han adoptado su estructura para explorar emociones intensas. Por ejemplo: No dejes que el día se apague sin lucha, / resiste la sombra que cae en tu alma... Alineada con el *Pilar de Fortaleza y Coraje*, la villanela resuena con los ecos del corazón, despertando anhelo, obsesión o una necesidad apremiante. Sus ecos cargan cada palabra de emoción, como un susurro insistente que se convierte en clamor. Son perfectas para cuando el corazón quiere repetir lo que aún no está listo para soltar.

Sestina: Un Tapiz de Palabras

Las décimas son el ajedrez métrico del mundo hispano. Diez versos octosílabos con una rima precisa (abbaaccddc) se convierten en el lienzo de trovadores, campesinos y poetas. Como un paisaje sonoro rítmico, la décima entrelaza melodía y narrativa. Nacidas en el Siglo de Oro y aún vivas en las improvisaciones del Caribe y Sudamérica, cada décima es una joya de equilibrio entre razón y sentimiento.

En *Hombres necios* de Sor Juana Inés de la Cruz, la poeta juega con la forma como quien dialoga con Dios y la lógica. Por ejemplo: En la noche del alma, mi verso, / busca el cielo que guarda el anhelo... Pero también en los campos cubanos, un guajiro improvisa décimas al ritmo del tres, hilando anécdotas de amor perdido y cosechas fallidas. Alineada con el *Pilar de Sanación y Equilibrio*, la décima une tradición y expresión personal. Allí, la forma no encierra: libera. Cada estrofa es un duelo entre la memoria y el momento, entre la tradición y la chispa del presente.

Romance: La Poesía del Anhelo

Con raíces en la lírica popular y la herencia oral ibérica, los romances son baladas narrativas de versos octosílabos con rima asonante en los pares. Su estructura fluida y repetitiva los convierte en vehículos de memoria colectiva: historias de amor, guerra, misterio o pérdida. Como un paisaje sonoro narrativo, su cadencia evoca ecos del pasado.

Los romances del Romancero viejo cantan gestas y duelos, pero también susurran secretos del alma. Por ejemplo: Por la ribera del río, / canta la dama su duelo... En América Latina, la tradición tomó nuevas formas: en los llanos, los copleros improvisan romances para contar pasiones truncadas o encuentros con lo sagrado. Alineado con el *Pilar de Amor y Afecto*, el romance teje historias que resuenan con el corazón. El ritmo cadencioso y la repetición de sonidos hacen del romance un eco: de lo que se fue, de lo que aún duele, de lo que se canta para no olvidar.

Pantoum: El Eco de la Memoria

Los pantoums se repiten como ecos. En estrofas de cuatro líneas, la segunda y cuarta líneas se repiten como la primera y tercera de la siguiente, atando todo junto. Como un paisaje sonoro cíclico, su repetición envuelve la mente en un eco meditativo.

Por ejemplo:

La noche guarda mi pena,
un eco que no se apaga

Esta repetición crea un ritmo reflexivo, casi embrujado: nostalgia u obsesión burbujeando. Alineado con el *Pilar de Sabiduría y Mayor Conciencia,* el pantoum captura los ecos del pasado, como revisitar recuerdos que no te sueltan.

Acróstico: El Mensaje Oculto

Los acrósticos son los juegos inteligentes de la poesía. Las primeras letras de cada línea deletrean una palabra o frase, ocultando un secreto a la vista.

Despiertan curiosidad y deleite, revelando un giro íntimo o sorprendente. Es una forma juguetona de decir más de lo que se ve.

Poesía Visual: Cuando el Verso Dibuja

En el mundo hispano, la poesía visual, heredera de la vanguardia y del neobarroco, transforma las palabras en figuras. No solo se leen: se observan. Dispuestas en espiral, cruz o silueta, las letras revelan sentidos ocultos. Como un paisaje sonoro visual, la poesía visual crea una sinfonía de formas y significados. La página se convierte en lienzo, y el poema en forma viva.

El uruguayo Clemente Padín, pionero de la poesía visual latinoamericana, jugaba con signos, líneas y símbolos para denunciar la censura. En Chile, los caligramas del chileno Guillermo Deisler fusionaban tipografía y protesta. Y en México, Ulises Carrión rompía con la estructura del libro para que el lenguaje se volviera objeto. Alineada con el *Pilar de Transformación y Autorealización,* la poesía visual transforma el lenguaje en arte.

La palabra hablada: El Poder de la Actuación

La palabra hablada salta de la página. Construida para la actuación, prospera en el ritmo y la voz, a menudo abordando grandes ideas como la justicia o la identidad. Como un paisaje sonoro vibrante, su ritmo resuena en la voz y el corazón.

En un slam de poesía, te envuelve con pasión, urgencia o alegría, despertando conexión o empoderamiento. Alineada con el *Pilar de Fortaleza y Coraje,* la palabra hablada da voz a las emociones más profundas. Es poesía que exige ser escuchada.

Una probadita de algo más

El baúl de la poesía en español rebosa de estructuras que invitan al juego y la emoción. Como paisajes sonoros, estas formas resuenan con melodías únicas. La lira, con su mezcla de versos heptasílabos y endecasílabos, fue la favorita de Fray Luis de León para cantar a la armonía entre el alma y la naturaleza. Por ejemplo: ¿Qué descansada vida / la del que huye el mundanal ruido…?

El terceto encadenado, con sus versos entrelazados en rima (aba, bcb, cdc), ofrece una cadencia fluida, como en las meditaciones de Garcilaso de la Vega. Alineadas con el *Pilar de Abundancia y Bendiciones*, estas formas reflejan la riqueza del espíritu humano. Cada una es un universo: un abrazo, una espada, una caricia. La poesía en español no solo habla: se transforma, sorprende y sigue reinventándose línea tras línea.

Ahora, Tu Turno de Explorar

La poesía no es solo para leer: es para vivir. Intenta un haiku sobre la lluvia o un limerick para hacer reír a alguien. Deja que una villanela lleve el estribillo de tu corazón o un pantoum revisite un recuerdo. Como componer un paisaje sonoro, cada verso teje una melodía única. Cada forma es una puerta a tu voz, una forma de conectar contigo mismo y con el mundo. Alineada con el *Pilar de Amor y Afecto,* esta práctica te invita a dar voz a tu alma. Por ello, toma un bolígrafo, deja que tus palabras bailen y ve a dónde te lleva este hermoso arte. En un mundo saturado por el ruido digital de la IA, la poesía te ofrece un espacio para reconectar con tu voz interior.

Fin de la Parte III

Parte IV

Tejiendo Versos y Melodías

«La melodía es el encanto de la música, y es lo más difícil de crear. La invención de una buena melodía es obra del genio.»

–Joseph Haydn

Preludio a la Parte IV

Tejiendo Versos y Melodías

Cuando las palabras y las ondas, la poesía y el sonido, se unen, crean una armonía que puede agitar el corazón y calmar la mente. En este libro, te invitamos a explorar la hermosa fusión entre estas formas de arte, descubriendo cómo pueden enriquecer tu viaje hacia la serenidad. Ya seas un poeta, un practicante de mindfulness o simplemente curioso, los próximos capítulos, comenzando con La Sinergia de la Poesía y el Paisaje Melódico, te guiarán a través de técnicas para emparejar la poesía con paisajes sonoros. Por ejemplo, recitar un haiku sobre la lluvia con el suave murmullo de un arroyo de fondo puede transportarte a un estado de calma profunda. Estas prácticas crean experiencias inmersivas que involucran tanto tu mente como tus sentidos, ya sea escuchando un poema leído en voz alta sobre un fondo de música suave o creando tus propias piezas de palabra hablada. Alineada con el *Pilar de Tranquilidad y Paz Interior*, esta combinación puede ser un catalizador poderoso para la profundidad emocional y la calma interior. En un mundo saturado por el ruido digital de la IA, esta unión de poesía y sonido ofrece un refugio para el alma.

La Sinergia de la Poesía y el Paisaje Melódico

Imagina leer un poema sobre el océano mientras escuchas las olas rompiendo en la orilla: las palabras y los sonidos se mezclan sin esfuerzo para transportarte a una costa tranquila. Esta es la fusión de la poesía y el sonido, un emparejamiento que amplifica el impacto emocional de ambos. En este capítulo, exploraremos cómo el sonido profundiza la resonancia de la poesía y cómo las imágenes de un poema pueden dar vida vívida a los sonidos ambientales. Aprenderás técnicas prácticas, como emparejar un poema de naturaleza con el canto de los pájaros, para combinar poemas con paisajes sonoros, ya sea para la reflexión personal o la expresión creativa. Por ejemplo, recitar Canto al mar de Neruda con el rumor de las olas puede sumergirte en una calma profunda. También te guiaremos a través de la creación de tus propias experiencias de verso y sonido, ofreciendo instrucciones paso a paso para crear momentos de claridad tranquila. Alineada con el Pilar de *Tranquilidad y Paz Interior*, esta práctica combina verso y sonido para cultivar calma y conexión. Al explorar estas páginas, descubrirás cómo estas herramientas, entrelazadas, pueden convertirse en un refugio para tu espíritu. En un mundo saturado por el ruido digital de la IA, esta fusión de verso y sonido ofrece un refugio sereno para el alma.

Cómo el Sonido Mejora la Profundidad Emocional de la Poesía

¿Alguna vez has notado cómo un poema puede despertar una alegría silenciosa, una punzada de nostalgia o un suave sentido de maravilla? Ahora, añade sonido a esa experiencia. Súbitamente, esas emociones saltan de la página, vívidas y vivas. Empareja un poema sobre una noche tormentosa con el sonido de la lluvia golpeando una ventana o el trueno retumbando a lo lejos, y es como si estuvieras parado en la tormenta, su energía arremolinándose a tu alrededor. O visualiza un poema sobre un prado pacífico, entrelazado con el suave canto de los pájaros y una brisa susurrando entre la hierba: estás allí, descansando en ese lugar sereno, respirando su calma. Por ejemplo, leer los versos de Invierno de Octavio Paz con el crujir de la nieve bajo los pasos crea una atmósfera de introspección.

Esta magia se despliega porque el sonido involucra más tus sentidos, atrayéndote más profundamente al mundo del poema. Es como agregar azules y verdes vibrantes a un boceto a lápiz, pintando el paisaje emocional con tonos más ricos. Alineado con el *Pilar de Calma y Serenidad,* este emparejamiento intensifica los sentimientos evocados por la poesía. Al envolverte en un abrazo sensorial, el sonido ayuda a calmar el parloteo de la mente, guiándote hacia la calma. Mientras escuchas, podrías deslizarte en un estado sereno y meditativo, completamente presente, con el estrés diario desvaneciéndose. En contraste con el ruido digital de la IA, esta práctica te sumerge en un espacio de calma y presencia. Ese es el regalo de mezclar verso y sonido: profundiza tu conexión con la poesía y da la bienvenida a la paz en tu vida. Intenta leer un poema corto en voz alta con suaves sonidos de la naturaleza para sentir cómo se despliega esta calma.

Ritmo y Resonancia

Donde el Paisaje Melódico Encuentra al Verso

Debajo de cada poema y melodía fluyen el ritmo y la resonancia: fuerzas invisibles que entrelazan sonido y verso, avivando el corazón mientras calman la mente. Alineada con el *Pilar de Tranquilidad y Paz Interior,* esta exploración revela cómo estos elementos bailan juntos, creando una armonía atemporal que invita a la paz y la reflexión. En un mundo saturado por el ruido digital de la IA, esta armonía ofrece un refugio para el alma.

Los Hilos Invisibles del Sonido y el Verso

El ritmo es el latido del corazón tanto del sonido como de la poesía, ofreciendo un sentido de orden que puede anclarnos en el momento presente. En el sonido, el ritmo emerge como patrones de pulsos o beats, ya sea el tempo de una pieza musical, el romper repetitivo de las olas o el canto staccato de un pájaro. Estos ritmos moldean nuestras respuestas emocionales: un ritmo lento y uniforme puede calmar, mientras que uno rápido e irregular podría energizar o inquietar.

En la poesía, el ritmo aparece a través de la métrica, el pacing y la disposición de las palabras. Las formas tradicionales como el soneto usan patrones estructurados, como el pentámetro yámbico, con su ritmo de diez sílabas que alterna acentos suaves y fuertes, para crear un flujo musical. Incluso en el verso libre, los poetas crean ritmo a través de saltos de línea y elección de palabras, imitando el ascenso y descenso natural de la respiración o el pensamiento. Esta cualidad rítmica da a la poesía su pulso, invitando a los lectores a su mundo.

Cuando los ritmos del sonido y la poesía se alinean, su impacto se profundiza. Considera un haiku, con su estructura concisa de 5-7-5 sílabas, emparejado con el suave y rítmico chapoteo de las olas. El tempo constante de la ola complementa la brevedad meditativa del haiku, creando una experiencia unificada que se siente tanto calmante como completa. Alineado con el Pilar de *Tranqulidad y Paz Interior,* el ritmo guía la mente hacia un estado de calma. En contraste con el caos digital de la IA, esta armonía rítmica ofrece un refugio sereno, revelando el ritmo como una fuerza universal capaz de vincular el paisaje sonoro externo con la cadencia interna del verso para fomentar un profundo sentido de paz.

El Papel del Ritmo en el Sonido y la Poesía

El ritmo actúa como el latido compartido que une el sonido y la poesía, imponiendo orden y presencia en un instante eterno. En el ámbito sonoro, se manifiesta en secuencias de pulsos —el tempo pausado de una melodía al piano, el vaivén constante de las olas o el trino intermitente de un ave—, modulando nuestras emociones: ritmos suaves y estables inducen serenidad, mientras que los acelerados o irregulares despiertan vitalidad o inquietud.

En la poesía, el ritmo surge de la métrica, el flujo de las palabras y las pausas intencionales. Formas clásicas como el soneto emplean el pentámetro yámbico —diez sílabas con acentos alternos— para generar una cadencia casi musical. Aun en el verso libre, los quiebres de línea y la selección léxica recrean el vaivén natural de la respiración o el pensamiento, dotando al poema de un pulso vivo que envuelve al lector.

Cuando estos ritmos convergen, la experiencia se intensifica y trasciende. Imagina un haiku de estructura 5-7-5 sílabas sincronizado con el oleaje rítmico y sereno: la constancia del mar amplifica la meditación concisa del verso, forjando una unidad calmante y plena. En sintonía con el Pilar de Tranquilidad y Paz Interior, este encuentro rítmico aquieta la mente. Frente al torbellino digital de la inteligencia artificial, esta fusión armónica se erige como santuario, mostrando al ritmo como hilo conductor universal que entrelaza el entorno audible con la cadencia íntima del verso, cultivando una paz profunda y restauradora.

El Poder de la Resonancia en el Sonido y la Poesía

La resonancia es la cualidad que hace que el sonido y la poesía perduren, vibrando dentro de nosotros mucho después de que el momento haya pasado. En el sonido, esta vibración es la plenitud de una nota mientras reverbera: piensa en el tono profundo y sostenido de un gong o el eco desvaneciéndose de una voz en un cañón. Estas vibraciones crean una conexión física y emocional, resonando con nuestros cuerpos y entornos de maneras que pueden sentirse tanto anclantes como trascendentes.

En la poesía, la resonancia opera en un nivel más metafórico. Es el impacto duradero de una línea o imagen: la forma en que una frase como 'Cerrar podrá mis ojos la postrera' de Quevedo se queda en tu mente, su significado desplegándose con el tiempo. Este eco emocional o intelectual proviene de imágenes poderosas, juegos de palabras inteligentes o dispositivos sonoros como la aliteración y la asonancia, que crean una vibración auditiva que refleja la profundidad del poema.

Cuando la resonancia en el sonido se encuentra con la resonancia en la poesía, el efecto es transformador. Imagina leer un poema sobre la quietud mientras un cuenco tibetano zumba suavemente cerca. El tono resonante del cuenco perdura en el aire, al igual que las palabras del poema perduran en tus pensamientos, amplificando el poder del otro. Alineada con el *Pilar de Calma y Serenidad,* la resonancia profundiza los sentimientos evocados por el verso y el sonido. Este interplay puede atraerte a un estado meditativo, donde los límites entre sonido y verso se difuminan, dejando solo serenidad a su paso. En un mundo saturado por el ruido digital de la IA, esta resonancia ofrece un refugio para la calma

Aprovechando el Ritmo y la Resonancia para la Serenidad

El ritmo y la resonancia no son solo conceptos para admirar: son herramientas que puedes usar para cultivar la calma. Alineadas con el *Pilar de Tranquilidad y*

Paz Interior, estas prácticas cultivan calma a través de la unión de verso y sonido. Aquí hay formas prácticas de unirlos:

- **Escucha Mientras Escribes:** Reproduce sonidos rítmicos, como un metrónomo, tambores suaves o olas constantes, mientras compones poesía. Para principiantes, elige sonidos sutiles para evitar distracciones. Deja que el ritmo guíe tus palabras, creando un flujo calmante. Por ejemplo, intenta escribir un haiku mientras escuchas lluvia suave para reflejar su breve calma.

- **Empareja Sonido con Verso:** Elige sonidos de fondo que reflejen el ritmo o el ánimo del poema. Por ejemplo, empareja un poema lento y reflexivo con el sonido de la lluvia para realzar su tranquilidad.

- **Crea un Espacio Resonante:** Usa sonidos resonantes, como campanas, un cuenco tibetano o grabaciones de la naturaleza, para establecer el tono para leer o escribir poesía. Las vibraciones persistentes pueden crear una atmósfera de paz, profundizando tu conexión con las palabras.

- **Imita los Ritmos de la Naturaleza:** Escribe poemas inspirados en los ritmos de sonidos naturales calmantes, como el flujo y reflujo de la marea o la suave repetición de un latido del corazón. Por ejemplo, escribe un verso libre inspirado en el ritmo de la marea, acompañado por el sonido del océano, para evocar serenidad.

En nuestro mundo impulsado por la IA, herramientas digitales pueden generar paisajes sonoros personalizados que coincidan con el ritmo de tus poemas favoritos, facilitando una experiencia serena y sin fisuras. Intenta crear un ritual simple: cada mañana, lee un poema corto en voz alta mientras escuchas unos minutos de sonidos calmantes. Deja que el ritmo y la resonancia de ambos te envuelvan, estableciendo un tono pacífico para el día que tienes por delante.

Caminos a la Paz a Través del Ritmo y la Resonancia

Estas fuerzas son más que técnicas artísticas; son caminos hacia la paz interior. Al explorar cómo conectan el sonido y la poesía, puedes desbloquear su potencial para calmar y centrar tu espíritu. Ya sea el latido constante de una ola, el zumbido resonante de una campana o el poder silencioso de una línea poética, estos elementos ofrecen un puente a la tranquilidad. Alineados con el Pilar de *Tranquilidad y Paz Interior*, estos elementos te guían hacia la tranquilidad. En un mundo saturado por el ruido digital de la IA, ritmo y resonancia ofrecen un refugio para la calma. Al avanzar en este libro, lleva contigo la comprensión de que cada latido y cada eco contienen la promesa de serenidad: tuya para descubrir y abrazar.

El Poder del Silencio en la Poesía y el Sonido

Las pausas que expresan y sanan

El silencio posee un poder sutil en la poesía y el sonido, creando espacio donde el significado y la emoción se profundizan. Lejos de ser vacío, actúa como una fuerza vital, amplificando la resonancia de cada palabra y nota que sigue. Alineado con el *Pilar de Tranquilidad y Paz Interior,* el silencio invita a la calma y la reflexión. En un mundo saturado por el ruido digital de la IA, el silencio ofrece un refugio para el alma

El Papel del Silencio

El silencio en la poesía y el sonido es profundo, sirviendo como un elemento esencial que moldea el significado, la emoción y el ritmo. No es simplemente la ausencia de sonido o palabras, sino una presencia activa que realza lo que lo rodea. Por ejemplo, en Romance de la luna, luna de Federico García Lorca, el salto de línea tras 'La luna vino a la fragua / con su polisón de nardos' crea un silencio que intensifica la imagen mágica, invitando a los lectores a sentir el peso de lo no dicho. Alineado con el *Pilar de Calma y Serenidad,* el silencio realza la profundidad de los sentimientos evocados. En contraste con el ruido digital de la IA, el silencio en la poesía y el sonido crea un espacio para la introspección.

Silencio en la Música

En la música, el silencio actúa como el espacio entre notas, dándoles definición y permitiendo al oyente procesar la melodía. Sin estas pausas, la música se convertiría en una corriente continua de sonido, careciendo del matiz emocional que la hace resonar. Alineado con el *Pilar de Sabiduría y Mayor Conciencia*, el silencio en la música amplifica su impacto emocional. El silencio juega varios roles clave:

- **Construyendo Tensión y Anticipación:** Una pausa bien cronometrada puede aumentar el drama, creando un sentido de expectativa antes de la siguiente nota o frase.

- **Enfatizando Momentos Clave:** La ausencia de sonido puede hacer que el regreso de la música sea más poderoso, como un respiro que da espacio a la composición para desplegarse.

- **Añadiendo Profundidad Emocional:** Estos momentos tranquilos permiten a los oyentes sentir el peso de la música, realzando su impacto general.

Por ejemplo, en Claro de luna de Debussy, las pausas entre notas crean un espacio que intensifica la melancolía, haciendo que el aumento del sonido sea más impactante. En un mundo saturado por el ruido digital de la IA, estas pausas ofrecen un respiro para la mente. El silencio, de esta manera, es una presencia dinámica que moldea la experiencia del oyente.

En la poesía, el silencio está incrustado en la estructura, a través de saltos de línea, saltos de estrofa o el espacio en blanco en la página. Estas pausas sirven múltiples propósitos:

- **Invitando a la Reflexión:** Los espacios entre palabras o líneas dan a los lectores tiempo para demorarse y absorber la profundidad emocional de lo que acaban de leer.

- **Creando Ritmo:** Al igual que en la música, el silencio en la poesía establece una cadencia, guiando el flujo de la pieza.

• **Enfatizando Ideas:** Un salto o hueco repentino puede llamar la atención sobre una palabra o imagen específica, haciéndola destacar y resonar más profundamente.

Por ejemplo, en Poema 15 de Pablo Neruda, el salto tras 'Me gustas cuando callas porque estás como ausente' aísla la palabra 'ausente,' intensificando su resonancia emocional. Alineado con el *Pilar de Calma y Serenidad,* el silencio en la poesía profundiza su impacto emocional. En contraste con el ruido digital de la IA, el silencio poético invita a la contemplación. Esta quietud es donde a menudo se asienta el peso del poema, amplificando su significado.

⊠

Silencio en la Poesía

Usando el Silencio para la Serenidad

Puedes aprovechar el silencio para profundizar tus experiencias de poesía y sonido. Alineadas con el *Pilar de Tranquilidad y Paz Interior,* estas prácticas cultivan calma a través del silencio:

• **Pausa al Leer:** Cuando leas un poema en voz alta, demórate en los saltos de línea o espacios entre estrofas para dejar que las palabras resuenen. Prueba esto con un poema corto como 'Silencio' de Octavio Paz, pausando después de cada verso para sentir su poder sutil.

• **Incorpora Momentos Silenciosos:** Empareja un poema con un paisaje sonoro que incluya silencios breves, como una grabación de viento con pausas naturales, para reflejar el ritmo del poema e invitar a la reflexión.

- **Crea un Ritual Silencioso:** Antes de leer o escribir poesía, dedica un minuto al silencio absoluto para centrar tu mente, permitiendo que las palabras y sonidos posteriores resuenen con mayor claridad.

En un mundo saturado por el ruido digital de la IA, estas prácticas te invitan a encontrar calma en el silencio.

El Poder Compartido del Silencio

Tanto en la música como en la poesía, el silencio está lejos de ser vacío: es un elemento vital y activo. Moldea el flujo de la obra, añade peso emocional e invita a la contemplación. Ya sea la pausa entre notas que realza el impacto de una melodía o el espacio en una página que permite a un poema respirar, el silencio da a los sonidos y palabras su pleno poder expresivo. Por ejemplo, leer 'Silencio' de Octavio Paz con pausas acompañadas por el eco de un cuenco tibetano crea un momento de serenidad profunda. Alineado con el *Pilar de Tranquilidad y Paz Interior,* el silencio transforma la experiencia artística en un camino hacia la calma. En un mundo saturado por el ruido digital de la IA, el silencio ofrece un espacio para la reflexión profunda. Es en estos momentos tranquilos donde a menudo florece el significado, haciendo del silencio una parte indispensable de la experiencia artística.

Creando Palabras y Melodías

Arte en acción: escribir y componer desde la serenidad

El suave golpeteo de la lluvia o el murmullo de un arroyo pueden despertar inspiración, guiándonos a tejer palabras y sonidos en algo significativo. Alineados con el *Pilar de Transformación y Autorrealización* , estos ejercicios te invitan a fusionar verso y sonido para cultivar calma. En esta sección, exploraremos ejercicios prácticos que mezclan sonido y verso, como escribir un haiku inspirado en el ritmo de la lluvia, ayudándote a crear tus propias melodías de calma y creatividad. En un mundo saturado por el ruido digital de la IA, estos ejercicios ofrecen un refugio para la inspiración y la serenidad.

Ejercicios Prácticos en Sonido y Verso

¿Alguna vez has escuchado la lluvia y sentido una paz que te envuelve? Mientras la lluvia golpea suavemente contra la ventana, creando un ritmo sereno, este ejercicio te invita a sumergirte en un momento de calma. El sonido constante de las gotas que caen se convierte en más que solo ruido de fondo: es un llamado a explorar el arte de escribir. Alineado con el *Pilar de Tranquilidad y Paz Interior,* este ejercicio te sumerge en un espacio de calma y creatividad. Deja que este telón de fondo sereno te inspire a crear palabras que fluyan y ondulen, haciendo eco de las melodías de sonido que te rodean. Por ejemplo, escribe un haiku de 5-7-5 sílabas inspirado en el ritmo de la lluvia, usando palabras que evoquen su suavidad, como 'goteo' o 'susurro.'

En contraste con el ruido digital de la IA, el sonido de la lluvia te conecta con un espacio de calma. Herramientas de IA pueden generar paisajes sonoros de lluvia para acompañar tu escritura, profundizando la experiencia.

Por ejemplo, el poema "Lluvia" de Garcia Lorca:

«Lluvia»

La lluvia tiene un vago secreto de ternura,
algo de somnolencia resignada y amable,
una música humilde se despierta con ella
que hace vibrar el alma dormida del paisaje.

Es un besar azul que recibe la Tierra,
el mito primitivo que vuelve a realizarse.
El contacto ya frío de cielo y tierra viejos
con una mansedumbre de atardecer constante.

Es la aurora del fruto. La que nos trae las flores
y nos unge de espíritu santo de los mares.
La que derrama vida sobre las sementeras
y en el alma tristeza de lo que no se sabe.

1. **Encuentra o escribe un poema:** Elige un poema que ames, como 'Poema 15' de Pablo Neruda, o escribe uno sobre un momento de calma o un lugar que atesores, como un atardecer en la playa.

2. **Sintoniza con su esencia:** Identifica el ánimo o las imágenes del poema para guiar tu elección de paisaje sonoro.

3. **Elige tus sonidos:** Selecciona un paisaje sonoro que complemente: olas del mar para un poema costero o guitarra suave para uno tierno. Si el sonido se siente abrumador, baja el volumen o prueba una pista más simple. Herramientas de IA pueden generar paisajes sonoros personalizados, como olas o viento, para complementar tu poema.

4. **Prueba y graba:** Lee el poema en voz alta con el paisaje sonoro, ajustando tu tono para armonizar con él. Graba el emparejamiento y ajusta según sea necesario.

5. **Reflexiona y comparte:** Escucha tu creación. ¿Evoca serenidad? Compártela con un amigo si lo deseas.

Alineada con el Pilar de *Enfoque y Claridad Mental,* esta guía te ayuda a fusionar verso y sonido para cultivar calma. En un mundo saturado por el ruido digital, esta práctica ofrece un refugio sereno.

Inclínate en las imágenes: Si tu poema pinta un cuadro, como olas lamiendo una orilla o hojas cayendo en un bosque, elige sonidos que hagan eco de esa escena. Por ejemplo, en 'Canto al mar' de Neruda, los sonidos del océano realzan las imágenes de las olas, haciendo que las palabras se sientan más reales. Sonidos del océano para un poema costero o viento suave para uno boscoso intensifican la experiencia. Alineado con el *Pilar de Positivismo y Optimismo,* este enfoque profundiza las imágenes del poema. En contraste con el ruido digital de la IA, estos sonidos naturales hacen que las palabras cobren vida.

Coincide con el ánimo: A veces se trata menos del entorno y más del sentimiento. Un poema de dolor podría armonizar con el zumbido tranquilo de un violonchelo o el golpeteo de la lluvia, mientras que una pieza alegre podría danzar con el canto brillante de los pájaros o una melodía animada. Por ejemplo, un poema melancólico como 'Nocturno' de José Asunción Silva podría armonizar con el golpeteo de la lluvia. Alineado con el *Pilar de Sabiduría y Mayor Conciencia,* este enfoque intensifica el sentimiento del poema. Herramientas de IA pueden generar música ambiental, como tonos de violonchelo, para reflejar el ánimo del poema, ofreciendo un contraste con el ruido digital.

Juega con el ritmo: Piensa en el ritmo del poema. ¿Tienes un verso rápido y animado? Prueba un paisaje sonoro con un tempo rápido, como un tambor suave. Para algo lento y reflexivo, una pista suave, como un arroyo goteando o notas ambientales suaves, podría ser perfecta. Por ejemplo, un soneto rítmico como 'Amor constante más allá de la muerte' de Quevedo podría acompañarse con un tambor suave. Alineado con el *Pilar de Transformación y Autorrealización*, este enfoque potencia el ritmo del poema. Herramientas de IA pueden generar paisajes sonoros rítmicos para complementar el verso, ofreciendo un contraste con el ruido digital.

Mantén el equilibrio: Ya sea que estés escuchando en silencio o leyendo en voz alta, asegúrate de que el paisaje sonoro eleve las palabras, no las ahogue. Por ejemplo, al leer 'Silencio' de Octavio Paz con un paisaje sonoro de viento, mantén el volumen bajo para que las palabras resalten. Ajusta el volumen para que se sienta como un compañero, no como un rival. Alineado con el *Pilar de Tranquilidad y Paz Interior*, este equilibrio fomenta una experiencia serena. Herramientas de IA pueden ayudarte a ajustar el volumen de los paisajes sonoros para lograr un equilibrio perfecto.

No evites el silencio: Aquí hay un pequeño secreto: el silencio puede ser tan poderoso como el sonido. Una pausa bien colocada en tu paisaje sonoro, como un respiro entre notas musicales, puede amplificar lo que viene después. Por ejemplo, una pausa tras 'Me gustas cuando callas' en el Poema 15 de Neruda, combinada con un silencio en el paisaje sonoro, intensifica la emoción. Se trata del rango dinámico, dejando que los momentos tranquilos resalten la belleza tanto de las palabras como de las melodías que siguen. Alineado con el *Pilar de Calma y Serenidad*, el silencio amplifica la resonancia emocional. En contraste con el ruido digital de la IA, el silencio en tu paisaje sonoro crea un espacio para la reflexión.

Estas técnicas son tu punto de partida. Al experimentar, encontrarás combinaciones que resuenen contigo, creando un retiro personal donde la poesía y el sonido se entrelazan para la serenidad.

Creando Experiencias de Palabra Hablada con Música Ambiental

¿Listo para escuchar tus palabras cobrar vida? Emparejar poesía de palabra hablada con música ambiental es una forma maravillosa de sumergirte más profundamente en esta fusión. La música ambiental, esas pistas atmosféricas y a menudo instrumentales, funciona como un telón de fondo suave, acunando tu voz sin robar el protagonismo. Alineada con el *Pilar de Sabiduría y Mayor Conciencia,* esta práctica transforma tus palabras en una experiencia inmersiva. Así es cómo hacerlo:

- **Elige el ánimo perfecto:** Selecciona música que refleje el corazón de tu poema. Una pieza tierna e introspectiva, como 'Silencio' de Octavio Paz, podría pedir tonos etéreos o una línea de piano lenta, mientras que un poema audaz y apasionado podría brillar con pulsos rítmicos o un zumbido evocador. Herramientas de IA pueden generar pistas ambientales minimalistas para apoyar tu poema.

- **Practica el bail**e: Lee tu poema en voz alta con la música sonando. Siente cómo moldea tu voz: ¿te empuja a desacelerar, acelerar o demorarte en ciertas líneas? Deja que la música guíe tu entrega hasta que se sientan como viejos amigos.

- **Equilibra la mezcla:** Al grabar, mantén la música a un nivel donde apoye tu voz, no la opaque. Quieres que los oyentes capten cada palabra mientras aún sienten el ánimo que la música trae.

- **La simplicidad es clave:** Si la música se siente demasiado ocupada, redúcela. Una pista minimalista a menudo puede hacer más por tu poema que algo complejo, dejando que tus palabras brillen.

Creando Tus Propias Palabras y Melodías

No necesitas ser un poeta consagrado o un diseñador de sonido para crear tus propias palabras y ondas: esto es sobre ti y lo que te trae paz. Alineada con el *Pilar de Tranquilidad y Paz Interior*, esta práctica te conecta con la calma. Aquí hay una forma fácil de comenzar:

Cierra los ojos y piensa en un lugar donde te sientas a gusto: tal vez una playa al atardecer, un parque tranquilo o tu silla acogedora favorita. Escribe unas pocas líneas sobre ello. ¿Qué ves? ¿Qué oyes? ¿Cómo se siente? No te preocupes por la perfección; solo deja que las palabras fluyan. Por ejemplo, escribe: 'Atardecer en la playa, / las olas susurran secretos, / calma mi alma.'

Luego, busca un paisaje sonoro que te lleve de vuelta allí. Puedes encontrar sonidos de la naturaleza gratuitos o pistas ambientales en línea, como viento o fuegos crepitantes, o incluso grabar los tuyos con un teléfono. Herramientas de IA pueden generar sonidos de la naturaleza, como olas o viento, para acompañar tu poema. Empareja tu poema con ese sonido, leyéndolo suavemente en voz alta mientras suena. ¿Cómo se siente escucharlos juntos? ¿Agita esa misma sensación de calma?

Este es tu patio de recreo. Prueba diferentes poemas, ajusta los sonidos y ve qué hace clic. Cada creación es un paso hacia la serenidad, un pequeño regalo que te das a través del simple acto de tejer palabras y ondas.

Esto no se trata de perfección: se trata de descubrimiento. Cada emparejamiento que creas es un trazo en tu propio retrato de paz. Al avanzar en el próximo capítulo, aprenderemos a reconocer cuándo necesitamos realinear nuestras prácticas, usando la poesía y el sonido como herramientas para la resiliencia.

⊠

Guía Paso a Paso: Crea Tu Propio Emparejamiento de Poesía y Paisaje Sonoro

¿Te sientes inspirado? Aquí hay una guía clara y amigable para crear tu propio emparejamiento de poesía y paisaje sonoro:

Encuentra o escribe un poema: Toma un poema que ames o escribe uno tú mismo. Si estás escribiendo, elige algo personal: tal vez un momento de calma, un lugar que adoras o una emoción que estás explorando.

Sintoniza con su esencia: ¿De qué trata el poema? ¿Alegría, quietud, inquietud? ¿Qué imágenes o sentimientos destacan? Anota algunas vibras clave para guiar tu elección de paisaje sonoro.

Elige tus sonidos: Busca un paisaje sonoro que encaje: olas del mar para un poema costero, guitarra suave para algo tierno o incluso silencio roto por cantos para una escena de naturaleza. Las aplicaciones gratuitas o sitios web son excelentes lugares para comenzar.

Pruébalo: Lee el poema en voz alta con el paisaje sonoro sonando. Ajusta tu velocidad o tono para fluir con los sonidos: ¿se siente como si estuvieran en conversación?

Captura el momento: Grábalo usando lo que tengas: un teléfono funciona bien. Apunta a una mezcla donde tu voz brille y los sonidos realcen sin abrumar.

Escucha y siente: Reproduce. ¿Te envuelve en serenidad? ¿Despierta un recuerdo o emoción? Si no está del todo allí, ajusta los sonidos o tu lectura: sin prisas, solo juega.

Comparte si lo deseas: Si se siente bien, compártelo con alguien en quien confíes. Escuchar su reacción podría profundizar tu conexión con lo que has hecho.

Esto no se trata de perfección: se trata de descubrimiento. Cada emparejamiento que creas es un trazo en tu propio retrato de paz. Al integrar la poesía y el sonido en nuestras vidas, es importante recordar que el camino hacia la serenidad no siempre es lineal. En el próximo capítulo, aprenderemos a reconocer cuándo necesitamos realinear nuestras prácticas, usando la poesía y el sonido como herramientas para la resiliencia.

Fin de la Parte IV

Parte V

Viviendo una Vida de Serenidad

«Haz tu trabajo y da un paso atrás. Ese es el único camino hacia la serenidad.»

–Lao Tzu

Preludio a la Parte V

Viviendo una Vida de Serenidad

La serenidad no es un destino, sino una forma de ser: una práctica que nutrimos con el tiempo. En esta parte del libro, exploramos cómo tejer la poesía y el paisajismo sonoro en tu vida diaria, asegurando que tu viaje hacia la calma siga siendo vibrante y resiliente. Alineada con el *Pilar de Tranquilidad y Paz Interior*, esta práctica fomenta un estado de calma duradero. Por ejemplo, leer un poema breve mientras escuchas el sonido de un arroyo puede transformar un momento cotidiano en uno de serenidad. En un mundo saturado por el ruido digital de la IA, la poesía y el paisajismo melódico ofrecen un refugio para la calma."

El paisajismo melódico, el arte de diseñar entornos musicales, es central en este proceso. Al crear paisajes sonoros reposados, como el suave susurro de las hojas, el fluir tranquilizador de un arroyo o tonos ambientales suaves, generas un fondo de apoyo para las prácticas poéticas y las rutinas diarias. Por ejemplo, escuchar un paisaje sonoro de olas mientras escribes un diario matutino puede anclarte en la calma. A diferencia de las técnicas tradicionales de atención plena, el paisajismo sonoro involucra tus sentidos auditivos para anclarte en la paz, integrando la calma en el ritmo de tu día y reforzando la resiliencia ante los desafíos de la vida. Alineado con el *Pilar de Confianza y Resilencia,* el paisajismo sonoro fortalece tu capacidad para enfrentar desafíos. Herramientas de IA pueden generar paisajes sonoros y melódicos personalizados, como el sonido de un arroyo, para apoyar tus prácticas.

Juntos, el paisajismo melódico y la poesía forman una poderosa armonía, armonizando tu mundo interior con tu entorno exterior para fomentar una calma y bienestar duraderos. Por ejemplo, leer 'Silencio' de Octavio Paz con el sonido de un cuenco tibetano crea una experiencia de calma profunda. Alineada con el *Pilar de Calma y Serenidad,* esta armonía une tus emociones con tu entorno. En contraste con el ruido digital de la IA, esta práctica te conecta con la calma interior.

En los capítulos siguientes, te guiaremos para reconocer cuándo tu práctica necesita realinearse, construir un ritual de calma personalizado y abrazar este camino creativo como un viaje de toda la vida. Por ejemplo, dedicar cinco minutos cada mañana a leer un poema con un paisaje sonoro de viento puede establecer un tono de paz para el día. Ya sea enfrentando contratiempos o buscando una calma más profunda, esta sección ofrece las herramientas y el aliento para vivir una vida impregnada de calma. Alineada con el *Pilar de Confianza y Resiliencia,* esta sección te equipa para mantener la calma frente a los desafíos. En un mundo saturado por el ruido digital de la IA, estas herramientas te ayudan a cultivar una calma duradera.

Manteniéndose en el Curso

Señales para Reajustar

La vida fluye y refluye, al igual que nuestro viaje hacia la calma. Habrá momentos en los que el estrés resurja, tu práctica se sienta distante o simplemente necesites pausar y resetear. En este capítulo, exploramos cómo reconocer cuándo es hora de realinearse, recentrando tu enfoque en la calma, usando la poesía y el sonido como herramientas para la resiliencia. Por ejemplo, escuchar un paisaje sonoro de lluvia mientras lees un poema breve puede ayudarte a reconectar con la calma. Basándonos en la introducción del Preludio al paisajismo sonoro y la poesía, encontrarás consejos prácticos para mantenerte conectado durante tiempos desafiantes y una lista de verificación para identificar señales de que podrías necesitar recalibrar.

Alineado con el Pilar de *Confianza y Resilencia,* este capítulo te equipa para enfrentar desafíos con calma. En un mundo saturado por el ruido digital de la IA, la poesía y el sonido ofrecen un refugio para la calma.

Estados de Serenidad y Caos

Nuestro bienestar está moldeado por cuatro escenarios, definidos por la interacción entre nuestro estado interno y el entorno externo. Utilizando los *Doce Pilares del Bienestar,* un marco para la salud holística introducido aquí y detallado más adelante, podemos navegar desde el estado más desafiante hasta el óptimo.

Por ejemplo, en un entorno caótico, leer 'Silencio' de Octavio Paz con un paisaje sonoro de olas puede restaurar la calma interior. Este capítulo explica cómo aplicar estos pilares, junto con la poesía y el paisajismo sonoro, a cada escenario. Herramientas de IA pueden generar paisajes sonoros calmantes para apoyar estos escenarios:

- Cuando estás calmado por dentro y la calma te rodea.
- Cuando estás calmado por dentro en medio del caos externo.
- Cuando sientes caos interno a pesar de la calma externa.
- Cuando enfrentas caos tanto por dentro como por fuera.

Escenario: Calma Interior y Calma Exterior

En este escenario, la persona experimenta paz interna y el entorno externo es calmado. Esta alineación crea condiciones ideales para los doce pilares. Por ejemplo, el Enfoque y la Claridad Mental no se ven perturbados, la Calma y Serenidad son inherentes, el Amor y Afecto pueden expresarse fácilmente, y la Transformación y Autorrealización pueden ocurrir a través de la reflexión en un entorno de apoyo. Leer 'Poema 20' de Pablo Neruda con un paisaje sonoro de un arroyo fomenta la reflexión y la autorrealización. No hay estresores que interrumpan la Sanación y Equilibrio o la Tranquilidad y Paz Interior. Herramientas de IA pueden generar paisajes sonoros, como un arroyo suave, para amplificar esta calma. Este escenario representa la expresión más completa del bienestar, convirtiéndolo en el más óptimo.

Escenario: Calma Interior y Caos Exterior

Aquí, la persona mantiene la calma interna a pesar del tumulto externo. Esto demuestra una gran Fortaleza y Coraje, Confianza y Resiliencia Interior, y posiblemente Sabiduría y Mayor Conciencia obtenidas al navegar desafíos. Por ejemplo, escuchar 'No te rindas' de Mario Benedetti con un paisaje sonoro de lluvia suave puede reforzar la resiliencia en un entorno caótico. Sin embargo, el caos externo puede desafiar algunos pilares, como la Tranquilidad y Paz Interior (debido al desorden circundante) o la Prosperidad y Compasión (si el caos limita los recursos o la capacidad emocional). Herramientas de IA pueden generar paisajes sonoros calmantes, como lluvia suave, para contrarrestar el caos externo. Aunque el estado interno de la persona apoya muchos pilares, el entorno externo presenta obstáculos, haciendo que este sea menos óptimo que el Escenario 1, pero aún mejor que los escenarios con caos interno.

Escenario: Caos Interior y Calma Exterior

En este caso, la persona experimenta tumulto interno a pesar de un entorno calmado. El caos interno socava directamente pilares como la Calma y Serenidad, la Tranquilidad y Paz Interior, el Enfoque y Claridad Mental, y el Positivismo y Optimismo. El entorno calmado podría ofrecer potencial para la Sanación y Equilibrio, pero la lucha interna dificulta el compromiso total con la mayoría de los pilares. Por ejemplo, escribir un verso libre sobre tus emociones acompañado de un paisaje sonoro de un bosque puede facilitar la sanación. Herramientas de IA pueden generar paisajes sonoros, como sonidos de bosque, para apoyar la sanación. Este escenario es menos óptimo que el Escenario 1 porque el caos interno tiene un impacto más directo y penetrante en el bienestar que el caos externo por sí solo.

Escenario: Caos Interior y Caos Exterior

Este escenario combina el tumulto interno y externo, creando las condiciones más desafiantes. El caos interno afecta el Enfoque y Claridad Mental, la Calma y Serenidad, y la Confianza y Resiliencia Interior, mientras que el caos externo exacerba estas dificultades y obstaculiza el Amor y Afecto, la Abundancia y Bendiciones, y la Prosperidad y Compasión. Por ejemplo, recitar 'Nocturno' de José Asunción Silva con un paisaje sonoro de lluvia puede ofrecer un pequeño refugio de calma. Herramientas de IA pueden generar paisajes sonoros calmantes, como lluvia suave, para ofrecer alivio en este escenario. Prácticamente todos los pilares están comprometidos, haciendo casi imposible lograr el bienestar. Este es el escenario menos óptimo.

Aceptando el Camino No Lineal de la Sanación

Imagina tu viaje hacia la calma como el suave ritmo de las olas del océano. Algunos días, lamen suavemente la orilla, tranquilizadoras y constantes. Otros, chocan con fuerza, revolviendo todo. Así es también nuestro camino hacia el bienestar: lleno de altibajos, momentos de paz y desafío. Y está perfectamente bien. Abrazar este flujo y reflujo natural, al igual que los paisajes sonoros que creamos, puede transformar cómo navegamos tiempos más difíciles.

Cuando aceptamos que la sanación emocional y espiritual no es lineal, nos permitimos enfrentar contratiempos con amabilidad en lugar de frustración. Por ejemplo, escribir un haiku sobre un día difícil acompañado de un paisaje sonoro de olas puede ayudarte a reflexionar con calma. Un día difícil no es un fracaso: es una oportunidad para pausar, reflexionar y realinearse con la calma que estamos cultivando a través de la poesía y el sonido. En contraste con el ruido digital de la IA, la poesía y el sonido te guían hacia la calma. No hay una forma 'perfecta' de hacer esto, y esa es la belleza. Se trata de descubrir lo que se siente bien para ti y ser gentil contigo mismo en el camino.

Lista de Verificación de Señales de que Necesitas Reajustar

¿Cómo sabes cuándo es hora de realinearse, recentrando tu enfoque en la calma? La vida envía señales sutiles cuando nos estamos desviando del curso. Alineada con el *Pilar de Confianza y Resiliencia,* esta lista te ayuda a identificar momentos para recalibrar:

- **Irritabilidad y Cambios de Humor:** Sentirse inusualmente irritable, estallar por pequeñas cosas o notar que la preocupación y la ansiedad se cuelan con más frecuencia.

- **Nubosidad Mental:** Luchar para concentrarse o lidiar con la niebla mental, haciendo que el pensamiento claro sea difícil.

• **Agotamiento Físico:** Sentirse agotado con fatiga física, baja energía, insomnio o inquietud.

• **Desconexión Emocional:** Perder interés en lo que usualmente te da alegría o sentirte desconectado de tus emociones o seres queridos.

En un mundo saturado por el ruido digital de la IA, estas señales te alertan para reconectar con la calma.

Guía de Solución de Problemas para Desafíos Comunes

Ahora que estás sintonizado con las señales de necesidad de realineamiento, exploremos cómo responder cuando surgen. Alineada con el *Pilar de Confianza y Resiliencia,* esta guía te equipa para enfrentar desafíos:

• **Si te sientes abrumado**: Aléjate por tres minutos y escucha un paisaje sonoro calmante, como lluvia suave de una aplicación gratuita de paisajes sonoros o un sitio web como Spotify. Deja que los sonidos te envuelvan, dando a tu mente ocupada un breve respiro.

• **Si estás luchando con el enfoque:** Toma un bolígrafo y escribe un poema corto de verso libre sobre lo que está girando en tu cabeza. No necesitas perfección: solo deja que las palabras fluyan. Es como despejar el desorden mental para volver al momento.

• **Si te sientes ansioso:** Combina un ejercicio de respiración simple con sonidos de la naturaleza. Inhala durante cuatro tiempos, sostén durante cuatro, exhala durante cuatro, mientras escuchas el zumbido de un bosque o un arroyo borboteante de una lista de reproducción de paisajes sonoros. Es un reinicio suave para tus nervios.

• **Si estás agotado:** Lee un poema reconfortante en voz alta, como 'Todo está lleno de ti' de Pablo Neruda, que se siente como un abrazo cálido. Deja que las palabras eleven tu espíritu suavemente.

Herramientas de IA pueden generar paisajes sonoros calmantes, como lluvia o un arroyo, para apoyar estas prácticas.

Estos pequeños pasos, arraigados en la poesía y melodías, pueden hacer maravillas cuando más los necesitas.

Seamos realistas: la vida se vuelve agitada, y apegarse a un ritual a veces puede sentirse complicado. Tal vez tengas poco tiempo, tu mente esté acelerada o simplemente no te sientas inspirado. No te preocupes: tenemos formas de superar eso. Si el tiempo es el problema, comienza pequeño. Cinco minutos con un poema corto y un sonido calmante aún pueden traerte paz. ¿Día ocupado? No hay problema: simplemente intégralo cuando puedas.

Si concentrarte se siente difícil, prueba un truco rápido de atención plena: toma tres respiraciones profundas antes de comenzar. Inhala calma, exhala caos: es como presionar el botón de reinicio. Y si tu ritual comienza a sentirse obsoleto, ¡cámbialo! Sumérgete en un nuevo poema, cambia tu sonido por algo fresco o incluso sal afuera para escuchar el mundo real por un rato. Estos pequeños ajustes, arraigados en la atención plena, mantienen tu práctica viva y factible, sin importar lo que esté sucediendo.

Usando la Poesía y el Sonido como Herramientas para la Resiliencia

Esas soluciones rápidas son invaluables para el alivio inmediato, pero ¿y si pudiéramos construir una fuerza duradera? Ahí es donde la poesía y el sonido se convierten en herramientas poderosas para la resiliencia. Alineada con el *Pilar de Confianza y Resiliencia*, esta práctica fortalece tu núcleo emocional: cuanto más te involucras, más fuerte te vuelves.

Dedica unos minutos diarios a leer o escribir poesía, tal vez usando prompts como "¿Qué me trae paz hoy?" para explorar tus sentimientos desde nuevos ángulos. O integra paisajes sonoros en tu rutina: prueba un zumbido matutino de bosque de una aplicación gratuita de paisajes sonoros o una ola del océano por la noche mientras te relajas. Su calma puede ondular a través de tu día, anclándote. Herramientas de IA pueden generar paisajes sonoros personalizados, como lluvia o bosque, para apoyar tu práctica.

Aquí hay formas simples de integrarlos en tu vida:

• Lleva un diario para anotar conexiones entre poemas y sonidos, como cómo un paisaje sonoro de olas inspiró un verso reflexivo.

• Crea una lista de reproducción de paisajes sonoros para varios estados de ánimo: canto de pájaros edificante o lluvia relajante, usando plataformas en línea.

• Establece un recordatorio diario para un descanso de poesía o sonido cuando el estrés aumente, como recitar un poema favorito durante un momento difícil.

Por ejemplo, cuando Sara enfrentó una semana estresante, escribió un poema corto cada noche, como:

Lluvia en la noche,
calma mi alma inquieta,
susurra la paz,

emparejado con un paisaje sonoro de lluvia. Este ritual la estabilizó, ayudándola a enfrentar desafíos con una calma renovada. Con el tiempo, estos hábitos se convierten en anclas, fortificándote para capear las tormentas de la vida con gracia.

Consejos Prácticos para Mantenerse Conectado a Tu Práctica Durante el Estrés

El estrés puede alejarnos silenciosamente de lo que nos mantiene anclados, pero no tiene que prevalecer. Alineados con el *Pilar de Confianza y Resiliencia*, estos consejos te ayudan a mantener la calma, tu rutina de poesía y paisajismo sonoro, incluso en medio del caos:

• **Prioriza el autocuidado:** Incluso con un horario apretado, aparta cinco minutos para un poema o un paisaje sonoro de aplicaciones gratuitas de paisajes sonoros. Estos momentos hacen maravillas.

• **Sé flexible:** ¿No puedes seguir tu rutina habitual? Adáptala: escucha un paisaje sonoro de olas en tu trayecto o anota un haiku durante el almuerzo. Se trata de lo que encaja en tu momento.

• **Busca apoyo:** Comparte tu pasión por la poesía y el sonido con otros. Únete a grupos de poesía en línea, intercambia versos con un amigo o discute paisajes sonoros con un espíritu afín para inspirarte.

• **Recuerda tu porqué:** Haz una pausa para recordar por qué comenzaste este viaje, tal vez la calma de un poema favorito, y deja que esa chispa te guíe en días difíciles.

Por ejemplo, cuando el estrés laboral de Mark se disparó, escuchó 'Silencio' de Octavio Paz con un paisaje sonoro de bosque durante su descanso, restaurando su enfoque. Herramientas de IA pueden generar paisajes sonoros calmantes para apoyar tu práctica. Es natural sentirse abrumado a veces. Tu práctica no está aquí para juzgar: está aquí para elevarte.

Ejemplos Específicos de Contratiempos

Hagamos esto real con ejemplos de cómo navegar contratiempos comunes. Alineados con el *Pilar de Confidanza y Resiliencia*, estos ejemplos te ayudan a superar contratiempos usando la poesía y el paisajismo sonoro:

• Cuando las fechas límite laborales abruman y el tiempo es escaso: Toma un descanso de cinco minutos con un paisaje sonoro. Ponte auriculares, encuentra un lugar tranquilo y deja que un zumbido de bosque o arroyo de una aplicación gratuita de paisajes sonoros derrita la tensión. Herramientas de IA pueden generar paisajes sonoros, como un arroyo, para aliviar la tensión. Es un reinicio rápido que se adapta a cualquier horario.

• Cuando te enfrentas a una página en blanco sin palabras: Lee un poema favorito en voz alta, como 'Todo está lleno de ti' de Pablo Neruda, dejando que su ritmo despierte inspiración. O usa un prompt como "Escribe sobre un momento pacífico que recuerdes." Un suave empujón puede hacer fluir tu creatividad.

• Cuando te sientes entumecido o distante después de un día difícil: Escribe un poema de verso libre sobre lo que está en tu mente, dejando que las palabras fluyan libremente. Es un puente de regreso a ti mismo, una línea a la vez, reconectándote con tus emociones.

Estas estrategias, adaptadas a tus necesidades, fortifican tu resiliencia cada vez que la vida lanza una bola curva.

Comprender cómo realinearnos es crucial, pero establecer una práctica consistente puede ayudar a prevenir contratiempos. En el siguiente capítulo, exploraremos cómo construir un ritual de serenidad que incorpore poesía y sonido, adaptándolo para que se ajuste a nuestras necesidades y estilos de vida únicos.

Tu Ritual de Serenidad: Un Plano Flexible

Imagina tallar un pequeño oasis de calma solo para ti: esa es la esencia de un ritual de calma. Es un momento en el que la poesía y el sonido convergen para centrarte en la paz. Comienza eligiendo un momento que te convenga: tal vez unos minutos tranquilos por la mañana para empezar tu día con claridad o una sesión nocturna para liberar el peso del día. Ya sea diario o semanal, el objetivo es tejer esta práctica en tu ritmo natural. Alineado con el Pilar de Paz Interior, este ritual fomenta una calma duradera.

En el corazón de tu ritual yacen la poesía y el sonido. Para la poesía, selecciona palabras que resuenen: tal vez un poema sobre la extensión del océano, como 'Canto al mar' de Pablo Neruda, o uno que simplemente te eleve. Quédate con un favorito o explora nuevos versos de colecciones en línea de poesía. Para el sonido, elige lo que te calme: el suave rodar de las olas, una brisa entre los árboles o una pista instrumental suave de aplicaciones gratuitas de paisajes sonoros. Herramientas de IA pueden generar paisajes sonoros personalizados, como olas o viento, para enriquecer tu ritual. Incluso podrías grabar tu voz leyendo un poema en voz alta. Estos elementos se mezclan en una experiencia calmante única para ti.

Por ejemplo, Maya comienza sus mañanas con un poema corto, como 'Silencio' de Octavio Paz, y un paisaje sonoro de viento, estableciendo un tono sereno para su día. Este ritual, adaptado a ti, fomenta una paz duradera.

Adaptando la Práctica a Diferentes Estados de Ánimo y Situaciones de Vida

Aquí está la belleza de tu ritual de calma: no es rígido. Es un compañero flexible que cambia contigo. Alineada con el *Pilar de Confianza y Resilencia*, esta práctica se adapta a tus sentimientos. ¿Te sientes abrumado? Prueba un poema sobre fuerza o quietud, como 'Nocturno' de José Asunción Silva, emparejado con el zumbido calmante de la lluvia. En un día en que estás rebosante de gratitud, elige algo alegre, como 'Oda a la alegría' de Neruda, y combínalo con el sonido juguetón del canto de los pájaros. ¿La vida lanza imprevistos? Un poema sobre resiliencia, como 'No te rindas' de autoría disputada, con el constante romper de las olas podría sentirse justo. Herramientas de IA pueden generar paisajes sonoros adaptados, como lluvia o cantos de pájaros, para cada estado de ánimo.

Tu ritual está ahí para encontrarte donde estás. Al sintonizar con tus emociones y circunstancias, puedes ajustar la poesía y el sonido para que se ajusten al momento. Es como tener un kit de herramientas personal para la calma: uno que crece y se adapta contigo.

Ejemplos de Rituales para Inspirar

¿Listo para intentarlo? Alineados con el *Pilar de Tranquilidad y Paz Interior*, estos rituales fomentan la calma. Aquí hay algunas ideas para despertar tu imaginación:

- **Impulso Matutino:** Comienza tu día con un poema sobre nuevos comienzos, como 'Oda a la alegría' de Neruda, emparejado con el canto de los pájaros. Es como un pequeño amanecer para tu alma.

- **Liberación Nocturna:** Relájate leyendo un poema sobre descanso o dejar ir, como 'Silencio' de Octavio Paz, con olas del océano rodando en el fondo. Siente cómo el día se desliza con cada ola.

- **Recarga de Fin de Semana:** Dedica algo de tiempo el sábado o domingo para un ritual más largo. Elige un poema que te mueva profundamente, como 'Poema 15' de Neruda, y deja que un paisaje sonoro de bosque (piensa en hojas susurrantes y un arroyo goteando) te envuelva en tranquilidad. Herramientas de IA pueden generar paisajes sonoros, como cantos de pájaros o bosques, para enriquecer estos rituales.

Estos son solo puntos de partida: juega y ve lo que se siente bien para ti.

Una Plantilla Simple para Crear Tu Propio Ritual

¿Quieres construir tu propio ritual de calma? Alineada con el *Pilar de Tranquilidad y Paz Interior*, esta plantilla te guía hacia la calma:

Elige un Momento: Encuentra un instante que funcione: mañana, noche o un descanso tranquilo en tu día.

Selecciona un Poema: Toma uno que coincida con tu estado de ánimo o te traiga paz, como 'Romance de la luna, luna' de Lorca.

Añade un Sonido: Combínalo con algo calmante: olas, viento, música, lo que te tranquilice. Herramientas de IA pueden generar sonidos calmantes, como olas o viento, para este ritual.

Establece una Intención: Decide lo que buscas, como "Quiero sentirme anclado" o "Estoy soltando el estrés."

Ponte Cómodo: Acomódate en un lugar acogedor y tranquilo donde puedas relajarte.

Respira: Toma unas respiraciones profundas para entrar en el momento.

Lee: Recita el poema en voz alta o en tu cabeza, dejando que las palabras se hundan.

Escucha: Deja que el sonido te envuelva, mezclándose con la poesía.

Pausa: Después, tómate un segundo para sentir el cambio: tal vez anota un pensamiento o simplemente disfruta la quietud.

Hazlo tuyo: ajústalo, experimenta y diviértete con él.

Al establecer nuestros rituales de serenidad, es esencial reconocer que esto no es un destino, sino un viaje de toda la vida. En el próximo capítulo, reflexionaremos sobre cómo la expresión creativa a través de la poesía y el sonido puede evolucionar con el tiempo, enriqueciendo continuamente nuestras vidas y profundizando nuestra sensación de paz.

Las Grietas en los Pilares del Bienestar

Obstáculos comunes hacia la serenidad

El bienestar no es un viaje impecable o lineal: los desafíos o grietas son partes naturales del proceso. Reconociendo que las luchas que enfrentamos son normales, este capítulo ofrece orientación práctica para navegar estas dificultades. Por ejemplo, escribir un poema sobre la ansiedad acompañado de un paisaje sonoro de olas puede ayudarte a recuperar la calma.

Basándonos en los *Doce Pilares del Bienestar*, un marco para la salud holística introducido anteriormente, exploramos barreras como el estrés, la dependencia emocional o las interrupciones externas que obstaculizan la encarnación de estos pilares. Alineado con el *Pilar de Confianza y Resiliencia*, este capítulo te guía para transformar los desafíos en oportunidades. A través de la poesía y el paisajismo sonoro, el bienestar se convierte en un viaje de resiliencia en lugar de perfección, empoderándote para reparar estas grietas con gracia. En un mundo saturado por el ruido digital de la IA, la poesía y el paisajismo sonoro ofrecen un refugio para la resiliencia.

Para cada pilar del bienestar, hay una grieta opuesta que socava el bienestar. Estos opuestos representan los obstáculos que las prácticas de bienestar buscan superar. Cada pilar enfrenta un desafío opuesto, como una sombra a su luz:

• **Enfoque y Claridad Mental:** La distracción y la niebla mental, donde tu mente se siente dispersa o poco clara. Recitar 'Silencio' de Octavio Paz con un paisaje sonoro de un arroyo puede despejar la mente.

• **Calma**: El caos y la ansiedad, donde el estrés se agita dentro, como una tormenta que perturba tu paz. Recitar 'Poema 15' de Neruda con un paisaje sonoro de lluvia contrarresta la ansiedad.

• **Sanación y Equilibrio:** La enfermedad y el desequilibrio, donde la desarmonía física o emocional te aleja del equilibrio. Un verso libre sobre sanación con un paisaje sonoro de un bosque restaura la armonía.

• **Confianza y Resiliencia Interior:** La inseguridad y la fragilidad, donde la duda en uno mismo te deja inestable, como una rama frágil en una tormenta. Recitar 'Nocturno' de Silva con un paisaje sonoro de lluvia fortalece la confianza.

• **Fortaleza y Coraje:** La debilidad y el miedo, donde te sientes impotente o ansioso, como si estuvieras al borde de un acantilado, dudando en dar el paso. Escuchar 'No te rindas' de autoría disputada con un paisaje sonoro de olas fortalece el coraje.

• **Sabiduría y Mayor Conciencia:** La ignorancia y la ilusión, donde la falta de comprensión vela tu percepción como una niebla densa. Leer 'Canto a mí mismo' de Neruda con un paisaje sonoro de viento puede aclarar tu visión.

• **Tranquilidad y Paz Interior:** El tumulto y el conflicto interior, donde emociones no resueltas agitan una inquietud persistente, como olas chocando contra una orilla. Leer 'Romance de la luna, luna' de Lorca con un paisaje sonoro de olas restaura la paz.

• **Amor y Afecto:** El odio y la indiferencia, donde la hostilidad o la frialdad emocional construye muros. Escribir un poema de amor con un paisaje sonoro de un cuenco tibetano fomenta la conexión.

• **Abundancia y Bendiciones:** La escasez y carencia, donde una mentalidad de falta atenúa tu aprecio por la riqueza de la vida, como un jardín sin cuidar. Leer 'Oda a la alegría' de Neruda con cantos de pájaros aviva la gratitud.

- **Prosperidad y Compasión**: La pobreza y el egoísmo, donde la falta de recursos o una actitud sin cuidado limita tu capacidad para dar. Un poema sobre generosidad con un paisaje sonoro de un arroyo fomenta la compasión.

- **Positivismo y Optimismo**: La negatividad y el pesimismo, donde un enfoque derrotista atenúa tu esperanza, como nubes que ocultan el sol. Escribir un haiku optimista con cantos de pájaros eleva el ánimo.

- **Transformación y Autorrealización:** El estancamiento y el autoengaño, donde la resistencia al crecimiento te mantiene atado, como un pájaro reacio a dejar su jaula. Escribir un poema sobre cambio con un paisaje sonoro de viento impulsa la autorrealización.

Herramientas de IA pueden generar paisajes sonoros, como lluvia o un arroyo, para contrarrestar estas grietas.

Causas de las Grietas en los Doce Pilares del Bienestar

Factores que erosionan nuestro equilibrio

Enfoque y Claridad Mental se desvanece en Confusión y Falta de Dirección

Una mente dispersa, incapacidad para concentrarse, confusión o falta de dirección. Donde el Enfoque y la Claridad Mental implican concentración y pensamiento claro, la antítesis es un estado de dispersión, desenfoque y bruma mental. Recitar 'Silencio' de Octavio Paz con un paisaje sonoro de un arroyo puede despejar la confusión.

Calma y Serenidad se disipa en Caos y Ansiedad

Estrés constante, inquietud o turbulencia emocional. Recitar 'Poema 15' de Neruda con un paisaje sonoro de lluvia contrarresta la ansiedad.

Sanación y Equilibrio se quiebra en Enfermedad y Desequilibrio

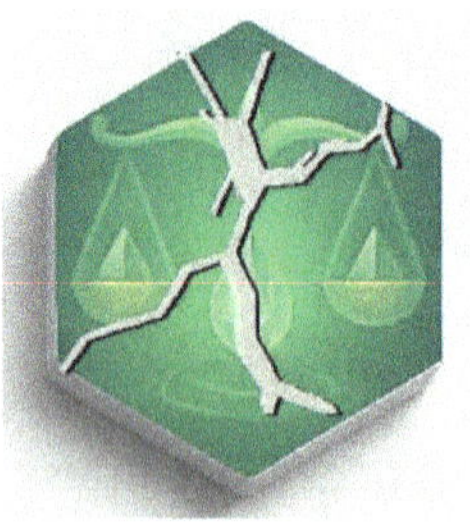

Enfermedad física o emocional, trauma no resuelto o inestabilidad. Un verso libre sobre sanación con un paisaje sonoro de un bosque restaura la armonía.

Confianza y Resiliencia Interior se unde en Inseguridad y Fragilidad

Duda en uno mismo o fácilmente quebrantado por contratiempos. Recitar 'Nocturno' de Silva con un paisaje sonoro de lluvia fortalece la confianza.

Fortaleza y Coraje se apaga en Debilidad y Miedo

Sentirse impotente, tímido, abrumado por desafíos o paralizado por la ansiedad. Escuchar 'No te rindas' de autoría disputada con un paisaje sonoro de olas fortalece el coraje.⊠

Sabiduría y Mayor Conciencia se Oscurece en Ignorancia e Ilusión

Falta de comprensión, mente cerrada, falta de perspectiva, vivir en negación o desconectado de la realidad. Leer 'Canto a mí mismo' de Neruda con un paisaje sonoro de viento aclara la percepción.

Tranquilidad y Paz Interior se ve invadida con Tumulto y Conflicto Interior

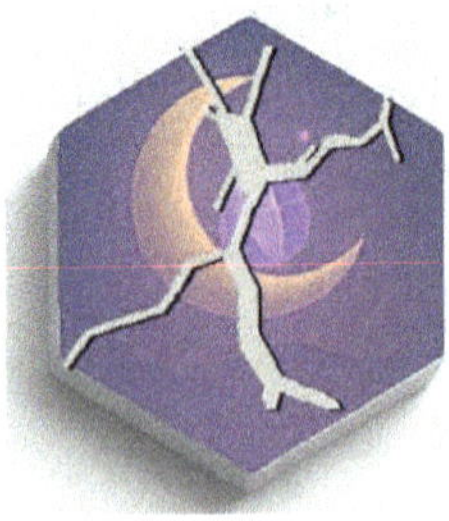

Conflicto interior persistente, una mente perturbada o inquietud mental. Leer 'Romance de la luna, luna' de Lorca con un paisaje sonoro de olas restaura la paz.

Amor y Afecto se enturbia en Odio e Indiferencia

Hostilidad, frialdad emocional, resentimiento o falta de cuidado hacia los demás. Escribir un poema de amor con un paisaje sonoro de un cuenco tibetano fomenta la conexión.

Abundancia y Bendiciones se reduce en Escasez y Maldiciones

Una mentalidad de falta, privación, envidia o insatisfacción. Leer 'Oda a la alegría' de Neruda con cantos de pájaros aviva la gratitud.

Prosperidad y Compasión se marchita en Pobreza y Egoísmo

Falta financiera/emocional, dureza o egoísmo. Un poema sobre generosidad con un paisaje sonoro de un arroyo fomenta la compasión.

Positivismo y Optimismo se oscurece en Negatividad y Pesimismo

Una mentalidad derrotista, esperando lo peor o fácilmente afectado por contratiempos. Escribir un haiku optimista con cantos de pájaros eleva el ánimo.

Transformación y Autorrealización se paralizan en Estancamiento y Autoengaño.

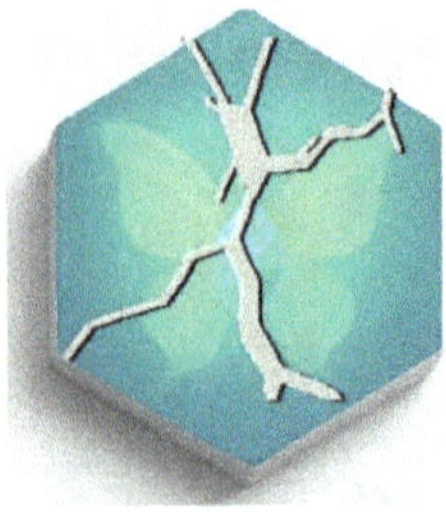

Resistencia al crecimiento, negación de la verdadera naturaleza o falta de propósito. Escribir un poema sobre cambio con un paisaje sonoro de viento impulsa la autorrealización.

Herramientas de IA pueden generar paisajes sonoros, como lluvia o un bosque, para apoyar la superación de estas grietas

Las Grietas Debajo: Por Qué el Bienestar Falla

La grieta de la distracción y la niebla mental en el enfoque y la claridad mental emerge cuando una avalancha de distracciones —notificaciones interminables, pensamientos acelerados o tareas apremiantes— dispersa tu atención como polvo en el viento. Recitar 'Silencio' de Octavio Paz con un paisaje sonoro de un arroyo puede despejar la confusión.

La debilidad y el miedo, que erosionan la fortaleza y el coraje, se apoderan cuando obstáculos desalentadores o dudas internas se alzan imponentes, congelando tu determinación como si estuvieras atrapado en la sombra de una tormenta. Escuchar 'No te rindas' de autoría disputada con un paisaje sonoro de olas fortalece el coraje.

La ignorancia y la ilusión, atenuando la sabiduría y la conciencia, surgen de aferrarse a creencias no examinadas o ilusiones reconfortantes que ocultan la verdad. Leer 'Canto a mí mismo' de Neruda con un paisaje sonoro de viento aclara la percepción.

El odio y la indiferencia, las barreras al amor y al afecto, crecen de heridas enterradas o retiro emocional, construyendo muros donde la calidez una vez floreció. Escribir un poema de amor con un paisaje sonoro de un cuenco tibetano fomenta la conexión.

La escasez y la carencia, opacando la abundancia y las bendiciones, provienen de un corazón fijo en lo que falta, ignorando la riqueza silenciosa de los momentos cotidianos. Leer 'Oda a la alegría' de Neruda con cantos de pájaros aviva la gratitud.

La enfermedad y el desequilibrio, perturbando la sanación y el equilibrio, surgen cuando necesidades emocionales o físicas desatendidas deshilachan la armonía del cuerpo y el alma. Un verso libre sobre sanación con un paisaje sonoro de un bosque restaura la armonía.

El caos y la ansiedad, perturbando la calma, se encienden bajo el peso del estrés implacable, agitando tu paz interior como un mar agitado. Escribir un haiku sobre la calma con un paisaje sonoro de lluvia contrarresta la ansiedad.

La pobreza y el egoísmo, que ahogan la prosperidad y la compasión, nacen del miedo a la escasez o un enfoque estrecho que olvida la alegría de dar. Un poema sobre generosidad con un paisaje sonoro de un arroyo fomenta la compasión.

El tumulto y el conflicto interior, obstruyendo la tranquilidad y la paz interior, se intensifican cuando deseos conflictivos o sentimientos no resueltos chocan, provocando inquietud. Leer 'Romance de la luna, luna' de Lorca con un paisaje sonoro de olas restaura la paz.

La negatividad y el pesimismo, atenuando el positivismo y el optimismo, echan raíces en el hábito de ver solo defectos o contratiempos, proyectando una sombra sobre las posibilidades de la vida. Escribir un haiku optimista con cantos de pájaros eleva el ánimo.

La inseguridad y la fragilidad, socavando la confianza y la resiliencia, crecen de la duda en uno mismo o heridas pasadas que susurran que no eres suficiente, dejándote frágil como una hoja seca. Recitar 'Nocturno' de Silva con un paisaje sonoro de lluvia fortalece la confianza.

El estancamiento y el autoengaño, bloqueando la transformación y la autorrealización, surgen del miedo al crecimiento o la negación de tu verdadero yo, anclándote a una vida no vivida. Escribir un poema sobre cambio con un paisaje sonoro de viento impulsa la autorrealización.

Herramientas de IA pueden generar paisajes sonoros calmantes, como lluvia o un arroyo, para contrarrestar estas grietas.

⊠

Estrategias para Superar las Grietas del Bienestar

Estas estrategias no se tratan de perfección, sino de progresión; no son reglas, solo invitaciones. Alineadas con el *Pilar de Confianza y Resilencia,* estas estrategias te guían hacia el bienestar. La poesía y el paisajismo sonoro, como leer un poema con un paisaje sonoro de lluvia, pueden anclar estas prácticas. Herramientas de IA pueden generar paisajes sonoros calmantes para apoyar estas estrategias. Incluso pequeños pasos consistentes te desplazarán gradualmente de los estados negativos hacia los *Doce Pilares del Bienestar*.

Distracción y Niebla Mental se Disipa con Enfoque y Claridad Mental

Cuando tu mente se sienta dispersa o nublada, intenta comenzar con solo unos minutos tranquilos de meditación de atención plena. No necesitas ser un monje: 5 a 10 minutos al día pueden ayudarte a reconectar con el presente y devolver la claridad a tu espacio mental. Herramientas de IA pueden generar paisajes sonoros, como un arroyo, para apoyar la meditación.

La Técnica Pomodoro es otra forma simple de recuperar el enfoque. Al trabajar en ráfagas cortas y enfocadas con descansos regulares, entrenas tu cerebro para permanecer presente sin sentirte abrumado. Es como un mini entrenamiento para tu capacidad de atención.

Para proteger tu enfoque, limita las distracciones digitales. Apaga notificaciones innecesarias o prueba una aplicación de enfoque que te ayude a mantenerte fuera de tu teléfono. Te sorprenderá lo liberador que se siente.

¿Y cuando tus pensamientos están acelerados? Escribe un poema corto de verso libre sobre tus pensamientos dispersos acompañado de un paisaje sonoro de un arroyo para restaurar la claridad. El journaling también ayuda: vacía tu lista de tareas, tus preocupaciones, tus ideas. Una vez que está en la página, tu mente se siente más ligera y organizada.

Caos y Ansiedad se Aquieta con Calma y Serenidad

Cuando la ansiedad golpea, prueba la respiración en caja. Inhala durante 4 segundos, sostén durante 4, exhala durante 4 y pausa durante 4. Ancla tu sistema nervioso como un ancla en una tormenta. Recita 'Poema 15' de Neruda con un paisaje sonoro de lluvia para calmar la ansiedad. Herramientas de IA pueden generar paisajes sonoros, como lluvia, para calmar el sistema nervioso.

Da paseos en la naturaleza, sin tu teléfono. Deja que el viento, los árboles o el agua te recuerden que la calma siempre está disponible, incluso si es solo por unos momentos.

Practica la aceptación. La vida puede ser desordenada e impredecible. Recuérdate: "No puedo controlar todo, y está bien." Ese pensamiento solo puede traer un alivio profundo.

Enfermedad y Desequilibrio se Restaura con Sanación y Equilibrio

La base de la sanación es básica, pero a menudo pasada por alto: dormir y alimentarse nutritivamente. Prioriza el descanso y alimenta tu cuerpo con cuidado: hace todo lo demás más fácil.

Prácticas de movimiento como el yoga o el Tai Chi ofrecen formas suaves de equilibrar no solo tu cuerpo, sino también tu energía. Traen una sensación de armonía que es tanto física como emocional. Escribe un verso libre sobre sanación con un paisaje sonoro de un bosque para restaurar la armonía. Herramientas de IA pueden generar paisajes sonoros, como un bosque, para apoyar la sanación.

A veces, lo que necesitamos es un detox emocional. Prueba el trabajo de respiración, EFT tapping o terapia para ayudar a liberar emociones almacenadas que te pesan.

Considera un descanso del ruido digital. Un ayuno de redes sociales puede refrescar tu espíritu y crear espacio para la conexión y claridad del mundo real.

Despejar tu espacio puede despejar tu mente. Cuando tu mundo exterior está ordenado y calmado, tu mundo interior a menudo sigue.

Inseguridad y Fragilidad se Fortalece con Confianza y Resiliencia

Practica la autocompasión: trátate con la amabilidad que ofrecerías a un amigo enfrentando desafíos. Establece metas pequeñas y alcanzables y celebra tus éxitos para construir confianza con el tiempo.

Involúcrate en actividades que te hagan sentir competente, como un hobby o una búsqueda creativa. Visualízate manejando dificultades con gracia y fuerza, encendiendo una resiliencia interior que crece con la práctica. Recita 'Nocturno' de Silva con un paisaje sonoro de lluvia para fortalecer la confianza. Herramientas de IA pueden generar paisajes sonoros, como lluvia, para apoyar la visualización.

Debilidad y Miedo Renace con Fortaleza y Coraje

El coraje no es la ausencia de miedo: es aprender a caminar a través de él, paso a paso. Comienza con pequeños actos de valentía. Enfrenta miedos pequeños: habla en una reunión, prueba algo nuevo o di sí cuando usualmente dices no.

Fortalece tu cuerpo para fortalecer tu mente. El ejercicio físico, especialmente el entrenamiento de fuerza, te enseña que puedes hacer cosas difíciles, y esa fuerza se traslada a tu mundo emocional.

Usa afirmaciones y visualización para transformar tu narrativa interna. Di cosas como "Soy fuerte" o "Me muevo a través del miedo con gracia." Visualízate teniendo éxito, de pie alto, siendo resiliente. Herramientas de IA pueden generar paisajes sonoros, como olas, para apoyar la visualización. Recita 'No te rindas' de autoría disputada con un paisaje sonoro de olas para reforzar el coraje.

Mira a modelos a seguir: héroes de la vida real o personas en tu círculo. Estudia cómo manejan el miedo y deja que sus historias alimenten la tuya.

Ignorancia e Ilusión Despierta Sabiduría y Conciencia

La sabiduría comienza con la curiosidad. Lee ampliamente: libros sobre filosofía, ciencia, psicología. Deja que tu mente sea una esponja, absorbiendo nuevas perspectivas. Lee 'Canto a mí mismo' de Neruda con un paisaje sonoro de viento para fomentar la reflexión y la conciencia. Herramientas de IA pueden generar paisajes sonoros, como viento, para apoyar la reflexión.

Busca feedback de personas en las que confíes. Una perspectiva fresca puede iluminar puntos ciegos que no sabías que tenías.

Comienza a cuestionar tus suposiciones. Cuando una creencia fuerte aparece, pregúntate gentilmente: "¿Esto está basado en hechos o solo en lo que siempre he pensado?" Esta práctica abre la puerta a una conciencia más profunda.

Practica la escucha activa: realmente escuchando a los demás, no solo esperando para responder. Comenzarás a ver el mundo a través de una lente más rica y compasiva.

Tumulto y Conflicto Interior se Reconcilia con Tranquilidad y Paz Interior

La meditación silenciosa puede ayudarte a ver tus pensamientos flotar como nubes. No tienes que arreglarlos o luchar contra ellos: solo observa. Lee 'Romance de la luna, luna' de Lorca con un paisaje sonoro de olas para restaurar la paz. Herramientas de IA pueden generar paisajes sonoros, como olas, para apoyar la meditación. Esto trae un profundo sentido de paz interior.

El trabajo de sombra —anotar emociones difíciles o heridas pasadas— te ayuda a integrar las partes de ti mismo que has estado evitando. No siempre es fácil, pero es profundamente sanador.

Suelta el perfeccionismo. Dite a ti mismo, "La paz importa más que tener razón o ser perfecto." Qué alivio liberar la presión.

Prácticas espirituales, ya sea oración, mantras o meditaciones caminando, te ayudan a anclarte en algo más profundo que el ruido. Te devuelven gentilmente al centro.

Odio e Indiferencia se Transforma con Amor y Afecto

Estamos diseñados para la conexión, pero a veces la vida nos endurece. Para suavizar tu corazón, comienza con empatía. Imagina el punto de vista de otra persona: ¿qué podrían estar sintiendo o necesitando? Escribe un poema de amor con un paisaje sonoro de un cuenco tibetano para fomentar la conexión emocional. Herramientas de IA pueden generar paisajes sonoros, como un cuenco tibetano, para apoyar la empatía.

Pequeños actos de amabilidad —sostener la puerta, dar un cumplido, ayudar sin que te pidan— pueden reavivar la calidez en tu propio espíritu.

El perdón, aunque difícil, es uno de los regalos más liberadores que puedes darte a ti mismo. Anota tus resentimientos, habla sobre ellos o trabaja con un terapeuta para dejarlos ir. Mereces esa paz.

Nutre tus relaciones más cercanas. Programa tiempo de calidad, ten conversaciones profundas y haz espacio para que el amor crezca.

Escasez y Maldiciones Florece con Abundancia y Bendiciones

Comienza con gratitud. Cada día, anota tres cosas por las que estás agradecido, incluso si es solo agua limpia, una buena comida o un momento de risa. Lee 'Oda a la alegría' de Neruda con cantos de pájaros para avivar la gratitud. Herramientas de IA pueden generar paisajes sonoros, como cantos de pájaros, para apoyar la gratitud.

Reframe los momentos de falta. En lugar de "No tengo suficiente," prueba, "Tengo lo que necesito ahora, y más está viniendo." Es un cambio poderoso en la mentalidad.

Sé generoso. Ofrece tu tiempo, tu atención, tu ayuda. Dar crea un efecto dominó, y a menudo, lo que damos vuelve de maneras sorprendentes.

Deja de comparar. Tu camino es único, y el éxito de nadie más te quita el tuyo. Celebra tu propio viaje.

Pobreza y Egoísmo Evoluciona con Prosperidad y Compasión

Aprende los conceptos básicos de la alfabetización financiera: presupuestar, ahorrar, invertir en tu crecimiento. La prosperidad comienza sabiendo cómo administrar lo que tienes.

Sirve a los demás sin esperar nada a cambio. Voluntariado, echa una mano o simplemente escucha. Escribe un poema sobre generosidad con un paisaje sonoro de un arroyo para fomentar la compasión. Herramientas de IA pueden generar paisajes sonoros, como un arroyo, para fomentar la compasión. Dar cambia tu mentalidad de "no suficiente" a "Puedo contribuir."

Al networking o hacer conexiones, hazlo generosamente. Ayuda a los demás sin condiciones. A menudo, esas relaciones florecen de maneras hermosas e inesperadas.

Cree en un mundo donde todos pueden ganar. El éxito de otra persona no te quita el tuyo: expande lo que es posible para todos nosotros.

Negatividad y Pesimismo Resurge Positivismo y Optimismo

Cuando te encuentres sumido en una espiral de negatividad, haz una pausa y pregúntate: "¿Qué hay de bueno en esto?" Reframing entrena tu cerebro para buscar luz en la oscuridad. Escribe un haiku optimista con cantos de pájaros para elevar el ánimo. Herramientas de IA pueden generar paisajes sonoros, como cantos de pájaros, para fomentar el optimismo.

Limita tu consumo de malas noticias o medios tóxicos. Protege tu entorno mental de la misma manera que protegerías tu hogar de la basura.

Rodéate de personas inspiradoras y de apoyo: aquellos que creen en cosas buenas y comparten esa creencia libremente.

Y no olvides el poder de la risa. Mira una comedia, comparte memes tontos o juega con una mascota. La risa es medicina, y la alegría es una habilidad que puedes practicar.

Estancamiento y Autoengaño despierta Transformación y Autorrealización

Establece metas que exciten tu alma. No lo que otros esperan, sino lo que se alinea con tus valores más profundos. Ese tipo de meta te impulsa naturalmente hacia adelante.

Cada mes más o menos, reflexiona. Pregunta: "¿Qué está funcionando? ¿Qué no? ¿Qué es una cosa que me encantaría cambiar?" Estos check-ins te mantienen alineado y despierto.

Prueba algo nuevo, a menudo. Ya sea una clase de baile, un nuevo libro o un viaje solo: la novedad despierta el crecimiento y te recuerda lo vivo que estás. Escribe un poema sobre cambio con un paisaje sonoro de viento para impulsar la autorrealización. Herramientas de IA pueden generar paisajes sonoros, como viento, para apoyar la reflexión.

Comprométete a buscar la verdad. Cuestiona las historias que tu ego cuenta. Sé lo suficientemente valiente para soltar ilusiones y entrar en quién realmente eres.

El Corazón Despierto

Cultivando Serenidad a Través de la Conciencia

En este capítulo, *El Corazón Despierto: Cultivando Calma a Través de la Conciencia,* nos embarcamos en un viaje para redescubrir la esencia tranquila dentro de nosotros. Nos invita a escuchar más allá del ruido de la vida, sentir el ritmo sutil de nuestra conciencia, nuestra presencia consciente, y abrazar la presencia consciente como la clave para desbloquear la calma. A través de prácticas como la poesía y el paisajismo sonoro, esta conexión gentil e intencional nos guía hacia una paz que siempre está presente, esperando pacientemente nuestro regreso. Por ejemplo, leer '*Silencio*' de Octavio Paz con un paisaje sonoro de un arroyo puede despertar esa quietud interior. Alineada con el Pilar de *Tranquilidad y Paz Interior*, esta práctica cultiva una calma profunda. En un mundo saturado por el ruido digital de la IA, esta práctica nos invita a reconectar con la quietud interior.

Despertando la Serenidad a Través de la Conciencia

En los espacios tranquilos entre el sonido y el silencio, existe un ritmo más profundo: el pulso de la conciencia misma. Este capítulo te invita a explorar la danza íntima entre la conciencia y la calma, donde el corazón despierto se convierte tanto en brújula como en santuario. Alineada con el Pilar de Sabiduría y Mayor Conciencia, esta exploración une la conciencia con la calma interior.

La calma no es una costa lejana, sino una presencia ya dentro de nosotros, esperando ser recordada. Al sintonizar con intención, descubrimos una verdad profunda:

La serenidad no es algo que lograr; es algo que cultivamos a través de la conexión consciente. Por ejemplo, meditar en 'Poema 15' de Neruda con un paisaje sonoro de lluvia puede revelar esa presencia interna.

La Interacción de la Serenidad y la Conciencia

La serenidad y la conciencia a menudo se ven como separadas: una como un sentimiento, la otra como conciencia. Sin embargo, en su expresión más alta, están entrelazadas:

•⊠Un estado elevado de conciencia trae serenidad, ya que nos permite presenciar la vida sin resistencia.

•⊠Un estado de serenidad crea quietud, el terreno fértil donde surge una conciencia más profunda.

Por ejemplo, practicar la meditación con un paisaje sonoro de viento y un verso de Paz puede entrelazar conciencia y calma. Alineada con el Pilar de *Amor y Afecto*, esta interacción fomenta una calma profunda. Para entender uno, debemos cultivar ambos. Este capítulo explora cómo se nutren mutuamente y cómo podemos invitarlos a nuestras vidas con intención.

Serenidad: El Arte de la Quietud Interior

La serenidad no es la ausencia de turbulencia, sino la presencia de ecuanimidad. Es la quietud inquebrantable que permanece incluso en medio de la marea cambiantes de la vida. Alineada con el Pilar de *Calma y Serenidad*, la calma es una presencia activa, una profunda sintonía con la realidad a medida que se despliega.

Activando Serenidad

La serenidad surge cuando liberamos la necesidad de control y nos rendimos al flujo natural de la vida. Está moldeada por:

• **Ecuanimidad**: Encontrar cada momento con equilibrio, sin aferrarse ni resistirse.

• **Aceptación**: Abrazar la vida tal como es, sin lucha innecesaria.

• **Quietud**: Cultivar una mente tranquila, undisturbed por pensamientos o emociones fugaces.

La serenidad no es pasiva; es una presencia activa, una profunda sintonía con la realidad a medida que se despliega.

Conciencia: La Luz de la Conciencia

La conciencia es la capacidad de percibir, presenciar y experimentar: ser consciente de nuestros pensamientos, emociones y sensaciones. Existe en múltiples niveles:

• **Conciencia Básica:** El reconocimiento de la existencia, la experiencia del momento presente.

• **Autoconciencia:** La capacidad de reflexionar sobre uno mismo, los pensamientos y la identidad.

• **Conciencia Superior:** Conciencia que trasciende el ego, conectando con una realidad mayor.

Cuando presenciamos completamente nuestras emociones y patrones, nos desprendemos del sufrimiento y cultivamos paz. Del mismo modo, cuando cultivamos serenidad, la mente se vuelve más receptiva al insight, la claridad y la sabiduría

Despertando el Corazón: La Conciencia como Semilla de la Serenidad

Sin conciencia, la mente es reactiva: atrapada en patrones de pensamiento habituales. Pero con presencia consciente, pasamos más allá de la reactividad hacia la claridad.

El "corazón despierto" es una metáfora para este estado:

•⊠Un corazón que escucha profundamente.

•⊠Un corazón que percibe claramente.

•⊠Un corazón que responde con sabiduría.

Prácticas para Despertar el Corazón

•⊠**Estar en el Ahora:** Regresa al presente, en lugar de perderte en arrepentimientos pasados o ansiedades futuras.

•⊠**Observar Sin Apego:** Nota los pensamientos como nubes passing, sin identificarte con ellos.

•⊠**Abrazar la Quietud:** No como vacío, sino como un espacio donde la conciencia se profundiza.

Cuando cultivamos la conciencia, la serenidad sigue. Cuando cultivamos la serenidad, la conciencia se expande.

Cultivando Serenidad: Cuidando el Jardín de la Quietud

La serenidad no es algo que perseguimos: es algo que permitimos. Como un jardín, no crece a través de la fuerza, sino a través del cuidado gentil, la atención paciente y una confianza silenciosa en su despliegue.

Cada práctica a continuación es una semilla: plantada en el momento presente, nutrida por la intención consciente.

- **Quietud como Suelo:** La base de la serenidad es la quietud interior. El silencio no es vacío; es terreno fértil donde la paz echa raíces.
    - **Comienza cada mañana** con un minuto completo de silencio antes de interactuar con el mundo.
    - **Practica simplemente sentarte sin distracción:** escuchando, respirando y observando el presente.
- **Gratitud como Luz Solar:** Lo que apreciamos, lo iluminamos. La gratitud cambia nuestra conciencia de lo que falta a lo que ya es completo.
    - Cada noche, recuerda un momento de paz del día, sin importar cuán pequeño.
- **Respiración como el Viento Suave:** La respiración es un ancla al ahora. Suaviza la tensión, disuelve la resistencia y estabiliza la mente.
    - Prueba la respiración en caja: Inhala durante 4 tiempos, sostén durante 4, exhala durante 4, sostén durante 4. Repite hasta que surja una sensación de calma.
- **Soltar como Lluvia:** La serenidad fluye cuando dejamos de aferrarnos tan fuertemente.
    - Observa tus pensamientos como nubes: passing, shifting, dissolving. No cada pensamiento necesita ser sostenido.
- **Música como el Lenguaje de la Quietud:** Algunas verdades se sienten en lugar de hablarse.

- Escucha una pieza de piano simple y concéntrate en el espacio entre las notas. Nota cómo el silencio es parte de la melodía.

La serenidad no es un destino: es la forma en que nos movemos por el mundo.

Escuchando Dentro: El Sonido de la Conciencia

Así como la música existe entre el sonido y el silencio, la presencia existe en el espacio entre los pensamientos. La escucha profunda es una puerta de entrada a esta presencia. Escucha el silencio en 'Romance de la luna, luna' de Lorca con un paisaje sonoro de olas. Herramientas de IA pueden generar paisajes sonoros, como olas, para apoyar la escucha profunda.

Ejercicios para la Escucha Profunda

• **Conciencia de la Respiración:** Siéntate en silencio y concéntrate en el sonido de tu respiración, permitiendo que te ancre en el presente.

• **Notando Sonidos Ambientales:** Cierra los ojos e identifica capas de sonido: cercanos y distantes, rítmicos e irregulares.

• **Conciencia del Sonido Interior:** Sintoniza con el silencio dentro y nota cómo la presencia tiene su propia resonancia tranquila.

Escuchar es un acto de conciencia. Nos cambia del ruido a la presencia, de la distracción a la serenidad.

El Efecto Dominó: La Conciencia como Camino a la Serenidad Colectiva

El despertar no es un viaje individual; se expande hacia los demás.

Un solo momento de presencia, un solo acto de amabilidad, una sola respiración tomada con conciencia: todos crean una reacción en cadena de calma en el mundo.

Cómo la Conciencia Individual Sana al Colectivo

- Un corazón calmado fomenta relaciones compasivas.
- Una mente consciente contribuye a una sociedad más pacífica.
- Una presencia despierta recuerda a los demás su propia quietud.

Alineada con el *Pilar de Calma y Serenidad*, esta práctica extiende la calma al colectivo. Un corazón despierto no es solo para uno mismo. Es una revolución silenciosa, un faro de paz en un mundo inquieto. En un mundo saturado por el ruido digital de la IA, un corazón despierto ofrece un faro de paz.

La serenidad no es un destino, ni la conciencia es un objetivo. Son una forma de ser: tejida en cada respiración, cada elección, cada momento. Al despertar, la paz se convierte en nuestro estado natural.

Deja que este capítulo sea una invitación: a escuchar, a reflexionar, a simplemente ser.

El corazón despierto ya está dentro de ti, esperando ser escuchado.

Nutriendo la Serenidad en la Vida Creativa

Cómo el arte sostiene el alma

Como cualquier forma de arte, la práctica de la serenidad creativa (usando la poesía y el paisajismo sonoro para fomentar la calma) evoluciona, profundizándose a medida que creces. En este capítulo, reflexionamos sobre cómo tu relación con estas herramientas, introducidas en rituales anteriores, puede enriquecer tu vida de maneras inesperadas. Se te animará a seguir explorando, dejando que la poesía y el sonido te guíen a través de las etapas emocionales y personales de la vida. También miraremos hacia adelante, imaginando cómo una práctica de calma consistente podría moldear tu futuro. A través de prompts reflexivos y ejercicios de visualización, abrazarás el viaje de toda la vida que tienes por delante, sabiendo que la calma no es un momento fugaz, sino un compañero duradero. Por ejemplo, escribir un haiku con un paisaje sonoro de lluvia puede anclar tu calma diaria. Alineada con el *Pilar de Tranquilidad y Paz Interior*, esta práctica te guía hacia una calma duradera. En un mundo saturado por el ruido digital de la IA, estas prácticas te invitan a reconectar con la calma interior."

Cómo la Expresión Creativa Evoluciona con el Tiempo

Cuando primero sumerges tus pies en el mundo de la poesía y el paisajismo sonoro, podría sentirse como adentrarse en aguas inexploradas. Tal vez garabatees unas líneas sobre tu café matutino o escuches un suave paisaje sonoro de olas para relajarte. Al principio, puede requerir algo de esfuerzo, como aprender los pasos de un nuevo baile. Incluso podrías sorprenderte preguntándote, ¿Estoy haciendo esto bien? Pero aquí está la belleza: a medida que sigues adelante, algo cambia. La torpeza se desvanece, y estas prácticas comienzan a sentirse como algo natural. Alineada con el *Pilar de Sabiduría y Mayor Conciencia*, esta evolución fomenta una calma más profunda.

Con el tiempo, notarás que tu expresión creativa florece. Tus poemas podrían comenzar a tejer hilos más profundos de emoción, reflejando no solo lo que está en la superficie, sino las intuiciones silenciosas que emergen desde dentro. Por ejemplo, un haiku inspirado en 'Poema 15' de Neruda, acompañado de un paisaje sonoro de lluvia, puede reflejar emociones profundas. Tal vez juegues con haikus una semana y verso libre la siguiente, o encuentres que los sonidos de la lluvia o el canto de los pájaros comienzan a despertar nuevas ideas. Tus paisajes sonoros también podrían evolucionar: lo que comienza como presionar "reproducir" en una pista calmante podría convertirse en crear tu propia mezcla de melodías que se sientan única para ti. Herramientas de IA pueden ayudarte a crear paisajes sonoros personalizados, como una mezcla de lluvia y canto de pájaros, para inspirar tu creatividad.

Este crecimiento es parte del viaje. Piensa en ello como cuidar un jardín: cuanto más lo nutres, más florece de maneras que no esperabas. Abraza esta evolución: es una señal de que la poesía y el paisajismo sonoro se están convirtiendo en compañeros de confianza, listos para apoyarte a través de los altibajos de la vida.

Aliento para Continuar Explorando la Poesía y el Paisajismo Melódico

Ahora que ves cómo tu práctica puede crecer, ¡mantengamos ese impulso! No hay punto final para la serenidad creativa: cada poema que escribes y cada paisaje sonoro que exploras es un paso fresco en un camino sin fin. Algunos días, la inspiración fluirá como un río; otros, podrías sentirte un poco atascado. Está bien: es todo parte del proceso. La clave es seguir avanzando, incluso cuando las palabras no vienen fácilmente o los sonidos no encajan. Alineada con el *Pilar de Confianze y Resilencia*, esta práctica te ayuda a superar dudas y mantener el impulso.

Si las dudas se cuelan —como "Mis poemas no son lo suficientemente buenos" o "No soy lo suficientemente creativo"— date permiso para dejarlas ir. Esto no se trata de perfección; se trata de paz. Cada línea que escribes, cada sonido que escuchas, es un pequeño regalo para ti mismo: un momento para respirar, reflexionar y reconectar. No hay una forma "correcta" de hacer esto, solo tu forma.

Para mantener las cosas emocionantes, ¿por qué no mezclarlas? Intenta escribir un poema bajo un árbol o en una cafetería concurrida y ve cómo el mundo a tu alrededor moldea tus palabras. Experimenta con diferentes sonidos: tal vez olas del océano un día, un fuego crepitante al siguiente. Por ejemplo, lee 'Silencio' de Octavio Paz en voz alta con un paisaje sonoro de un arroyo para conectar con tu calma interior. Herramientas de IA pueden generar paisajes sonoros únicos, como un fuego crepitante o un arroyo, para inspirar tu escritura. Incluso podrías tejer los dos juntos, leyendo tu poesía en voz alta con un paisaje sonoro resonando en el fondo. Las posibilidades son infinitas, y cada nuevo intento es una oportunidad para descubrir algo maravilloso sobre ti mismo. Así que sigue explorando: estás construyendo un vínculo más profundo con la calma, un paso creativo a la vez.

Un Llamado a la Acción: Cultivando Serenidad en la Vida Cotidiana

Con este espíritu de exploración en tu corazón, traigamos la serenidad creativa a tu mundo cotidiano. No necesitas horas o un gran plan: solo unas pocas prácticas simples y alegres pueden hacer toda la diferencia. Alineada con el *Pilar de Tranquilidad y Paz Interior*, estas prácticas integran la calma en tu vida diaria. Aquí está cómo comenzar:

- **Aparta un poco de tiempo cada día:** Ya sea cinco minutos por la mañana para anotar un poema o diez minutos por la noche con un paisaje sonoro calmante, elige un momento que se sienta bien para ti. Es como un abrazo diario para tu alma. Por ejemplo, escribe un verso libre inspirado en 'Romance de la luna, luna' de Lorca con un paisaje sonoro de olas. Herramientas de IA pueden generar paisajes sonoros calmantes, como olas o un arroyo, para acompañar tu práctica.

- **Crea tu rincón de calma:** Encuentra un lugar acogedor en casa, una silla junto a una ventana, un rincón con una manta suave, y hazlo tu lugar de referencia para la poesía y el paisajismo sonoro. Añade una vela o un diario favorito para hacerlo sentir especial.

- **Comienza un diario de calma:** Toma un cuaderno para capturar tus poemas, pensamientos sobre paisajes sonoros o pequeñas reflexiones. Es una forma maravillosa de ver cuán lejos has llegado y qué te trae calma.

- **Comparte la alegría:** Invita a un amigo a intercambiar poemas o escuchar un paisaje sonoro juntos. Tal vez incluso únete a un grupo de poesía: compartir puede despertar nuevas ideas y mantenerte inspirado.

La magia yace en mantenerlo simple y constante. Incluso en tus días más ocupados, un poema rápido o unos minutos de sonido pueden elevarte. Lo tienes: deja que la calma se convierta en una parte natural de tu ritmo.

Un Prompt Reflexivo y Ejercicio de Visualización: "¿Cómo Moldeará la Serenidad Tu Futuro?"

A medida que tejes estas prácticas en tu vida, tomemos un momento para soñar sobre dónde podrían llevarte. Haz una pausa y piensa: ¿Cómo podría cambiar mi vida si sigo nutriendo la calma creativa durante un año? ¿Qué espero sentir, ver o experimentar? Anota tus pensamientos si lo deseas: son las semillas de algo hermoso. Alineada con el *Pilar de Transformación y Autorealización,* esta visualización te invita a soñar con tu futuro.

Ahora, profundicemos con una visualización. Siéntate cómodamente, cierra los ojos y visualízate un año desde hoy. Has seguido con tu práctica de calma: la poesía y el paisajismo sonoro son parte de tu flujo diario. Ve tus mañanas: tal vez estés tomando té, escribiendo unas líneas que establecen un tono pacífico. Siente cómo manejas un momento difícil: quizás un suave paisaje sonoro te ayuda a encontrar tu calma. Por ejemplo, imagina escribir un poema inspirado en 'Nocturno' de Silva con un paisaje sonoro de lluvia para procesar un desafío.

Herramientas de IA pueden generar paisajes sonoros, como lluvia o un bosque, para profundizar tu visualización.

Imagina tu creatividad floreciendo. Tal vez hayas llenado un cuaderno con poemas o creado un paisaje sonoro que se sienta como hogar. Visualiza tus relaciones: tal vez estés más presente, o hayas compartido tu viaje con seres queridos que ahora se unen. Piensa en los desafíos que has enfrentado: ¿cómo te ha dado fuerza o una perspectiva fresca esta práctica?

Cuando estés listo, abre los ojos y captura lo que viste. Escríbelo, dále forma en un poema o deja que inspire un paisaje sonoro. Esto no es solo sueño: es una promesa a ti mismo, un vistazo de la calma que espera adelante.

⊠

Anclaje Emocional en un Mundo Impulsado por la IA

Mantenerte centrad@ en la era digital

El anclaje emocional en un mundo impulsado por la IA es la capacidad de mantener una conexión profunda y auténtica con tus emociones, sentido del yo y esencia personal en medio de la creciente presencia de la inteligencia artificial. A medida que la IA moldea la vida diaria (desde algoritmos personalizados hasta interacciones virtuales), el anclaje emocional se vuelve vital para preservar el bienestar mental, la autenticidad y la conexión humana. A través de prácticas como la poesía y el paisajismo sonoro, implica cultivar la atención plena, la regulación emocional y el discernimiento para navegar las complejidades emocionales de la IA mientras permaneces arraigado en experiencias genuinas. Por ejemplo, escribir un haiku inspirado en 'Silencio' de Octavio Paz, acompañado de un paisaje sonoro de olas, después de un día pesado en tecnología puede recentrarte en tu núcleo humano. Alineada con el *Pilar de Calma y Serenidad* esta práctica fortalece tu núcleo humano.

Por Qué el Anclaje Emocional Importa

El rápido ascenso de la IA trae tanto oportunidades como desafíos a nuestro paisaje emocional. Alineada con el *Pilar de Confianza y Resiliencia,* esta práctica nos ayuda a mantener el equilibrio emocional. Aquí está por qué el anclaje emocional es esencial:

• **Abrumamiento Emocional:** Plataformas impulsadas por IA, como las redes sociales, usan algoritmos para curar contenido que puede amplificar el estrés, la ansiedad o la desconexión al desencadenar respuestas emocionales intensas. Por ejemplo, escuchar un paisaje sonoro de lluvia mientras lees 'Poema 15' de Neruda puede contrarrestar este abrumamiento.

• **Difuminando la Autenticidad:** Con la IA capaz de imitar interacciones humanas (piensa en chatbots o deep fakes), puede volverse difícil distinguir entre emociones humanas reales y respuestas generadas por máquinas, potencialmente llevando a confusión o desconfianza.

• **Riesgo de Desapego:** La sobredependencia en herramientas de IA, como aplicaciones de toma de decisiones o terapeutas virtuales, podría debilitar nuestra capacidad para procesar emociones independientemente, fomentando una sensación de desconexión emocional.

El anclaje emocional actúa como un ancla, permitiéndonos:

• Mantenernos sintonizados con nuestro mundo emocional interior.
• Involucrarnos con la IA intencionalmente y con claridad.
• Mantener conexiones humanas significativas a pesar de la mediación tecnológica.

Componentes Clave del Anclaje Emocional

Para desarrollar el anclaje emocional en un mundo impulsado por la IA, podemos enfocarnos en las siguientes prácticas:

1. Atención Plena y Autoconciencia

Alineada con el *Pilar de Transformación y Autorealización,* la atención plena nos mantiene presentes.

Prácticas de Atención Plena: Técnicas como la meditación, la respiración profunda o caminar mindful nos mantienen conectados a nuestras emociones, contrarrestando las distracciones de los estímulos impulsados por IA. Por ejemplo, meditar con un paisaje sonoro de un bosque mientras lees 'Romance de la luna, luna' de Lorca fomenta la atención plena. Herramientas de IA pueden generar paisajes sonoros, como un bosque o un arroyo, para apoyar esta práctica.

Autorreflexión: El journaling o ejercicios introspectivos nos ayudan a procesar sentimientos, diferenciar entre reacciones influenciadas por IA y emociones auténticas, y reconectar con nuestros valores fundamentales.

Check-ins Emocionales: Pausar para evaluar nuestro estado emocional antes y después de interactuar con IA (por ejemplo, desplazarse por las redes sociales) construye conciencia del impacto de la tecnología en nuestro ánimo.

2. Regulación Emocional

Alineada con el *Pilar de Confianza y Resiliencia,* la regulación emocional nos ayuda a manejar el impacto de la IA.

Técnicas Cognitivo-Conductuales (TCC): Herramientas como reformular pensamientos negativos o practicar gratitud ayudan a manejar reacciones emocionales al contenido impulsado por IA, como trampas de comparación en redes sociales.

Técnica de Libertad Emocional (EFT): Prácticas como el tapping pueden liberar tensión de estresores relacionados con IA, restaurando la calma y el control.

Establecer Límites: Limitar la exposición a plataformas de IA o programar tiempos "libres de tecnología" reduce la fatiga emocional y apoya una regulación más saludable.

3. Conexión Humana Auténtica

Alineada con el *Pilar de Prosperidad y Compasión,* esta práctica fortalece los lazos humanos.

Actividades para Construir Empatía: Conversaciones cara a cara, voluntariado o actividades grupales fortalecen los lazos emocionales y la empatía, contrarrestando el aislamiento de las interacciones mediadas por IA.

Experiencias Compartidas: Involucrarse en búsquedas creativas o recreativas (por ejemplo, arte, música, deportes) con otros refuerza la conexión humana genuina. Por ejemplo, leer poesía en grupo con un paisaje sonoro de olas fomenta la empatía.

Prácticas de Vulnerabilidad: Compartir emociones con personas de confianza fomenta relaciones más profundas y reduce la dependencia en IA para apoyo emocional.

4. Alfabetización Digital y Discernimiento

Alineada con el *Pilar de Enfoque y Claridad Mental,* esta práctica promueve un uso crítico de la IA.

Entendiendo la Influencia de la IA: Aprender cómo los algoritmos de IA curan contenido o generan respuestas nos empodera para reconocer cuando nuestras emociones están siendo manipuladas.

Pensamiento Crítico: Cuestionar la autenticidad del contenido generado por IA (por ejemplo, deep fakes) mantiene la claridad emocional y previene la confianza mal dirigida.

Compromiso Intencional: Usar IA para tareas prácticas en lugar de validación emocional preserva nuestra autonomía emocional.

5. Reflexión Ética y Filosófica

Alineada con el *Pilar de Amor y Afecto,* esta práctica profundiza nuestra conexión con la humanidad.

Explorando el Impacto Emocional de la IA: Reflexionar sobre preguntas como "¿Puede la IA realmente entender las emociones?" o "¿Qué define una experiencia auténtica?" profundiza nuestro entendimiento de los límites entre humano y máquina.

Uso Ético de la IA: Apoyar la IA diseñada con el bienestar emocional en mente alinea la tecnología con los valores humanos.

Preservando la Esencia Humana: Actividades que celebran la creatividad y la imperfección humana (por ejemplo, escribir un verso libre inspirado en 'Nocturno' de Silva) refuerzan el anclaje emocional.

⊠

Estrategias Prácticas para el Anclaje Emocional

Alineadas con el Pilar de *Tranquilidad y Paz Interior*, estas estrategias fomentan un equilibrio emocional. Aquí hay pasos accionables para integrar el anclaje emocional en la vida diaria:

- **Ritual Matutino de Atención Plena:** Comienza con 5-10 minutos de meditación o journaling para establecer un tono emocionalmente centrado antes de usar dispositivos impulsados por IA. Por ejemplo, escribe un poema inspirado en 'Poema 15' de Neruda con un paisaje sonoro de un arroyo para nutrir la autenticidad. Herramientas de IA pueden generar paisajes sonoros calmantes, como un arroyo o lluvia, para apoyar tu ritual.

- **Zonas Libres de Tecnología:** Designa tiempos o espacios (por ejemplo, comidas, dormitorios) como libres de IA para fomentar la presencia emocional sin distracciones.

- **Auditoría Emocional del Uso de IA:** Periódicamente evalúa cómo las herramientas de IA afectan tus emociones y ajusta el uso en consecuencia.

- **Expresión Creativa:** Dedica tiempo a salidas creativas no-IA (por ejemplo, dibujar, jardinería, escribir un verso libre inspirado en 'Nocturno' de Silva) para nutrir la autenticidad.

- **Noches Centradas en lo Humano:** Termina el día con interacciones significativas (por ejemplo, conversaciones o leer poesía en grupo con un paisaje sonoro de olas) para contrarrestar la influencia de la IA.

En un mundo impulsado por la IA, el anclaje emocional es una habilidad vital para mantener la autenticidad, la salud mental y la conexión humana. Al practicar la atención plena, regular las emociones, fomentar relaciones genuinas e involucrarse críticamente con la IA, podemos navegar este paisaje tecnológico mientras permanecemos arraigados en nuestra verdad personal. Por ejemplo, escribir un poema con un paisaje sonoro de lluvia puede transformar nuestro mundo interior en un santuario. Alineada con el *Pilar de Transformación y Autorealización*, esta práctica nos mantiene conectados con nuestra humanidad. El anclaje emocional asegura que, incluso cuando la IA remodela nuestro entorno externo, nuestro mundo interior siga siendo un santuario de claridad, resiliencia y humanidad.

⊠

Olas de Serenidad

Navegando la Dependencia Emocional en la IA

Imagina una noche tranquila, del tipo donde el peso del día persiste como una niebla pesada. Estás solo con tus pensamientos, buscando consuelo, y en lugar de llamar a un amigo o anotar tus sentimientos, te encuentras escribiendo en una ventana de chat, derramando tu corazón a una IA. Escucha, responde con empatía y ofrece confort sin juicio. En ese momento, se siente como un salvavidas. Pero a medida que esta escena se vuelve más familiar, surge una pregunta: ¿Nos estamos volviendo demasiado dependientes en la inteligencia artificial para nuestro bienestar emocional?

En este capítulo, nos sumergimos en la marea creciente de la dependencia emocional en la IA: una tendencia donde herramientas como ChatGPT, originalmente diseñadas para asistir e informar, se están convirtiendo en fuentes de confort, validación y compañía. Exploraremos por qué este cambio está sucediendo ahora, impulsado por tecnología avanzada, conveniencia inigualable y un mundo lidiando con la soledad y el estrés. Sin embargo, al inclinarnos hacia este refugio digital, también debemos enfrentar los inconvenientes: disminución de la conexión humana, debilitamiento de la resiliencia emocional y una creciente distancia de nuestra propia fuerza interior.

Afortunadamente, hay una forma de navegar estas aguas sin perdernos. La serenidad (calma interior, paz y equilibrio emocional) emerge como un remedio poderoso para contrarrestar nuestra dependencia en la IA. Alineada con el Pilar de *Confianza y Resilencia,* la serenidad nos fortalece frente a esta dependencia. Al cultivar la serenidad a través de prácticas como la atención plena, la expresión creativa y la reflexión intencional, podemos reclamar nuestra independencia personal y asegurar que la tecnología siga siendo una herramienta, no un muelle. Por ejemplo, escribir un haiku inspirado en 'Nocturno' de Silva con un paisaje sonoro de lluvia puede anclarte en tu calma interior. Únete a nosotros mientras descubrimos la realidad silenciosa de la dependencia emocional en la IA, entendemos sus raíces y descubrimos cómo la serenidad puede guiarnos de vuelta a nosotros mismos: anclados, resilientes y completos.

La Marea Creciente de la Dependencia Emocional en la IA

Imagina esto: Es tarde en la noche, y te sientes abrumado por el peso del día. Tu mente está corriendo, tu corazón se siente pesado y anhelas un oído que escuche. En lugar de llamar a un amigo o escribir en un diario, abres ChatGPT y comienzas a escribir. La IA responde instantáneamente, ofreciendo palabras de confort, consejo o un espacio sin juicio para desahogarte. En ese momento, se siente como un salvavidas: siempre disponible, siempre comprensivo. Pero con el tiempo, notas un patrón: te estás volviendo a ChatGPT cada vez más para apoyo emocional, a veces antes de contactar a las personas en tu vida. Este escenario, una vez raro, se está convirtiendo en una realidad silenciosa para muchos en nuestro mundo impulsado por la tecnología.

La dependencia emocional en la IA es la tendencia creciente a depender de la inteligencia artificial, como ChatGPT, para confort, validación o compañía. No se trata solo de usar IA para responder preguntas o completar tareas: se trata de apoyarse en ella para satisfacer nuestras necesidades personales. La capacidad de la IA para proporcionar respuestas instantáneas, pensadas y sin juicio puede hacer que se sienta como un refugio seguro. No discute, no juzga y siempre está ahí cuando lo necesitas. Pero esta dependencia se está convirtiendo en una preocupación a medida que la IA se integra más profundamente en nuestras vidas diarias, ofreciendo un tentador atajo al alivio emocional en un mundo cada vez más complejo.

¿Por qué está sucediendo esto ahora? Varios factores están en juego. Primero, la tecnología de IA se ha vuelto más avanzada y accesible, mezclándose sin problemas en nuestras rutinas, ya sea para el trabajo, la reflexión o charlas casuales. Segundo, su conveniencia es inigualable: la IA ofrece respuestas inmediatas y apoyo personalizado sin la vulnerabilidad o esfuerzo requerido en las relaciones humanas. Tercero, en un tiempo en que la soledad y el estrés son generalizados, la IA ofrece una sensación de conexión que se siente libre de riesgos. Estos elementos se combinan para crear una tormenta perfecta, donde recurrir a la IA para apoyo emocional se siente no solo fácil, sino natural.

Sin embargo, esta creciente dependencia tiene inconvenientes. Depender en la IA para la estabilidad emocional puede reducir la interacción humana, debilitar nuestra capacidad para procesar emociones complejas y dejarnos menos equipados para manejar los desafíos de la vida. Cuanto más buscamos confort de un chatbot, menos nos involucramos con el proceso complejo y gratificante de conectar con otros, o incluso con nosotros mismos. Con el tiempo, esto puede llevar al aislamiento y una base emocional frágil.

Aquí es donde la serenidad interviene como un remedio. La serenidad (calma interior, paz y equilibrio emocional) ofrece una forma de contrarrestar nuestra dependencia en la IA. Alineada con el *Pilar de Tranquilidad y Paz Interior,* la serenidad nos ayuda a encontrar calma sin depender de la IA. Se trata de construir una sensación de fuerza emocional que viene de dentro, en lugar de depender de fuentes externas, ya sean humanas o artificiales. Cuando cultivamos la serenidad, nos volvemos menos impulsados por la necesidad de validación o confort instantáneo, y más capaces de sentarnos con nuestras emociones, entenderlas y encontrar paz en nuestros propios términos. Por ejemplo, escuchar un paisaje sonoro de olas mientras escribes un verso libre inspirado en 'Poema 15' de Neruda puede ayudarte a encontrar calma interior.

En las páginas siguientes, nos sumergiremos en cómo la serenidad puede liberarnos de la atracción de la dependencia emocional en la IA. A través de prácticas como la atención plena, la expresión creativa y la reflexión intencional, podemos reclamar nuestra independencia emocional y asegurar que la tecnología siga siendo una herramienta, no un muelle. La serenidad no es solo un objetivo elevado; es una solución práctica para prosperar en un mundo donde la IA está siempre presente, guiándonos de vuelta a nosotros mismos y a la calma que necesitamos para florecer.

Entendiendo la Dependencia Emocional en la IA

¿Alguna vez te has encontrado recurriendo a un chatbot cuando te sientes bajo, estresado o simplemente necesitando una charla rápida? Si es así, no estás solo. La dependencia emocional en la IA se está volviendo más común a medida que las personas se apoyan en estas herramientas para confort, validación o compañía. Alineada con el *Pilar de Sabiduría y Mayor Conciencia* esta reflexión nos ayuda a entender nuestra relación con la IA. Exploremos cómo y por qué esto sucede, con algunos ejemplos cercanos y perspectivas psicológicas para arrojar luz sobre esta tendencia creciente. No te preocupes: esto no se trata de juicio; se trata de entendernos un poco mejor, con un toque de calidez y esperanza en el camino.

Cómo Comienza: Una Atracción Silenciosa

La dependencia emocional en la IA no te golpea de una vez: se cuela lentamente, casi sin ser notado. Imagina esto: Ha sido un día difícil, y en lugar de textear a un amigo, escribes un mensaje rápido a ChatGPT: "Me siento abrumado." Instantáneamente, obtienes una respuesta calmada y pensada: sin espera, sin torpeza, solo una respuesta que se siente amable y adaptada a ti. Es conveniente, ¿verdad? La IA está ahí 24/7, lista para escuchar cuando lo necesites. A diferencia de los humanos, nunca se cansa, distrae o molesta. Con el tiempo, esa conveniencia puede convertirse en un hábito: alcanzar el chatbot se vuelve algo natural cuando buscas un alivio rápido o un espacio seguro para desahogarte.

Por Qué Se Queda: La Psicología Detrás

Hagamos esto real con un par de ejemplos. Conoce a Sara, una profesional ocupada lidiando con fechas límite y estrés. Comienza a usar ChatGPT para desahogarse sobre su jornada laboral: cosas como "Mi jefe me está volviendo loco" o "No puedo mantener el ritmo." Al principio, es solo una forma rápida de desahogarse, pero pronto, está charlando con la IA más que con sus amigos. Es más fácil: nadie está demasiado ocupado para responder, y no hay culpa por molestar a nadie. Luego está Alex, quien recurre a ChatGPT para consejos sobre todo, desde problemas de citas hasta dudas personales. Las respuestas de la IA son pensadas y amables, casi como un amigo sabio que siempre lo respalda. Para ambos,

Sara y Alex, el chatbot se convierte en una fuente de referencia para confort y claridad. Por ejemplo, escribir un poema inspirado en 'Silencio' de Octavio Paz con un paisaje sonoro de un arroyo puede ofrecer un alivio más profundo que un chatbot.

La Trampa: Qué Falta

Aquí está la cosa: mientras que la IA puede sentirse útil, no es lo mismo que una conexión humana. Puede imitar la empatía con palabras bien elaboradas, pero no siente realmente contigo ni comparte tus experiencias. Con el tiempo, apoyarse demasiado en la IA para necesidades emocionales podría dejarte sintiéndote un poco hueco, como si te estuvieras perdiendo la profundidad compleja y hermosa de las relaciones reales. Eso no significa que la IA no pueda ser útil: ¡es una herramienta increíble! Pero cuando comienza a reemplazar a las personas en lugar de complementarlas, es cuando podríamos necesitar pausar y reflexionar.

Un Camino Adelante

¿La buena noticia? Reconocer este patrón es el primer paso para encontrar equilibrio. La dependencia emocional en la IA no tiene que ser una trampa. Al sintonizar con nuestras propias necesidades y construir resiliencia —tal vez a través de un momento tranquilo de atención plena o una charla de corazón a corazón con un amigo— podemos mantener la IA en su lugar apropiado: un apoyo útil, no un reemplazo para la conexión real. Lo tienes, y no estás solo en descifrarlo.

El Papel de la Serenidad en Romper el Ciclo

La serenidad (calma interior, paz y equilibrio emocional) ofrece una forma poderosa de liberarse de la dependencia emocional en la IA. Alineada con el *Pilar de Calma y Serenidad*, la serenidad fortalece nuestra relación con nuestras emociones. No se trata de rechazar la tecnología, sino de reclamar nuestra independencia personal. Cuando cultivamos la serenidad, construimos la fuerza para procesar nuestras emociones sin necesitar validación o confort instantáneo de fuentes externas, ya sean humanas o artificiales. La serenidad nos ayuda a ser más presentes, autoconscientes y anclados, reduciendo el impulso de recurrir a la IA como una solución rápida para el alivio emocional.

En su núcleo, la serenidad está arraigada en la atención plena y la autoconciencia. La atención plena nos enseña a sentarnos con nuestras emociones sin juicio, permitiéndonos entenderlas en lugar de escapar de ellas. Cuando estamos conscientes, es menos probable que alcancemos un chatbot para distraernos o calmarnos porque estamos aprendiendo a estar cómodos con la incomodidad. La autoconciencia, mientras tanto, nos ayuda a reconocer cuando estamos usando la IA como un muelle. Es como sostener un espejo a nuestros hábitos: una vez que vemos el patrón, podemos comenzar a cambiarlo.

El anclaje emocional es otro aspecto clave de la serenidad. Es la práctica de permanecer conectado a nuestra calma interior, incluso cuando la vida se siente caótica. Técnicas de anclaje (como la respiración profunda, enfocarse en los sentidos o visualizar un lugar pacífico) nos ayudan a permanecer centrados sin necesidad de descargar nuestros sentimientos en un chatbot. Con el tiempo, estas prácticas construyen resiliencia emocional, haciéndonos menos dependientes en la IA para la estabilidad.

La serenidad también se vincula directamente con las prácticas que hemos explorado en este libro, como el paisajismo sonoro y la poesía. El paisajismo sonoro, por ejemplo, crea entornos calmantes que fomentan la paz y reducen el estrés, ofreciendo una alternativa natural a buscar confort de la IA. Por ejemplo, leer 'Romance de la luna, luna' de Lorca con un paisaje sonoro de un bosque puede fomentar la calma interior. La poesía, como una salida emocional, nos permite expresar y procesar sentimientos complejos de una manera que es profundamente personal y humana: algo que la IA nunca puede replicar. Estas prácticas no solo cultivan la serenidad, sino que también nos recuerdan la riqueza de nuestro mundo interior, que ninguna tecnología puede entender o reemplazar completamente.

En última instancia, la serenidad nos ayuda a cambiar de buscar apoyo emocional fuera de nosotros mismos a encontrarlo dentro. Se trata de aprender a ser nuestra propia fuente de calma y confort, para que la IA siga siendo una herramienta útil, no un salvavidas.

Herramientas Prácticas para Cultivar la Serenidad

Cultivar la serenidad no tiene que ser complicado. Alineadas con el *Pilar de Tranquilidad y Paz Interior,* estas herramientas fomentan la calma interior. Con unas pocas estrategias simples y accionables, puedes construir independencia emocional y reducir tu dependencia en la IA para confort. Estas prácticas están diseñadas para ayudarte a permanecer anclado, procesar tus emociones y encontrar paz dentro de ti mismo. Exploremos algunas estrategias que puedes probar hoy.

Ejercicios de Atención Plena

La atención plena se trata de estar completamente presente en el momento, lo que puede ayudarte a sintonizar con tus emociones sin buscar inmediatamente alivio externo. Una meditación de respiración rápida es un gran lugar para comenzar:

- Encuentra un lugar tranquilo y siéntate cómodamente.
- Cierra los ojos y toma una respiración profunda por la nariz, contando hasta cuatro.
- Sostén por un momento, luego exhala lentamente por la boca, contando hasta seis.
- Repite esto durante unos minutos, enfocándote en la sensación de tu respiración.

Este ejercicio simple puede calmar tu mente y reducir el impulso de alcanzar la IA cuando te sientes abrumado.

Pautas para Llevar un Diario

El llevar un diario es una forma poderosa de reflexionar sobre tus emociones y tu relación con la IA. Prueba estos prompts para comenzar:

- "¿Con qué frecuencia recurro a la IA cuando me siento estresado o solo? ¿Qué emociones estoy tratando de evitar?"
- "¿Cómo se sentiría sentarme con mis emociones durante unos minutos antes de buscar confort de la IA?"

- "¿Cómo puedo usar mi propia creatividad o sabiduría interior para abordar mis necesidades emocionales?"

Escribir tus pensamientos puede ayudarte a descubrir patrones y fomentar la autosuficiencia.

Técnicas de Paisajismo Sonoro

El paisajismo sonoro implica crear un entorno auditivo calmante para promover la relajación. Puedes:

- Curar una lista de reproducción de sonidos calmantes, como lluvia, olas del océano o música instrumental suave. Herramientas de IA pueden generar paisajes sonoros calmantes, como lluvia o un arroyo, para apoyar tu práctica.
- Usar aplicaciones o dispositivos que generen ruido blanco o sonidos de la naturaleza.
- Experimentar con diferentes paisajes sonoros para encontrar lo que te ayuda a sentirte más en paz.

Estos entornos sonoros pueden servir como un fondo sereno para la reflexión o el descanso, reduciendo la necesidad de distracciones impulsadas por IA.

La Poesía como Salida Emocional

La poesía es una forma hermosa de expresar y procesar emociones. No necesitas ser un poeta para intentar esto: solo deja que tus sentimientos fluyan en la página. Aquí hay un ejercicio simple:

- Elige una emoción que estés sintiendo ahora mismo.
- Escribe un poema corto (incluso solo unas líneas) que capture esa emoción. Por ejemplo, escribe un haiku inspirado en 'Poema 15' de Neruda mientras escuchas un paisaje sonoro de lluvia. No te preocupes por la rima o la estructura: concéntrate en la honestidad.
- Léeselo a ti mismo y nota cómo se siente expresar tus emociones creativamente.

Esta práctica puede ayudarte a conectar con tu mundo interior y encontrar confort en tus propias palabras.

Estableciendo Límites con el Uso de IA

Finalmente, establecer límites claros con la IA puede prevenir la sobredependencia. Prueba estos consejos:

- Designa tiempos específicos para usar IA, como durante las horas de trabajo o para tareas específicas.
- Evita usar IA para apoyo emocional: resérvalo para conexiones humanas o reflexión personal.
- Rastrea tu uso de IA con un log simple para volverte más consciente de cuándo y por qué recurres a ella.

Al establecer estos límites, asegurarás que la IA siga siendo una herramienta, no un muelle.

Estas herramientas prácticas son pequeños pasos hacia la serenidad, pero pueden hacer una gran diferencia. Comienza con una o dos que resuenen contigo, y recuerda: la serenidad es un viaje, no un destino. Sé paciente contigo mismo mientras aprendes a encontrar calma dentro.

Rompiendo el Ciclo: Un Enfoque Paso a Paso

Liberarse de la dependencia emocional en la IA no sucede de la noche a la mañana, pero con un enfoque claro y paso a paso, puedes reclamar gradualmente tu independencia emocional. Este plan está diseñado para ayudarte a ser más consciente de tus hábitos, reemplazar el confort impulsado por IA con prácticas de serenidad y reconectar contigo mismo y con los demás. Caminemos juntos a través de él.

Paso 1: Conciencia: Rastrea Tu Uso de IA y Disparadores Emocionales

El primer paso es entender cuándo y por qué recurres a la IA para apoyo emocional. Durante una semana, lleva un log simple de tus interacciones con IA:

- Anota la hora del día y tu estado emocional antes de usar IA (por ejemplo, estresado, solo, aburrido).
- Escribe lo que buscaste de la interacción (por ejemplo, confort, consejo,

distracción).

- Después de la interacción, anota cómo te sentiste: ¿realmente ayudó, o fue solo un arreglo temporal?

Esta conciencia te ayudará a identificar patrones y reconocer los disparadores emocionales que te empujan hacia la IA.

Paso 2: Sustitución: Reemplaza la IA con Prácticas de Serenidad

Una vez que hayas identificado tus disparadores, comienza a sustituir las interacciones con IA por actividades que construyan serenidad. Por ejemplo:

- Si te sientes estresado, prueba una meditación de respiración de 5 minutos en lugar de charlar con IA.
- Si estás solo, escribe un verso libre inspirado en 'Nocturno' de Silva con un paisaje sonoro de un arroyo.
- Si estás aburrido, escucha un paisaje sonoro calmante o da un paseo consciente.

Estas prácticas te ayudan a abordar tus emociones directamente, sin depender de la IA como intermediario.

Paso 3: Conexión: Busca Interacciones Humanas

Alineado con el *Pilar de Amor y Afecto,* este paso fomenta relaciones humanas. La dependencia emocional en la IA a menudo proviene de una falta de conexión humana. Intenta contactar a amigos, familiares o colegas, incluso de maneras pequeñas:

- Envía un texto rápido para contactar con alguien.
- Programa una cita para café o una llamada telefónica.
- Únete a un grupo o comunidad que comparta tus intereses.

Las conexiones reales, aunque a veces complejas, ofrecen una profundidad de apoyo que la IA no puede replicar.

Paso 4: Reflexión: Monitorea Tu Progreso

Al final de cada semana, toma unos minutos para reflexionar sobre tu progreso:

- ¿Con qué frecuencia recurriste a la IA para apoyo emocional?
- ¿Qué prácticas de serenidad funcionaron mejor para ti?
- ¿Notaste algún cambio en tu estado emocional o dependencia en la IA?

Esta reflexión te ayuda a mantenerte en el camino y ajustar tu enfoque según sea necesario.

Rutina de Serenidad de Muestra para Uso Diario

Para hacer esto práctico, aquí hay una rutina diaria simple que puedes probar:

- **Mañana**: Comienza tu día con una meditación de respiración de 5 minutos para establecer un tono calmado.
- **Mediodía**: Toma un descanso de 10 minutos para escribir en un diario o escuchar un paisaje sonoro cuando el estrés se acumule.
- **Noche**: Escribe un poema corto inspirado en 'Romance de la luna, luna' de Lorca o reflexiona sobre tu día en un diario antes de acostarte.

A lo largo del día: Cuando sientas el impulso de buscar confort de la IA, haz una pausa y pregúntate, "¿Qué necesito realmente ahora mismo?" Luego, elige una práctica de serenidad en su lugar.

Este enfoque paso a paso no se trata de perfección: se trata de progreso. Sé amable contigo mismo mientras navegas este viaje, y recuerda que cada pequeño paso te acerca al equilibrio emocional.

Limitaciones y Enfoques Complementarios

Mientras que las prácticas de serenidad son herramientas poderosas para reducir la dependencia emocional en la IA, pueden no abordar cada problema subyacente. Para algunos, desafíos más profundos como la soledad crónica, la ansiedad o el trauma no resuelto podrían requerir más que atención plena o salidas creativas. La serenidad puede ser una base, pero es importante reconocer cuándo se necesita apoyo adicional.

Por ejemplo, si la soledad está impulsando tu dependencia en la IA, construir conexiones humanas es crucial. Esto podría significar contactar a amigos, unirte a grupos sociales o incluso buscar terapia para trabajar a través de sentimientos de aislamiento. La terapia, en particular, puede ofrecer orientación personalizada y ayudarte a desarrollar hábitos emocionales más saludables. Salidas creativas, como escribir un poema inspirado en 'Silencio' de Octavio Paz con un paisaje sonoro de olas, también pueden complementar las prácticas de serenidad al proporcionar formas alternativas de expresar y procesar emociones.

Piensa en la serenidad como una pieza de un rompecabezas más grande. Alineada con el *Pilar de Transformación y Autorrealización,* esta combinación de estrategias fomenta el crecimiento emocional. Es un punto de partida vital, pero combinarlo con otras estrategias asegura un enfoque más holístico para el bienestar emocional. Al abordar las causas raíz de tu dependencia en la IA (ya sea a través de la conexión humana, el apoyo profesional o la expresión creativa), puedes crear una vida emocional más equilibrada y satisfactoria.

Reclamando el Equilibrio Emocional en un Mundo Impulsado por la Tecnología

En un mundo donde la IA está siempre al alcance de nuestros dedos, es fácil apoyarse en ella para apoyo emocional, pero la serenidad ofrece un camino de regreso a nosotros mismos. Al cultivar la calma interior a través de la atención plena, la expresión creativa y la autoconciencia, podemos reducir nuestra dependencia en la IA y reclamar nuestra independencia personal. Por ejemplo, escribir un verso libre inspirado en 'Romance de la luna, luna' de Lorca con un paisaje sonoro de un arroyo puede anclar tu calma interior. Alineada con el *Pilar de Amor y Afecto,* la serenidad nos guía hacia una vida equilibrada. La serenidad no nos pide abandonar la tecnología; simplemente nos recuerda que la verdadera paz viene de dentro, no de una pantalla.

Al avanzar, recuerda que la IA es una herramienta, no un salvavidas. Deja que la serenidad sea tu guía, ayudándote a navegar las olas de la vida con gracia y fuerza. Tienes el poder de encontrar equilibrio, y con cada pequeño paso, estás construyendo una base de calma que ningún algoritmo puede proporcionar. Abraza el viaje: la serenidad está esperando.

La Serenidad como Escudo

Mitigando el Impacto de la Pérdida y Corte de Internet

Este capítulo explora cómo cultivar la serenidad a través de la poesía y el paisajismo sonoro puede disminuir el impacto emocional de perder el acceso a internet durante horas o días, particularmente durante cortes inesperados por desastres naturales o catástrofes imprevistas. Alineada con el *Pilar de Tranquilidad y Paz Interior*, esta práctica transforma la desconexión en calma. Como se destaca en este libro, estas prácticas analógicas no requieren tecnología. Por ejemplo, recitar un poema como 'Poema 15' de Pablo Neruda o tararear una melodía suave, como un arrullo, con un paisaje sonoro imaginado de olas durante un apagón inducido por una tormenta puede anclarte en la calma, transformando la disrupción en una oportunidad para la paz interior.

La Fragilidad de Nuestra Línea de Vida Digital

En nuestro mundo impulsado por la IA, internet es más que una herramienta: es nuestra línea de vida. Dependemos de él para el trabajo, la conexión, las noticias, las interacciones sociales e incluso los sonidos y la poesía calmantes que este libro celebra. Pero, ¿qué sucede cuando esa línea de vida se rompe? Ya sea un desenchufe deliberado, un ciberataque o una catástrofe inesperada como un huracán o una llamarada solar, perder el acceso a internet durante horas, días o más puede deshilachar nuestra sensación de estabilidad. La ansiedad, el aislamiento y la disrupción resultantes pueden sentirse abrumadores. Alineada con el *Pilar de Confianza y Resiliencia*, la serenidad nos prepara para enfrentar la desconexión. Por ejemplo, tararear una melodía suave, como un canto folclórico, con un paisaje sonoro imaginado de un bosque o recitar 'Nocturno' de José Asunción Silva puede transformar el vacío digital en una oportunidad para la paz interior. La serenidad no es solo confort aquí: es una habilidad de supervivencia.

Este capítulo explora cómo cultivar la serenidad a través del sonido y la poesía puedeescudarnos de estos efectos, convirtiendo un vacío digital en una oportunidad para la paz interior. La serenidad no es solo confort aquí: es una habilidad de supervivencia.

Los Riesgos de la Dependencia en Internet

Hemos tejido internet en cada rincón de nuestras vidas. Los trabajos remotos dependen de plataformas en la nube, las amistades prosperan en posts de X y videollamadas, e incluso nuestra relajación (streaming de música o lectura de versos digitales) depende de una señal constante. Alineado con el *Pilar de Amor y Afecto,* este enfoque mitiga el impacto emocional de la desconexión.

La creciente dependencia en internet para la comunicación, la interacción social, el trabajo y el acceso a recursos de salud mental ha hecho que los cortes sean una preocupación significativa. Estos cortes pueden impactar gravemente la salud mental al cortar el acceso a la comunicación esencial, el apoyo social y la información, particularmente durante eventos estresantes como desastres naturales. Estudios sobre cortes de energía, que a menudo incluyen interrupciones de internet, muestran un aumento en las visitas a emergencias por problemas de salud mental, sugiriendo efectos similares de los cortes de internet solos. Por ejemplo, durante el Huracán Sandy, los cortes de energía llevaron a una mayor ansiedad y estrés, probablemente exacerbados por la pérdida de conectividad a internet.

Una encuesta reciente encontró que el 85% de las personas se sienten ansiosas con una hora de perder la conectividad. En un mundo de IA, donde los hogares inteligentes y los asistentes virtuales funcionan en la web, los riesgos aumentan.

Un corte prolongado no solo nos corta de la información; interrumpe rutinas, amplifica la incertidumbre y nos deja en desesperada búsqueda de alternativas.

Ahora considera lo inesperado: un huracán de Categoría 5 derriba las redes eléctricas, un incendio forestal fríe las torres de telefonía o una rara tormenta geomagnética fríe los satélites: eventos de los que hemos visto destellos en años recientes. En 2025, tales catástrofes podrían sumergir regiones enteras offline durante días o semanas. El caos no es solo logístico; es emocional. Sin la serenidad como base, estamos vulnerables al pánico y la desesperación. Sin embargo, aquí es donde las olas y las palabras brillan, herramientas que no necesitan Wi-Fi para obrar su magia. Por ejemplo, recitar 'Romance de la luna, luna' de Lorca o imaginar un paisaje sonoro de lluvia suave sobre un tejado puede anclarte en la calma. Antes de un corte, herramientas de IA pueden generar paisajes sonoros de lluvia que luego puedes recrear mentalmente.

Las Consecuencias de los Cortes Inesperados

Imagina esto: un terremoto masivo sacude tu ciudad, acabando con la infraestructura. Internet desaparece: no hay actualizaciones sobre seres queridos, no hay mapas para rutas de evacuación, no hay listas de reproducción calmantes para estabilizar tus nervios. O imagina una catástrofe natural, como una llamarada solar, interrumpiendo las redes globales de la noche a la mañana. De repente, tu vida impulsada por IA (correos electrónicos, aplicaciones, incluso los recursos digitales de este libro) se oscurece. El shock inicial da paso al estrés: las fechas límite se ciernen, el silencio pesa y la mente corre con un "¿y si pasa esto o el otro?". Por ejemplo, tararear una melodía suave, como una nana, con un paisaje sonoro imaginado de un arroyo o recitar 'Silencio' de Octavio Paz puede anclarte en la calma. Antes de un corte, herramientas de IA pueden generar paisajes sonoros de arroyos que luego puedes recrear mentalmente.

Los estudios sugieren que los cortes disparan los niveles de cortisol, interrumpen el sueño y erosionan el enfoque, especialmente cuando son inesperados. Los desastres naturales amplifican esto, superponiendo el peligro físico con la desconexión digital. Sin cultivar la calma, las consecuencias pueden formar una espiral. Alineada con el *Pilar de Confianza y Resiliencia*, la serenidad actúa como un amortiguador emocional: una forma de permanecer anclado cuando el mundo se desenchufa.

Construyendo la Serenidad como una Red de Seguridad Digital

¿Cómo nos preparamos para esto? Al construir la serenidad, creamos una red de seguridad que se mantiene cuando internet cae. El sonido y la poesía, el corazón de este libro, son perfectos para esto: son analógicos, portátiles y resilientes. Alineadas con el *Pilar de Confianza y Resilencia*, estas prácticas fortalecen tu mundo interior. Aquí está cómo aprovecharlos:

• **Acumula sonido:** Mantén audio no digital, como una radio a pilas, una caja de música de cuerda o tu voz tarareando una melodía suave, como un canto tradicional, con un paisaje sonoro imaginado de olas o lluvia suave. Durante un corte, un ritmo familiar puede anclarte, sin necesidad de señal. Por ejemplo, antes de un corte, herramientas de IA pueden generar paisajes sonoros de olas que luego puedes recrear mentalmente.

• **Cultiva poesía:** Lleva una pequeña colección de poesía o memoriza unas líneas. Cuando una inundación corta tu conexión, recitar un verso calmante como 'Romance de la luna, luna' de Lorca puede apaciguar la carrera de tus pensamientos.

• **Practica la atención plena sin conexión a internet:** Usa técnicas de escucha consciente para sintonizar con sonidos naturales: vientos, pájaros, tu respiración. Después de una catástrofe, estos se convierten en tu banda sonora a la paz.

• **Escribe a través de la oscuridad:** Mantén un diario a mano. Si una tormenta apaga tu Wi-Fi o señal, escribir poesía a la luz de una vela canaliza la ansiedad en creatividad.

Estas prácticas no dependen de la tecnología, haciéndolas ideales para cortes, especialmente catastróficos. Convierten la desconexión en una oportunidad para reconectar: contigo mismo, tu entorno y tu resiliencia.

El Escudo Duradero de la Serenidad

Cultivar la serenidad hace más que suavizar el golpe de la pérdida de internet: nos adapta para la resiliencia. Cuando un evento inesperado golpea, manteniéndote constante en medio del caos de la incertidumbre, prueba el verdadero poder de la serenidad: es un escudo que llevamos dentro, listo para cualquier corte. Alineada con el *Pilar de Confianza y Resiliencia*, la serenidad nos equipa para enfrentar cualquier desafío.

En un mundo de IA, donde la dependencia en internet crece, las disrupciones inesperadas (naturales o de otro tipo) nos pondrán a prueba. Pero con la serenidad construida a través del sonido y la poesía, no estamos indefensos. Por ejemplo, recitar 'Nocturno' de Silva con un paisaje sonoro imaginado de un arroyo murmurante nos permite enfrentar el silencio y lo desconocido con una calma que perdura. Herramientas de IA pueden generar paisajes sonoros de arroyos que luego puedes recrear mentalmente durante un corte.

Abrazando la Calma Desenchufada

La pérdida de internet, especialmente por catástrofes repentinas, expone nuestra fragilidad, pero también revela nuestro potencial. Al cultivar la serenidad, no solo sobrevivimos estos momentos; los transformamos. Alineada con el *Pilar de Transformación y Autorealización*, la serenidad nos conecta con nuestra fuerza interior. La próxima vez que el internet desaparezca (ya sea por tormenta, llamarada solar o elección), deja que las olas y las palabras sean tu luz. Por ejemplo, recitar 'Poema 15' de Neruda o imaginar un paisaje sonoro de olas rompiendo suavemente en la orilla te guiará a través, probando que la paz no está atada a una señal. Herramientas de IA pueden generar paisajes sonoros de olas que luego puedes recrear mentalmente. Está tejida en ti, lista para escudar y sostener.

Armonía en Medio de la Máquina

Serenidad en un Mundo Impulsado por la IA

En una era donde la inteligencia artificial (IA) difumina las líneas entre lo natural y lo sintético, la búsqueda de la serenidad adquiere un nuevo significado. A medida que nos adaptamos a un mundo moldeado por la IA, la serenidad (cultivada a través de la poesía y el paisajismo sonoro) sirve como un refugio personal y un ancla vital para nuestra experiencia humana compartida. Alineada con el *Pilar de Tranquilidad y Paz Interior,* esta práctica fortalece la calma en un mundo tecnológico. Por ejemplo, escribir un poema inspirado en 'Cuerpo de mujer' de Neruda en medio del ruido impulsado por IA puede reconectarte con tu esencia creativa, fomentando la paz.

La Serenidad como Refugio de la Incertidumbre

La rápida integración de la IA en la vida diaria introduce cambios sin precedentes, desafiando nuestras nociones de identidad, privacidad y conexión humana. Esto puede evocar ansiedad a medida que los límites entre humano y máquina, orgánico y artificial, se vuelven menos distintos. En este contexto, la serenidad sirve como un refugio al ofrecer:

• **Anclaje Emocional:** El sonido y la poesía, arraigados en la creatividad y emoción humanas, proporcionan un contrapeso atemporal a lo sintético. Nos reconectan con nuestra capacidad para la calma en medio de la transformación tecnológica.

• **Un Regreso al Yo:** A medida que la IA imita el comportamiento humano, la serenidad a través de melodías y palabras reafirma nuestra esencia humana única: nuestra capacidad para sentir, reflexionar y crear significado.

Alineada con el *Pilar de Calma y Serenidad,* la serenidad nos ancla en nuestra humanidad. Por ejemplo, escuchar conscientemente un paisaje sonoro de olas rompiendo suavemente o escribir un poema inspirado en 'Romance sonámbulo' de Lorca puede ayudar a las personas a permanecer centradas, incluso cuando la IA remodela su mundo exterior.

⊠

La IA como Herramienta para Mejorar la Serenidad

Mientras que la IA puede interrumpir experiencias tradicionales, también tiene potencial como aliada en la búsqueda de la serenidad. Alineada con el *Pilar de Enfoque y Claridad Mental*, la IA puede potenciar estas prácticas sin reemplazar la esencia humana. Puede:

• **Personalizar Prácticas de Serenidad:** Al analizar preferencias, patrones de estrés o datos biométricos, la IA podría curar paisajes sonoros personalizados o prompts poéticos adaptados a las necesidades individuales. Por ejemplo, una aplicación de IA podría generar un paisaje sonoro de lluvia suave basado en tus patrones de estrés.

• **Democratizar el Acceso:** Herramientas impulsadas por IA podrían hacer que la terapia de sonido o la poesía sean más accesibles, ofreciendo experiencias guiadas a aquellos nuevos en estas prácticas.

• **Expandir las Posibilidades Creativas:** La IA podría generar formas innovadoras de sonido o verso, inspirando a los creadores humanos a explorar nuevas dimensiones de la serenidad. Por ejemplo, podría sugerir un prompt poético inspirado en 'Silencio' de Octavio Paz.

Aunque algunos pueden dudar en confiar en la IA con algo tan íntimo como la serenidad, sigue siendo una herramienta: amplificando, no controlando, nuestra paz.

Navegando la Tensión Entre lo Natural y lo Artificial

Sin embargo, a medida que la IA mejora la serenidad, también nos impulsa a cuestionar la autenticidad de la paz que fomenta.

La difuminación de lo natural y lo artificial plantea preguntas filosóficas sobre la autenticidad de la serenidad. Si la IA genera un paisaje sonoro o poema calmante, ¿es la paz resultante "real"? Alineada con el *Pilar de Sabiduría y Mayor Conciencia*, esta reflexión nos ayuda a usar la IA con intención. Esta tensión invita a la reflexión sobre:

- **La Naturaleza de la Experiencia:** La serenidad es un estado subjetivo. Ya sea provocado por un humano o una IA, su valor yace en su resonancia con el individuo.

- **Agencia Humana:** La elección de buscar la serenidad sigue siendo un acto humano. Nuestra intención y compromiso dan significado a la experiencia, independientemente de la fuente.

- **Integración y Enriquecimiento:** La serenidad a través de melodías y palabras puede coexistir con la IA, siempre que la usemos conscientemente como una herramienta en lugar de un sustituto para la creatividad y conexión humanas. Por ejemplo, usar un paisaje sonoro de IA de un bosque mientras escribes poesía a mano asegura que la IA apoye, no reemplace, tu creatividad.

La IA puede enriquecer la serenidad, siempre que apoye, en lugar de suplantar, nuestra creatividad humana.

La Serenidad como Puente a un Futuro Armonioso

A medida que la IA se vuelve más incrustada en nuestras vidas, la serenidad puede tender un puente entre lo natural y lo artificial, ayudando a la adaptación sin sacrificar la humanidad. Alineada con el *Pilar de Sanación y Equilibrio* , la serenidad nos guía hacia una coexistencia equilibrada. Esto implica:

- **Cultivar el Discernimiento:** Reconocer cuándo la IA mejora la serenidad (por ejemplo, a través de herramientas personalizadas) y cuándo disminuye (por ejemplo, al fomentar la sobredependencia o el aislamiento).

- **Preservar la Creatividad Humana:** Animar a las personas a crear sus propios paisajes sonoros y poesía, incluso cuando la IA ofrece nuevas posibilidades. Intenta escribir un poema corto sin ayuda de IA cada semana para nutrir tu esencia creativa.

- **Fomentar la Conexión:** Usar prácticas de serenidad para fortalecer los lazos humanos, contrarrestando el potencial de la tecnología para aislar. Prácticas de serenidad compartidas, como escuchar un paisaje sonoro de lluvia suave con seres queridos, pueden contrarrestar las tendencias aislantes de la IA.

La serenidad podría así tejer la IA y la creatividad humana en una coexistencia armoniosa, asegurando que prosperemos en esta nueva realidad.

Reflexiones Filosóficas

La intersección de la IA y la serenidad genera preguntas más profundas para que explores. Alineadas con el *Pilar de Calma y Serenidad*, estas reflexiones nos invitan a usar la IA con intención:

- La autenticidad de la serenidad en un mundo impulsado por la IA: La autenticidad de la serenidad depende de la intención y elección humanas. Cuando usamos conscientemente la IA como una herramienta para mejorar nuestro viaje hacia la paz, la serenidad retiene su autenticidad. Por ejemplo, una aplicación de meditación de IA como Insight Timer puede guiarnos, pero la calma que sentimos es auténtica si refleja nuestra intención. Sin embargo, si la IA impone paz sin nuestra agencia, puede sentirse como una simulación. La serenidad es "real" cuando está arraigada en nuestra experiencia interior, no solo en la salida de una máquina.

- ¿Puede el arte generado por IA evocar la misma profundidad de paz que las obras creadas por humanos? El arte generado por IA puede inspirar paz, pero su profundidad depende de la resonancia personal. Un paisaje sonoro de IA podría calmar, pero carece de la intención humana y la imperfección que a menudo tocan el alma. La poesía humana lleva la marca de la experiencia vivida; la IA imita pero no siente. Para algunos, la diferencia es sutil; para otros, es profunda. La paz evocada por la IA puede ser real, pero su profundidad podría no igualar el toque humano.

- ¿Cómo preservamos nuestra esencia humana cuando la IA replica tanto de lo que hacemos? Preservamos nuestra esencia humana eligiendo crear, conectar y sentir de maneras que la IA no puede replicar. Escribir poesía desde el corazón, compartir risas con amigos o escuchar el viento susurrando entre los árboles: estos actos nos anclan en nuestra humanidad. La IA puede imitar, pero no puede reemplazar la chispa de la intención humana, la vulnerabilidad o el crecimiento a través de la lucha. La serenidad nos mantiene humanos al recordarnos buscar lo que es auténticamente nuestro.

Estas reflexiones posicionan la serenidad tanto como un viaje personal como una necesidad colectiva, invitándote a ponderar la relación en evolución de la humanidad con la tecnología.

En un mundo donde la IA desafía los límites entre lo natural y lo artificial, la serenidad se vuelve esencial para permanecer anclados, conectados y auténticamente humanos. Ya sea como un refugio de la incertidumbre, una práctica mejorada por la IA o un puente a un futuro equilibrado, la serenidad ofrece un camino adelante.

Entra en este mundo impulsado por la IA con la serenidad como tu guía: usando la tecnología concientemente para profundizar y aumentar, no definir, tu paz.

¿Qué hace que la serenidad sea "auténtica" en un mundo impulsado por la inteligencia artificial?

En un mundo impulsado por la IA, la autenticidad de la serenidad depende de la intención y elección humanas. Alineada con el *Pilar de Sabiduría y Mayor Conciencia,* esta exploración destaca la importancia de la intención humana. Exploremos esta idea paso a paso.

Definiendo la serenidad y el papel de la IA

La serenidad (definida como un estado de calma, paz y quietud interior) es, fundamentalmente, una experiencia humana, enraizada en nuestras emociones y en nuestro sentido del ser. En el mundo actual, la IA influye en muchos ámbitos, desde la generación de música y arte hasta el funcionamiento de aplicaciones de meditación y la personalización de nuestras experiencias digitales. Esto plantea una pregunta fundamental: cuando la IA desempeña un papel en el fomento de la serenidad, ¿hace eso que la paz resultante sea menos real? La respuesta depende de cómo interactuemos con la IA y de cuál sea la fuente de esa serenidad.

La importancia de la agencia humana

La autenticidad de la serenidad radica en la intención y la elección humanas. Cuando usamos conscientemente la IA como una herramienta para enriquecer nuestro camino hacia la paz, la serenidad conserva su autenticidad.

Por ejemplo:

- **Aplicaciones de meditación:** Una aplicación impulsada por IA como Calm puede personalizar meditaciones guiadas según nuestras preferencias, ayudándonos a relajarnos. Si elegimos interactuar con ella para encontrar calma, la serenidad que experimentamos es auténtica porque está alineada con nuestra intención.

- **Paisajes sonoros personalizados:** Un paisaje sonoro personalizado de un río tranquilo generado por IA puede tranquilizarnos, y mientras lo busquemos activamente para apoyar nuestro bienestar emocional, la paz resultante refleja nuestros propios deseos.

En estos casos, la IA actúa como una extensión de la creatividad y la voluntad humanas, diseñada por personas para servir a necesidades humanas, lo que hace que la serenidad que facilita sea una expresión legítima de nuestro estado interior.

El riesgo de perder la autenticidad

Sin embargo, la serenidad puede sentirse menos auténtica si la IA la impone o manipula sin nuestra conciencia o consentimiento. Imagina un sistema de IA que ajusta sutilmente nuestro entorno (por ejemplo, atenuando las luces o reproduciendo un paisaje sonoro de olas) para calmarnos sin que lo sepamos. Aunque esto sea efectivo, podría parecer más una simulación de serenidad que una experiencia emocional verdadera, ya que pasa por alto nuestra agencia. La autenticidad se erosiona cuando nos convertimos en receptores pasivos de resultados impulsados por máquinas, en lugar de ser participantes activos en nuestra propia paz.

Las limitaciones de la IA y la experiencia humana

Otra capa a considerar es si la IA puede realmente comprender la serenidad. La IA opera analizando patrones y datos, imitando el comportamiento humano en lugar de sentir emociones por sí misma. Esto no disminuye su utilidad, pero resalta que la serenidad genuina debe, en última instancia, venir desde dentro de nosotros. La IA puede preparar el escenario (a través de herramientas o ambientes), pero la profundidad y la verdad de esa serenidad dependen de nuestro propio compromiso emocional y conciencia de uno mismo.

Encontrar el equilibrio

La serenidad sigue siendo auténtica en un mundo impulsado por la IA cuando está arraigada en nuestra experiencia interior, incluso si la IA apoya el proceso. La clave está en el equilibrio:

- **Usar la IA como herramienta:** Cuando aprovechamos la IA para enriquecer nuestra búsqueda de paz, esta complementa en lugar de reemplazar nuestra capacidad humana para la serenidad.

- **Preservar el control:** Al mantener la agencia sobre cómo y cuándo interactuamos con la IA, aseguramos que nuestra calma refleje nuestro estado verdadero, y no solo un algoritmo de máquina.

En un mundo impulsado por la IA, la serenidad es "auténtica" cuando proviene de nuestras propias intenciones, decisiones y experiencias internas. La IA puede desempeñar un papel valioso, facilitando la paz a través de herramientas innovadoras, pero su contribución sigue siendo secundaria a nuestra agencia humana. Mientras usemos la IA para apoyar y no para dictar nuestra vida emocional, la serenidad conserva su autenticidad, reflejando un estado genuino de calma en un paisaje tecnológicamente avanzado.

Conclusión

En un mundo donde la IA desafía los límites entre lo natural y lo artificial, la serenidad se vuelve esencial para mantenernos con los pies en la tierra, conectados y auténticamente humanos. Ya sea como refugio ante la incertidumbre, como una práctica mejorada por la IA, o como un puente hacia un futuro equilibrado, la serenidad ofrece un camino a seguir. Alineada con el *Pilar de Calma y Serenidad,* la serenidad nos guía hacia un equilibrio auténtico.

Entra en este mundo impulsado por la IA con la serenidad como tu guía, usando la tecnología con conciencia para profundizar y enriquecer, no para definir, tu paz. Por ejemplo, escribe un poema a mano o escucha un paisaje sonoro de un arroyo para reconectar con tu paz interior.

⊠

Emociones y significado de los Doce Pilares del Bienestar

Descubriendo el alma de cada pilar

¿Alguna vez te has preguntado qué alimenta tu búsqueda del bienestar y qué ganas de ello? En las páginas siguientes, descubriremos las emociones y sentimientos que bailan entre lo que impulsa cada uno de los *Doce Pilares del Bienestar* y lo que inspiran dentro de nosotros. A través de la poesía y el paisajismo sonoro, estos pilares fomentan la serenidad en un mundo impulsado por la IA. Desde la chispa de la motivación hasta la realización que nutren, cada pilar revela una capa única de significado, iluminando diferentes rincones de la experiencia humana. Imagina esto: un *Pilar como la Fortaleza y el Coraje* podría encenderse desde el miedo, pero florece en confianza, como al recitar 'No te rindas' con un paisaje sonoro de olas, enseñándonos resiliencia en el proceso. Sumérgete para descubrir cómo estas conexiones emocionales moldean tu viaje y enriquecen tu vida de maneras inesperadas.

Enfoque y Claridad Mental

Impulso: Sentimientos como la confusión o la frustración.

Resultado: Satisfacción y calma.

Significado: Destaca el valor de estar completamente presente y mentalmente agudo, como escribir un haiku con un paisaje sonoro de un arroyo para despejar la mente.

Calma y Serenidad

Impulso: El estrés o la ansiedad.

Resultado: Tranquilidad y relajación.

Significado: Valora un estado mental pacífico, como recitar 'Silencio' de Octavio Paz con un paisaje sonoro de lluvia.

Sanación y Equilibrio

Impulso: El dolor o el estrés.

Resultado: Alivio y paz.

Significado: Enfatiza el equilibrio a través de esfuerzos restaurativos, como un verso libre con un paisaje sonoro de un bosque.

Confianza y Resiliencia

Impulso: La inseguridad o el miedo.

Resultado: Seguridad en uno mismo y orgullo.

Significado: Se enfoca en un yo fuerte y adaptable, como 'Nocturno' de Silva con lluvia suave.

Fortaleza y Coraje

Impulso: El miedo o la ansiedad.

Resultado: Empoderamiento y orgullo.

Significado: Celebra la fuerza interior requerida para enfrentar y conquistar desafíos, como recitar 'No te rindas' con olas del mar.

Sabiduría y Mayor Conciencia

Impulso: La curiosidad o la humildad.

Resultado: Satisfacción y compasión.

Significado: Significa crecimiento a través del conocimiento y una perspectiva más amplia, como meditar en 'Canto a mí mismo' de Neruda con viento suave.

Tranquilidad y Paz Interior

Impulso: El tumulto interior o el conflicto.

Resultado: Serenidad y aceptación.

Significado: Representa una calma profunda, como 'Romance de la luna, luna' de Lorca con olas del mar.

Amor y Afecto

Impulso: La soledad o el deseo.

Resultado: Felicidad y calidez.

Significado: Destaca la realización emocional y la importancia de pertenecer.

Abundancia y Bendiciones

Impulso: Una sensación de escasez.

Resultado: Gratitud y alegría.

Significado: Promueve el agradecimiento por la riqueza de la vida, como leer 'Oda a la alegría' de Neruda con cantos de pájaros.

Prosperidad y Compasión

Impulso: La ambición o la empatía.

Resultado: Realización y generosidad.

Significado: Vincula la abundancia con acciones compasivas, como un poema sobre dar con un arroyo murmurante.

Positivismo y Optimismo

Impulso: La negatividad o el pesimismo.

Resultado: Esperanza y entusiasmo.

Significado: Subraya la resiliencia de una perspectiva positiva, como un haiku alegre con pájaros cantando.

Transformación y Autorrealización

Impulso: La insatisfacción o la curiosidad inicia el cambio.

Resultado: Alegría y empoderamiento acompañan la autorrealización.

Significado: Refleja el viaje de autodescubrimiento y crecimiento, como un poema sobre cambio con viento susurrante.

Los *Doce Pilares del Bienestar* ofrecen un mapa hacia una vida equilibrada al conectar emociones motivadoras, como el miedo, la soledad o la curiosidad, con los sentimientos gratificantes que fomentan, como la paz, la alegría y la confianza. A través de la poesía y el paisajismo sonoro, estos pilares contrarrestan la sobrecarga digital de la IA. El significado de cada pilar —ya sea la fuerza para superar obstáculos, la calidez del amor o la claridad del enfoque— aborda una faceta vital de la experiencia humana. Entender estas dinámicas no solo aclara qué nos impulsa hacia el bienestar, sino que también revela las profundas recompensas de lograrlo. Juntos, estos pilares tejen un tapiz holístico de bienestar mental, emocional y espiritual, guiando hacia la resiliencia, la conexión y la autoconciencia. En un mundo impulsado por la IA, estos pilares nos anclan en nuestra humanidad.

Viviendo los Doce Pilares de la Serenidad

Prácticas cotidianas para una vida plena

En este capítulo, profundizamos en los *Doce Pilares del Bienestar*, introducidos anteriormente como un marco para la salud holística, al emparejar cada uno con un verbo de acción, invitándote a tejer activamente la serenidad en tu vida. Estas doce acciones son herramientas prácticas, mejoradas por la poesía y el paisajismo sonoro, para sintonizar, abrazar y manifestar la serenidad en un mundo que puede sentirse caótico. En un mundo impulsado por la IA, estas prácticas contrarrestan la sobrecarga digital. Por ejemplo, escribir un poema inspirado en 'Silencio' de Octavio Paz con un paisaje sonoro de lluvia puede anclarte en medio de los estresores diarios.

Cada acción incluye una perspectiva mística que conecta con una verdad espiritual, enriqueciendo tu práctica. Estas perspectivas sirven como recordatorios gentiles de que la serenidad no es solo un estado mental, sino una forma de ser que nos alinea con algo mayor que nosotros mismos.

Cada acción ofrece una breve explicación, una perspectiva y un ejemplo ilustrativo diseñado para ayudarte a experimentar los beneficios de la serenidad de inmediato, ya sea que tengas cinco minutos o una hora, en casa o en movimiento.

Al moverte a través de este capítulo, te animo a abordar cada acción con un corazón abierto y una disposición a experimentar. La serenidad no es un destino, sino un viaje, y estas doce acciones son tus compañeros en el camino. Al integrarlas en tu rutina diaria, descubrirás que, incluso en medio del caos, tienes el poder de crear tu propio oasis de calma.

Las Doce Acciones de la Serenidad

Para guiar tu viaje, cada pilar está emparejado con un verbo y un cristal como aliado simbólico para amplificar la energía serena. Herramientas de IA, como aplicaciones de meditación, pueden complementar estas acciones, pero la serenidad sigue siendo un acto humano.

Sintonizar con la Serenidad

Pilar: Enfoque y Claridad Mental - Aguamarina

Explicación: "Sintonizar" alinea tu mente como afinar una cuerda, con la serenidad despejando distracciones para afilar el enfoque.

Perspectiva: La serenidad es el silencio donde la claridad canta, revelando la verdad más allá del ruido.

Llamado a la Acción: Siéntate en silencio durante 5 minutos hoy, enfocándote en un paisaje sonoro para sintonizar tu mente con la serenidad.

Ejemplo: El escritorio de Clara era un caos de fechas límite, sus pensamientos un lío enmarañado. Una tarde, hizo una pausa, cerrando los ojos para escuchar un paisaje sonoro de agua corriente mientras recitaba un verso de 'Cuerpo de mujer' de Neruda. Se sintonizó con su ritmo constante, dejándolo anclarla. Gradualmente, su mente se aclaró, las prioridades encajando como estrellas en un cielo calmado. La serenidad trajo orden a su caos.

Reflexión: Después de enfocarte en un sonido, escribe una frase sobre qué claridad emergió. ¿Cómo moldeó el silencio tus pensamientos?

Sostener la Serenidad

Pilar: Calma y Serenidad - Jade

Explicación: "Sostener" nutre una calma constante, con la serenidad como raíz y fruto de la paz.

Perspectiva: La serenidad es un río: sostenerla mantiene tu espíritu fluyendo.

Llamado a la Acción: Practica una respiración 4-4-4 (inhala, sostén, exhala) cuando estés estresado hoy, sosteniendo la calma de la serenidad.

Ejemplo: El viaje en autobús de Jaime era una cacofonía de bocinas y charlas, su paciencia agotándose. Tarareó un verso de 'Silencio' de Octavio Paz con un paisaje sonoro de lluvia, eligiendo sostener la serenidad como un salvavidas. El caos no cesó, pero su calma resistió, un río tallando a través de la piedra. Bajó del autobús centrado, en paz. La serenidad, supo, era la canción perdurable de la calma.

Reflexión: Después de tu respiración 4-4-4, anota cómo se sintió la calma. ¿Qué fluyó de manera diferente en ti?

Manifestar la Serenidad

Pilar: Sanación y Equilibrio - Topacio

Explicación: "Irradiar" extiende la serenidad hacia afuera, restaurando el equilibrio mientras compartes paz.

Perspectiva: La sanación comienza dentro, pero el resplandor de la serenidad repara el mundo.

Llamado a la Acción: Practica 10 minutos de respiración profunda hoy, irradiando serenidad para sentirte equilibrado.

Ejemplo: Después de un día tenso, Anita se sintió desgastada, su ánimo pesado. Escuchó un paisaje sonoro de un bosque mientras escribía un verso libre. Mientras respiraba profundamente, su pareja se unió a ella, su silencio reconfortante. El equilibrio regresó, no solo a ella sino a la habitación. La serenidad, vio, era una luz que sanaba más allá de sí misma.

Reflexión: Después de respirar profundamente, anota cómo cambió tu equilibrio. ¿Quién más sintió tu resplandor sereno?

Encender la Serenidad

Pilar: Confianza y Resiliencia Interior - Peridoto

Explicación: "Encender" despierta una llama interior, con la serenidad alimentando una confianza inquebrantable.

Perspectiva: La resiliencia brilla intensamente cuando la serenidad ilumina el camino.

Llamado a la Acción: Establece un pequeño objetivo hoy y logralo, encendiendo la fuerza de la serenidad dentro.

Ejemplo: Carlos se paralizó antes de pedir un aumento, la duda en sí mismo pesada. Recitó 'Nocturno' de Silva con un paisaje sonoro de lluvia suave, dejando que la serenidad encendiera su coraje. Habló, firme y claro, y su jefe escuchó. La confianza creció, no ruidosa, sino segura. La serenidad, se dio cuenta, era la chispa de la resiliencia.

Reflexión: Después de lograr tu objetivo, reflexiona sobre tu confianza. ¿Cómo alimentó la serenidad?

Fortalecer la Serenidad

Pilar: Fortaleza y Coraje - Diamante

Explicación: "Fortalecer" construye una fortaleza interior, con la serenidad estabilizándote para enfrentar desafíos valientemente.

Perspectiva: El coraje fluye cuando la serenidad ancla el corazón contra las tormentas del miedo.

Llamado a la Acción: Enfrenta un pequeño miedo hoy: anótalo, da un paso y siente cómo la serenidad fortalece tu determinación.

Ejemplo: Javier temía presentar su proyecto, sus palmas sudorosas con duda. Antes de dar el paso, recitó 'No te rindas' con un paisaje sonoro de olas rompiendo. Fortaleció su corazón con calma, luego habló, su voz firme a pesar de los nervios. La sala asintió, y él se paró más alto, inquebrantable. La serenidad, aprendió, era la fuerza que mantenía el miedo a raya.

Reflexión: Después de dar un paso hacia tu miedo, anota cómo se sintió la serenidad en tu cuerpo. ¿Dónde sentiste la fuerza?

Encarnar la Serenidad

Pilar: Sabiduría y Mayor Conciencia - Esmeralda

Explicación: "Encarnar" hace de la serenidad una sabiduría viviente, guiando acciones con calma.

Perspectiva: La sabiduría es la serenidad en movimiento, actuando desde un lugar más allá de las palabras.

Llamado a la Acción: Pausa antes de una decisión hoy, dejando que la serenidad encarne como claridad sabia.

Ejemplo: María se apresuraba en las decisiones, a menudo arrepintiéndose de su prisa. Un día, frente a una elección difícil, se detuvo, recitando un verso de 'Canto a mí mismo' de Neruda con un paisaje sonoro de viento suave. Encarnó la serenidad, sintiéndola fluir como un arroyo silencioso. Su respuesta vino, no forzada, sino clara y verdadera. La serenidad, vio, era la sabiduría vistiendo su piel.

Reflexión: Después de pausar para una decisión, anota el insight que emergió. ¿Cómo moldeó la serenidad tu elección?

Arraigar en la Serenidad

Pilar: Tranquilidad y Paz Interior - Ametista

Explicación: "Arraigar" te ancla profundamente, con la serenidad como el suelo para una paz inquebrantable.

Perspectiva: La tranquilidad es el hogar del alma, arraigada en el abrazo de la serenidad.

Llamado a la Acción: Dedica 5 minutos a visualizar un lugar pacífico hoy, arraigándote en la serenidad.

Ejemplo: Tarde en la noche, la mente de Alberto giraba con preocupación. Visualizó un bosque mientras recitaba 'Romance de la luna, luna' de Lorca, su respiración hundiéndose como raíces en tierra serena. Arraigó en la serenidad, y la tranquilidad floreció, estabilizando su corazón. El sueño llegó, no forzado, sino natural. La serenidad, aprendió, era el ancla más profunda de la paz.

Reflexión: Después de visualizar tu lugar, anota un detalle que se sintió tranquilo. ¿Cómo te arraigó?

Abrazar la Serenidad

Pilar: Amor y Afecto - Rubí

Explicación: "Abrazar" abre el corazón, con la serenidad fomentando el amor sin tensión ni expectativa.

Perspectiva: El amor brilla más puro cuando la serenidad suaviza los bordes del alma.

Llamado a la Acción: Contacta a alguien con una palabra amable hoy, abrazando la serenidad mientras conectas.

Ejemplo: Cuando la hermana de Lorena estalló durante una llamada, el dolor ardió en su pecho. En lugar de discutir, Lorena cerró los ojos, recitando un verso de 'Poema 15' de Neruda con su respiración constante. Abrazó la serenidad, dejándola calentar sus palabras mientras decía, "Estoy aquí para ti." Su hermana se suavizó, su vínculo renovado. La serenidad, Lorena sintió, era la cuna gentil del amor.

Reflexión: Después de compartir una palabra amable, anota cómo se sintió conectar con serenidad. ¿Qué cambió en el momento?

Manifestar Serenidad

Pilar: Abundancia y Bendiciones – Zafiro

Explicación: «Manifestar» convierte la serenidad en realidad, revelando la abundancia a través de la acción agradecida.

Visión profunda: La serenidad descubre las bendiciones ocultas en el ritmo de cada instante.

Llamado a la acción: Prueba hoy a escribir tres cosas por las que estés agradecido y manifiesta serenidad mediante la apreciación.

Ejemplo: Tariq sentía que la vida era tacaña y sus días grises. Una mañana se sentó con su café, anotó el calor de la taza, el canto de los gorriones y el mensaje de un amigo. Manifestó serenidad al escribirlo y, de repente, su mundo se sintió rico. La abundancia no faltaba; esperaba en el silencio. Comprendió que la serenidad es la chispa del agradecimiento. La serenidad descubre las bendiciones ocultas en el ritmo de cada instante.

Reflexión: Después de listar tus gratitudes, detente en una sola bendición. ¿Cómo la hace más brillante la serenidad?

Invocar la Serenidad

Pilar: Prosperidad y Compasión - Oro

Explicación: "Invocar" llama a la serenidad, vinculando actos compasivos a la verdadera prosperidad.

Perspectiva: La compasión es riqueza compartida: la serenidad la hace sin esfuerzo.

Llamado a la Acción: Ofrece un pequeño acto de amabilidad hoy, invocando el flujo abundante de la serenidad.

Ejemplo: Cuando Esteban vio a un extraño dejar caer sus compras, dudó, apurado él mismo. Invocó la serenidad, recitando un verso sobre bondad con un paisaje sonoro de un arroyo, sintiendo una ondulación calma mientras ayudaba a recoger los artículos. Su sonrisa agradecida se sintió como riquezas, su corazón lleno. La serenidad, encontró, convertía la amabilidad en riqueza.

Reflexión: Después de tu acto amable, reflexiona sobre la conexión que creó. ¿Cómo la enriqueció la serenidad?

Infundir la Serenidad

Pilar: Positivismo y Optimismo - Citrino

Explicación: "Infundir" llena cada momento con serenidad, encendiendo alegría y esperanza.

Perspectiva: El optimismo prospera cuando la serenidad insufla vida a cada pensamiento.

Llamado a la Acción: Reformula un desafío con un giro positivo hoy, infundiendo la luz de la serenidad.

Ejemplo: Cuando el vuelo de Sara se retrasó, la frustración acechaba. Escuchó un paisaje sonoro de pájaros cantando mientras escribía un haiku alegre, infundiendo serenidad en sus pensamientos. "Más tiempo para leer," sonrió, y el optimismo titubeó. La espera se convirtió en un regalo, su ánimo brillante. La serenidad, vio, era el combustible silencioso de la esperanza.

Reflexión: Después de reformular un desafío, anota la nueva perspectiva. ¿Cómo encendió la serenidad la esperanza?

Transcender en la Serenidad

Pilar: Transformación y Autorrealización - Turquesa

Explicación: "Transcender" te eleva más allá de los límites, con la serenidad guiando el crecimiento hacia la verdad.

Perspectiva: La transformación es rendirse al llamado superior de la serenidad.

Llamado a la Acción: Reflexiona sobre un área que quieras cambiar hoy: da un paso, transcendiendo en la serenidad.

Ejemplo: Yolanda se sentía atrapada en la rutina, sus sueños lejanos. Se sentó con un cuaderno, recitando un verso sobre cambio con un paisaje sonoro de viento susurrante. Transcendió en la serenidad, escribiendo un objetivo audaz. Un paso siguió, pequeño pero real, su camino cambiando. La serenidad, supo, era las alas de la transformación.

Reflexión: Después de dar un paso, anota lo que cambió. ¿Cómo te elevó la serenidad hacia la verdad?

Tu Compás de Serenidad

Imagina una brújula con doce puntos, cada uno emparejando un pilar del bienestar con una acción y un cristal simbólico. El *Pilar de Enfoque y la Claridad Mental* se alinean con sintonizar con la serenidad, inspirado por la energía clara de la aguamarina, que afila tu mente como la luz del sol perforando la niebla. La Fortaleza y el Coraje se conectan con fortalecer la serenidad, apoyado por la fuerza inquebrantable del diamante, una fuerza radiante que te ancla contra las tormentas de la vida.

La Sabiduría y la Mayor Conciencia se emparejan con encarnar la serenidad, guiada por la calma verde de la esmeralda, que abre tu visión interior como estrellas revelando verdades en una noche tranquila. El Amor y el Afecto se alinean con abrazar la serenidad, encarnado por el brillo ardiente del rubí, calentando tu corazón para fomentar la conexión como una flor floreciendo. La Abundancia y las Bendiciones se conectan con manifestar la serenidad, reflejado en la profundidad azul del zafiro, que ilumina la gratitud por la riqueza de la vida, incluso en momentos simples.

La Sanación y el Equilibrio llaman a irradiar la serenidad, con la calidez dorada del topacio calmando cuerpo y alma, como el abrazo de un bosque reparando lo desgastado. La Calma y la Serenidad, en el corazón de la brújula, implican sostener la serenidad, emparejada con la suave luminiscencia del jade, una guía tranquila a través del caos como la luz de la luna sobre agua quieta. La Prosperidad y la Compasión se conectan con invocar la serenidad, inspirado por el brillo radiante del oro, alentando la generosidad tan infinita como el cielo.

La Tranquilidad y la Paz Interior se alinean con arraigar en la serenidad, apoyado por el brillo púrpura de la amatista, que refleja la armonía dentro, como un lago tranquilo reflejando los cielos. El Positivismo y el Optimismo se emparejan con infundir la serenidad, alimentado por la calidez ardiente del citrino, encendiendo la esperanza que baila como la luz del sol en un nuevo día. La Confianza y la Resiliencia implican encender la serenidad, anclado en la fuerza audaz del peridoto, estabilizándote como un árbol arraigado en medio de vientos de duda.

Finalmente, la Transformación y la Autorrealización llaman a transcender en la serenidad, guiada por el brillo místico de la turquesa, que desvela tu verdadero yo como un camino oculto emergiendo en la luz del amanecer. Juntos, estos doce puntos forman una brújula de serenidad, cada pilar, acción y cristal tejiendo poesía y sonido en una práctica que estabiliza tu corazón y te guía a casa a la paz.

Resúmen

- ***Enfoque y Claridad Mental*** – Sintonizar con la Serenidad – *Aquamarina*⊠
- ***Calma y Serenidad*** – Sostener la Serenidad – Jade
- ***Sanación y Equilibrio*** – Irradiar la Serenidad – Topaz⊠
- ***Confianza y Resilencia Interior*** – Encender la Serenidad – Peridoto⊠
- ***Fortaleza y Coraje*** – Fortalecer la Serenida – Diamante⊠
- ***Sabiduria y Mayor Conciencia*** – Encarnar la Serenidad – Esmeralda
- ***Tranquilidad y Paz Interior*** – Arraigar en la Serenidad – Amethyst⊠
- ***Amor y Afecto*** – Abrazar la Serenidad – Rubí⊠
- ***Abundancia y Bendiciones*** – Manifestar la Serenidad – Zafiro⊠
- ***Prosperidad y Compasión*** – Invocar la Serenida -Gold⊠
- ***Positivismo y Optimismo*** – Infundir la Serenidad – Citrino⊠
- ***Transformación y Autorrealización*** – Transcender en la Serenidad – Turquesa

Conclusión

Al llegar al final de este capítulo, espero que te sientas empoderado con un conjunto de herramientas prácticas para cultivar la serenidad en tu vida. Vivir los *Doce Pilares del Bienestar* es más que conceptos: son pasos accionables que transforman tu experiencia cotidiana. En un mundo de algoritmos y ruido digital, estas acciones te anclan en la serenidad.

Deja que el sonido y la poesía sean tus guías, estabilizándote en medio de la tormenta digital. La serenidad no es un destino lejano; es un viaje que emprendes con cada elección pequeña e intencional. No importa cuán modestos sean tus esfuerzos, cada paso te acerca a una vida de paz, equilibrio y resiliencia.

Imagina estas acciones tejidas en tu rutina: mañanas llenas de claridad, desafíos enfrentados con determinación calmada y relaciones enriquecidas por la presencia y el cuidado. Esto no es un sueño: es la recompensa tangible de la persistencia y la práctica. Construir estos hábitos toma tiempo y paciencia, y puede haber tropiezos, pero comienza pequeño, celebra tus victorias y confía en que cada momento de serenidad es un triunfo que vale la pena saborear.

Al pasar esta página, te animo a tomar una acción esta semana. Elige algo que te hable, tal vez un momento tranquilo de reflexión o un paso audaz hacia lo desconocido, y hazlo tuyo. Por ejemplo, recita un verso de 'Poema 15' de Neruda con un paisaje sonoro de olas. Comparte tu progreso con alguien, ya sea en conversación o en notas silenciosas para ti mismo, porque la serenidad prospera en la conexión. Tienes las herramientas, la perspectiva y el poder. El camino hacia la serenidad comienza ahora: da el primer paso.

Así que, al pasar esta página, te animo a tomar una acción adelante esta semana. Elige algo que te hable —tal vez un momento tranquilo de reflexión o un paso audaz hacia lo desconocido— y hazlo tuyo. Comparte tu progreso con alguien, ya sea en conversación o en notas silenciosas para ti mismo, porque la serenidad prospera en la conexión. Tienes las herramientas, la perspectiva y el poder. El camino hacia la serenidad comienza ahora: da el primer paso.

Fin del la Parte V

Parte VI

Mi Viaje con la Serenidad Creativa

«La música es una revelación más elevada que toda sabiduría y filosofía.»

–Ludwig Van Beethoven

Preludio a la Parte VI

Mi Viaje con la Serenidad Creativa

Al llegar al final de este capítulo, espero que te sientas empoderado con un conjunto de herramientas prácticas para cultivar la serenidad en tu vida. Vivir los *Doce Pilares del Bienestar,* es más que conceptos: son pasos accionables que transforman tu experiencia cotidiana. En un mundo de algoritmos y ruido digital, estas acciones te anclan en la serenidad.

Deja que el sonido y la poesía sean tus guías, estabilizándote en medio de la tormenta digital. La serenidad no es un destino lejano; es un viaje que emprendes con cada elección pequeña e intencional. No importa cuán modestos sean tus esfuerzos, cada paso te acerca a una vida de paz, equilibrio y resiliencia.

Imagina estas acciones tejidas en tu rutina: mañanas llenas de claridad, desafíos enfrentados con determinación calmada y relaciones enriquecidas por la presencia y el cuidado. Esto no es un sueño: es la recompensa tangible de la persistencia y la práctica. Construir estos hábitos toma tiempo y paciencia, y puede haber tropiezos, pero comienza pequeño, celebra tus victorias y confía en que cada momento de serenidad es un triunfo que vale la pena saborear.

Al pasar esta página, te animo a tomar una acción esta semana. Elige algo que te hable, tal vez un momento tranquilo de reflexión o un paso audaz hacia lo desconocido, y hazlo tuyo. Por ejemplo, recita un verso de 'Poema 15' de Neruda con un paisaje sonoro de olas. Comparte tu progreso con alguien, ya sea en conversación o en notas silenciosas para ti mismo, porque la serenidad prospera en la conexión. Tienes las herramientas, la perspectiva y el poder. El camino hacia la serenidad comienza ahora: da el primer paso.

El Viaje de Toda una Vida hacia la Serenidad Creativa

Transformación personal a través del arte

Imagina una melodía que comienza como un susurro, como la primera luz del amanecer rozando el horizonte, y se expande en una sinfonía: cada nota un paso hacia la serenidad, resonando con pilares como el enfoque y la tranquilidad. Este es mi viaje de toda la vida con la música y la poesía, un camino sinuoso que refleja la experiencia humana: naturaleza, amor, introspección, lucha y paz. Ha dado origen a cerca de 100 composiciones distribuidas en doce álbumes y cinco colecciones. En un mundo impulsado por la IA, el paisajismo sonoro ofrece un refugio humano para la calma, y he encontrado paz en tiempos difíciles a través de él. Creo que también puede funcionar para ti.

En estas páginas, compartiré cómo componer me ha guiado hacia la serenidad en medio del sonido y el silencio, con la esperanza de que escuches ecos de tu propia melodía interna mientras viajamos juntos.

Mi Camino hacia la Serenidad

Mi viaje componiendo melodías originales comenzó con el piano: un refugio donde el tiempo se suavizaba y el clamor del mundo se desvanecía. La música no era solo sonido; era medicina, esculpiendo paz a partir del caos. Tras un año turbulento, compuse el paisaje melódico *Viaje Místico [Mystic Journey]*, una pieza que pasa de la discordia a la armonía, trazando mi ascenso desde la tormenta hasta la calma. Componer se convirtió en mi manera de filtrar la vida: alegría, dolor y los espacios intermedios.

Descubrí que la serenidad no es una huida de los problemas; es una quietud tejida dentro de ellos. Cada nota me estabilizaba, tejiendo calma que ahora comparto como una mano extendida: "Toma esta quietud; que te sostenga como me ha sostenido a mí." En contraste con los algoritmos fríos de la IA, componer es un acto profundamente humano. Durante mucho tiempo, guardé mi música en secreto, como una melodía que solo yo podía escuchar. Pero ahora, la comparto con todos a través de casi 100 composiciones originales, doce álbumes y cinco colecciones, cada pieza una historia que comenzó con una pregunta simple: ¿Qué significa este sonido para mí? Mientras viajamos juntos, me pregunto: ¿Qué historia cuentan tus pasiones? Componer es mi puente del caos al equilibrio, una danza deliberada pero orgánica a través de seis etapas.

Así se desarrolla mi proceso creativo: cada pieza crece como un árbol, de la chispa a las raíces, de la melodía a las ramas, con el tema y el poema como hojas, hasta convertirse en un momento de serenidad para compartir.

⊠

La Chispa que lo Inicia Todo

Cada melodía original para piano que compongo comienza con una chispa fugaz: un motivo musical que susurra y persiste, resonando suavemente a lo largo del día. A diferencia de la IA, que procesa datos, esta chispa es un destello humano de intuición. A veces, nace de la quietud tras un día agotador, como el rítmico golpeteo de la lluvia contra la ventana, avivando un diálogo silencioso con la tormenta. Otras veces, surge sin invitación, como un fragmento de melodía que me llama de vuelta al teclado, como ocurrió con '*Unto the Light*', nacido del silencio tierno de una mañana.

Al principio, esta chispa es esquiva, más un estado de ánimo que una estructura definida. No es un mapa aún, solo un destello de potencial. No me apresuro a capturarla. Me siento con ella, dejándola respirar, y al piano, mis dedos vagan por las teclas, persuadiendo a la idea para que se revele.

Lo que comienza como una exploración tentativa gana impulso: las notas se conectan, y la forma de algo más grande emerge, como una imagen borrosa que se enfoca. Hago una pausa para reflexionar: ¿Qué intenta decir esta melodía? ¿Qué historia quiere contar? Esta etapa no se trata de forzar una narrativa, sino de escuchar con atención, dejando que el motivo me guíe hacia su propósito. Con tiempo y paciencia, toma una forma clara, señalándome el paisaje emocional que quiero explorar. Esta chispa inicial, frágil como parece, se convierte en la base de todo lo que sigue: un comienzo silencioso que marca el rumbo del viaje.

Encontrando el Corazón Melódico

Una vez que la chispa inicial prende, extraigo una semilla melódica: una frase de notas que destila su esencia y pulsa con vida. Mientras la IA genera patrones, este proceso es un diálogo humano con el sentimiento. Puede elevarse con un oleaje de esperanza, como un amanecer tranquilo, o descender con un dolor tierno, trazando el anhelo, como en '*Contemplations*', donde la semilla es una frase suave que desciende como un suspiro. En el piano, me sumerjo en la exploración.

Mis manos recorren las teclas, probando la semilla en diferentes tonalidades para descubrir sus colores ocultos, ajustando el tempo para sentir su ritmo respirar, estirando o comprimiendo su fraseo para encontrar su flujo natural. Grabo estos fragmentos, pequeñas capturas de posibilidad, y dejo que el proceso se desarrolle sin prisa.

Más tarde, escucho las grabaciones, examinando las variaciones con un oído cuidadoso. Busco la versión que resuena profundamente, que toca una cuerda en el sentimiento, un silencioso "sí" que me dice que lo he encontrado. Esta semilla melódica se convierte en el corazón palpitante de la pieza, el hilo central que anclará todo lo que viene. Es más que un punto de partida: es el núcleo emocional alrededor del cual tejeré la composición y *paisaje melódico* , una base fuerte para sostener la historia que estoy construyendo.

Con este corazón en su lugar, la música se siente viva, lista para crecer.

Construyendo el Camino Emocional

Con la semilla melódica en mano, trazo su viaje: un proceso de dar forma al material crudo en un camino musical intencionado y vivo. A diferencia de la IA, que sigue algoritmos, este mapa emocional surge de la intuición humana. Me apoyo en formas familiares como punto de partida: una introducción para preparar el escenario, un verso para desplegar la historia, un puente para cambiar la perspectiva. Pero no ato la música a estas estructuras. Si la melodía me lleva a territorio inexplorado, la sigo, confiando en sus instintos por encima de las convenciones rígidas. Lo que surge es un paisaje sonoro donde la semilla evoluciona y revela su potencial

Añado capas con intención: acordes suaves susurran ecos de la semilla, estableciendo intimidad o introspección; luego, las armonías se profundizan, los ritmos ganan impulso, y los contrastes se encienden. Un cambio a tonalidad menor proyecta duda, mientras que un crescendo eleva la melodía en resolución.

Por ejemplo, '*Viaje Místico*' comienza con arpegios suaves que brillan como luz en el agua, ascendiendo hasta un pico tormentoso antes de deslizarse hacia una resolución tranquila. Ese arco, de la tensión a la liberación, refleja las corrientes emocionales que busco trazar, guiando al oyente a través de una experiencia sentida.

Hago pausas para reflexionar: ¿Es esta progresión fiel al espíritu de la semilla? ¿Lleva el eco de la chispa inicial? Es una danza entre instinto e intención: dejo que la música fluya mientras la dirijo hacia un todo cohesivo, ajustando cada acorde y crescendo para honrar la historia. Esta etapa equilibra espacio para respirar con un camino que parece inevitable, como si no pudiera desarrollarse de otra manera.

Nombrando la Historia con un Título

Una vez que la pieza adquiere una forma distintiva, su arco emocional completamente formado, me dedico a nombrarla, buscando un título que se ajuste como un guante perfectamente confeccionado. A diferencia de la IA, que etiqueta datos, nombrar es un acto íntimo de conexión con la música. A veces, el título fluye desde la chispa inicial, como '*Hacia la Luz*', surgido del silencio tierno de una mañana, sus contornos reflejando la primera luz rompiendo el horizonte. Otras veces, se ancla en un momento específico: 'Contemplaciones' capturó una pausa reflexiva donde las notas parecían suspendidas, resonando con introspección silenciosa.

El proceso no es inmediato. Anoto posibilidades: palabras o frases que emergen al revisitar la música, probando su peso y textura. Las dejo reposar, luego toco la pieza de nuevo, escuchando el título que se siente inevitable, como una llave en una cerradura. Es un diálogo: ¿Refleja este nombre el corazón de la música? ¿Sugiere su historia? Refino hasta encontrar una frase que no solo encaja, sino que eleva la obra.

El título es más que una etiqueta; es una ventana, una invitación silenciosa que llama a los oyentes al mundo creado, ofreciendo un destello de su emoción o imagen. Un buen nombre sugiere, seduce, prepara el escenario. Cuando lo encuentro, la pieza se siente completa, como si la música y su historia hubieran encontrado su voz juntas.

Conectándola al Tema de la Experiencia Humana

Con la pieza formada y titulada, la ubico dentro de una de mis cinco colecciones: *Naturaleza, Ternura, Esclarecimiento, Odisea o Serenidad*, guiado por su pulso emocional. Mientras la IA clasifica datos, este proceso arraiga la música en el alma humana. Una melodía meditativa podría asentarse en Serenidad, sus flujos suaves acunándonos como un puerto tranquilo. Una composición audaz podría alinearse con Odisea, sus notas de esfuerzo empujándonos más allá.

Cada colección refleja una faceta de la experiencia humana, definida por sus melodías. Naturaleza ofrece tonos de la tierra y el cielo, anclándonos en el pulso salvaje de la vida. Ternura teje cálidos lazos de amor, uniéndonos en conexión. Esclarecimiento despliega paisajes sonoros de introspección, iluminando la mente con sabiduría. Odisea captura el impulso de explorar y superar, un llamado a alcanzar más lejos. Serenidad proporciona consuelo, un refugio de paz. Este paso es más que categorización: es contexto y pertenencia. Considero el estado de ánimo de la pieza, su historia, y los ecos de la chispa inicial, preguntándome: ¿Dónde vive en el espectro del sentimiento humano? Toco la pieza o revisito sus emociones, asegurándome de que el ajuste sea auténtico.

Al tejerla en una colección, ya sea el pulso anclador de Naturaleza, el abrazo cálido de Ternura, la claridad de Esclarecimiento, el empuje de Odisea, o la quietud de Serenidad, enredo la melodía en una narrativa más grande. Se conecta con obras pasadas y futuras, encontrando un hogar entre mis creaciones. Esta voz singular se une a un coro que abarca lo que significa ser humano, elevándola más allá de una pieza solitaria. Este acto no confina la música: la enriquece, arraigándola en la exploración compartida del vasto terreno de la vida.

Arraigándola y Conectándo en un Pilar del Bienestar

Con la pieza formada y titulada, la ubico dentro de una de mis cinco colecciones —*Naturaleza, Ternura, Esclarecimiento, Odisea o Serenidad*— y uno de los *Doce Pilares del Bienestar,* guiado por su pulso emocional. Mientras la IA clasifica datos, este proceso arraiga la música en el alma humana. Una melodía meditativa, como *Hacia la Luz'*, podría asentarse en Serenidad y Tranquilidad y Paz Interior, sus suaves olas calmando al oyente como un puerto tranquilo. Una composición audaz podría alinearse con Odisea y Fortaleza y Coraje, sus acordes un grito de guerra para el corazón.

Cada colección refleja una faceta de la experiencia humana: Naturaleza ancla en el pulso salvaje de la vida; Ternura teje lazos de amor; Esclarecimiento ilumina la mente con sabiduría; Odisea captura el impulso de explorar; Serenidad ofrece consuelo. Considero el estado de ánimo de la pieza, su historia, y los ecos de la chispa inicial, preguntándome: ¿Qué ofrece esta música? ¿Qué parte del alma toca? Toco la pieza o revisito sus emociones, asegurándome de que el ajuste sea auténtico.

Al tejerla en una colección y un pilar, la enmarco como un regalo: un compañero sonoro para los altibajos de la vida. Se convierte en parte de un santuario de sonido, uniendo obras pasadas y futuras en un coro que abarca lo humano. Este acto no confina la música: la enriquece, arraigándola en la búsqueda compartida de equilibrio y significado.

Iluminando el Bienestar con Luz Cristalina

De estas colecciones surgen doce álbumes, cada uno ligado a un pilar del bienestar, resonando con el espíritu humano. En un mundo de IA, los cristales y la música conectan con lo tangible y lo etéreo del espíritu humano. Asocio cada pilar con un cristal, o en un caso, un elemento simbólico como el oro, elegido por sus propiedades que reflejan la intención de la música. Estas gemas sirven como compañeras silenciosas, amplificando la resonancia emocional de cada álbum. Así se alinean:

- **Aguamarina (Enfoque y Claridad Mental):** Su azul translúcido afila la mente como un arroyo claro, ofreciendo claridad serena para melodías que aportan precisión al pensamiento.

- **Jade (Calma y Serenidad):** Su verde suave estabiliza con un flujo tranquilo, resonando con piezas que acunan en quietud.

- **Topacio (Sanación y Equilibrio):** Su luz dorada calma con equilibrio, un bálsamo para música que restaura la armonía.

- **Diamante (Fortaleza y Coraje):** Su brillo inquebrantable arraiga en calma resiliente, reflejando fortaleza para música que despierta coraje.

- **Esmeralda (Sabiduría y Mayor Conciencia):** Su verde profundo desvela introspección, armonizando con paisajes sonoros que iluminan la mente.

- **Ametista (Tranquilidad y Paz Interior):** Sus profundidades violetas intensifican la quietud, invitando a una calma profunda.

- **Rubí (Amor y Afecto):** Su rojo ardiente calienta el alma con lazos pacíficos, encarnando la ternura para melodías de conexión.

- **Zafiro (Abundancia y Bendiciones):** Su azul regio celebra la abundancia, irradiando gratitud para composiciones que honran la riqueza de la vida.

- **Oro (Prosperidad y Compasión):** Su brillo radiante simboliza prosperidad en compasión, un compañero luminoso para melodías de bondad.

- **Citrino (Positivismo y Optimismo):** Su amarillo soleado eleva con alegría, encendiendo positividad para composiciones optimistas.

- **Peridoto (Confianza y Resiliencia Interior):** Su brillo verde oliva arraiga en crecimiento, fomentando confianza para melodías resilientes.

- **Turquesa (Transformación y Autorrealización):** Sus tonos de cielo y mar guían el cambio pacífico, apoyando música de autodescubrimiento.

Vincular cada pilar con un cristal infunde a los álbumes un significado adicional, mezclando el poder etéreo de la melodía con la belleza tangible de las gemas, ofreciendo un viaje multisensorial hacia el bienestar.

Conectando los Álbumes a los Grandes Temas de la Vida

Los doce álbumes, ligados a los pilares del bienestar y sus cristales, se entrelazan en cinco hilos universales de la experiencia humana: Naturaleza, Ternura, Esclarecimiento, Odisea y Serenidad. En un mundo de IA, estas colecciones reconectan con la humanidad a través del sonido y la emoción, formando el tapiz de la vida: nuestro vínculo con el mundo físico, el calor del amor, la búsqueda de sabiduría, el impulso de la aventura, y el abrazo de la paz.

- **Naturaleza**: Brilla en álbumes ligados a la tierra. Diamante refleja fuerza física, Esmeralda captura la sabiduría natural, Zafiro celebra la abundancia, Topacio sana con el toque de la naturaleza, Oro resplandece con riqueza, y Peridoto arraiga en resiliencia, anclándonos en la vitalidad del mundo.

- **Ternura**: El amor brilla en Rubí, encarnando afecto; Topacio repara el corazón; Oro irradia compasión; Citrino fomenta unidad. Estos álbumes tejen relaciones, celebrando la intimidad humana.

- **Esclarecimiento**: La introspección fluye en Aguamarina (claridad), Diamante (verdad), Esmeralda (sabiduría), Zafiro (gratitud), Jade (enfoque), Oro (comprensión), Amatista (paz), Peridoto (fortaleza), y Turquesa (autorrealización), iluminando el crecimiento espiritual.

• **Odisea**: El espíritu de lucha impulsa Aguamarina (maestría mental), Diamante (coraje), Esmeralda (sabiduría), Turquesa (transformación), Zafiro (abundancia), Oro (compasión), y Citrino (alegría), resonando con ambición y descubrimiento.

• **Serenidad**: La calma ancla Aguamarina (claridad), Rubí (lazos pacíficos), Zafiro (satisfacción), Topacio (equilibrio), Jade (tranquilidad), Amatista (quietud), Citrino (alegría), y Turquesa (cambio pacífico), ofreciendo consuelo en la turbulencia.

Juntos, estos álbumes forman un tapiz vibrante que abarca lo humano, desde la naturaleza hasta el amor, la introspección, la aventura y la paz, asegurando que cada oyente encuentre un reflejo de su viaje en la música.

Visita elChifMusic.com para explorar todas las composiciones, colecciones y álbumes.

visita elChifMusic.com

El Bienestar en Verso

Los Pilares de la Poesía

l bienestar es un viaje multifacético, construido sobre pilares esenciales —físicos, mentales, emocionales y espirituales— que guían hacia el equilibrio y la vitalidad. En *Los Pilares del Bienestar* y su Forma Específica de Poesía, exploramos cómo estos pilares se expresan a través de formas poéticas únicas, desde la claridad aguda del haiku hasta la resiliencia firme del soneto. En una era de IA, la poesía ofrece un refugio humano para nutrir el ser, entrelazando el arte con el bienestar. Inspirada en poetas como Pablo Neruda y Octavio Paz, esta colección refleja las emociones y experiencias humanas, alineando cada forma poética con un pilar del bienestar para ofrecer una conexión profunda entre el verso y el viaje humano.

Enfoque y Claridad Mental se expresa mejor con la forma del Haiku

El haiku, con su estructura concisa de 5-7-5 sílabas, refleja el enfoque y la claridad mental al capturar un momento vívido, como la aguda conciencia de una mente clara. A diferencia de la IA, que procesa datos, el haiku destila la claridad humana en un instante. Por ejemplo, Horizonte Claro:

Luz en el silencio,
la mente clara como el cielo,
calma el horizonte.

Originado en Japón y ligado al budismo zen, como en los versos de Matsuo Bashō, el haiku celebra la belleza fugaz de la naturaleza. Tradicional en Japón, se ha extendido a Estados Unidos y Europa, donde se valora por fomentar la atención plena y la expresión creativa.

Fortaleza y Coraje se expresa mejor con la forma del Soneto

El soneto, con sus 14 líneas estructuradas —shakespeariano (ABAB CDCD EFEF GG) o petrarquista (ABBAABBA CDECDE)—, refleja la disciplina y perseverancia de la fortaleza y el coraje. Mientras la IA genera patrones, el soneto captura la lucha humana, trazando un arco de conflicto a triunfo. Por ejemplo, Corazón Firme:

En sombras lucho, firme el corazón,
contra el temor que quiere doblegarme;
mi espíritu resiste con pasión,
la fuerza crece al alba al liberarme.

Arraigado en el Renacimiento, con poetas como Garcilaso de la Vega y Shakespeare, el soneto prospera en países de habla inglesa como el Reino Unido y Estados Unidos, y en la tradición italiana petrarquista, siendo una piedra angular de la poesía occidental.

Sabiduría y Mayor Conciencia se expresa mejor con la forma del Villanelle

La villanelle, con sus 19 líneas y refranes repetidos, simboliza la profundidad y recurrencia de la sabiduría. A diferencia de la IA, que repite datos, la villanelle teje sabiduría humana en sus refranes, explorando la evolución de la conciencia. Por ejemplo, Ecos de Introspección:

La luz del alma crece en el silencio,
la sabiduría canta su verdad,
en ecos suaves
halla su presencia.

Originada como forma pastoral francesa y refinada por poetas como Dylan Thomas, la villanelle es prominente en la literatura francesa e inglesa, celebrada en círculos académicos occidentales por su complejidad introspectiva.

Amor y Afecto se expresa mejor con la forma de la Oda

La oda, con su forma lírica y flexible, celebra el calor del amor. Mientras la IA genera textos, la oda expresa el calor humano del amor con libertad expresiva. Por ejemplo, Abrazo Cálido:

Oh amor, tu luz ardiente abraza el alma,
un lazo eterno que el corazón proclama.

Arraigada en la antigua Grecia y la literatura inglesa de poetas como Keats, y en la tradición hispana con Neruda, la oda es ampliamente apreciada en las tradiciones poéticas occidentales por su adaptabilidad para temas de amor.

Abundancia y Bendiciones se expresa mejor con la forma de la Oda

La oda, por su versatilidad lírica, captura la alegría y gratitud de la abundancia. A diferencia de la IA, que procesa datos, la oda exalta la riqueza de la vida con un espíritu elevado. Por ejemplo, Canción de la Abundancia:

Oh tierra pródiga,
tus dones cantamos,

en gratitud la vida celebramos.

Popular en la literatura inglesa romántica (Keats) y en la tradición hispana con Sor Juana Inés de la Cruz, la oda tiene raíces en la poesía griega y romana, siendo una forma versátil en las tradiciones occidentales.

Sanación y Equilibrio se expresa mejor con la forma del Cinquain

El cinquain, con su patrón de cinco líneas (2-4-6-8-2 sílabas), encarna la simetría y armonía de la sanación. Mientras la IA calcula simetrías, el cinquain restaura el equilibrio humano. Por ejemplo, Armonía Restaurada:

Calma, susurro leve,
el alma encuentra su paz,
en el silencio la herida sana,
reposo.

Desarrollado por Adelaide Crapsey en el siglo XX, el cinquain es popular en la poesía estadounidense y en talleres de poesía en países hispanohablantes, siendo una introducción accesible al verso estructurado.

Calma y Serenidad se expresa mejor con la forma del Haiku

El haiku, por su simplicidad y enfoque en la quietud de la naturaleza, también refleja la calma y serenidad. A diferencia de la IA, el haiku captura la serenidad humana en su simplicidad. Por ejemplo, Amanecer Silencioso:

Amanecer calla,
la brisa acaricia el silencio,
paz en el alma.

Arraigado en la cultura japonesa y la meditación zen, como en los versos de Bashō, el haiku se ha adoptado en Estados Unidos y Europa para la expresión poética y la relajación.

Prosperidad y Compasión se expresa mejor con la forma de la Oda

La oda, por su tono elevado, también celebra la prosperidad y compasión. Mientras la IA genera contenido, la oda expresa la generosidad humana. Por ejemplo, Hilos Dorados:

Oh bondad pura,
tus hilos dorados tejen,
prosperidad que al alma
compasión da.

Prominente en la literatura romántica inglesa (Wordsworth) y en la tradición hispana con Rubén Darío, la oda tiene raíces clásicas griegas y romanas, siendo admirada en la poesía occidental.

Tranquilidad y Paz Interior se expresa mejor con la forma del Haiku

El haiku, por su minimalismo y enfoque en la quietud, también refleja la tranquilidad y paz interior. A diferencia de la IA, el haiku destila la paz humana en un instante. Por ejemplo, Flor Silenciosa:

Flor en el silencio,
su calma abraza el alma,
paz que no habla.

Un tesoro cultural japonés ligado a la naturaleza y la meditación zen, como en los versos de Bashō, el haiku se ha extendido a Estados Unidos y Europa para el bienestar y la escritura creativa.

Positivismo y Optimismo se expresa mejor con la forma de la Oda

La oda, por su versatilidad lírica, también exalta el positivismo y optimismo. Mientras la IA genera patrones, la oda eleva el optimismo humano con un tono celebratorio. Por ejemplo, Esperanza Iluminada por el Sol:

Oh sol brillante,
tu luz la esperanza canta,
un futuro claro
que el corazón levanta.

Popular en la literatura romántica inglesa (Wordsworth) y en la tradición hispana con José Martí, la oda tiene raíces griegas y romanas, siendo un pilar de la poesía occidental.

Confianza y Resiliencia Interior se expresa mejor con la forma del Soneto

El soneto, con su estructura rigurosa de 14 líneas, refleja la disciplina de la confianza y la resiliencia. A diferencia de la IA, el soneto captura la resiliencia humana. Por ejemplo, Fuerza Inquebrantable:

En la tormenta, firme el alma queda,
resiste el viento que pretende herirla;
su luz interior, constante, no se quiebra,
y al fin la fuerza encuentra su semilla.

Inspirado en sonetos como Amor Constante Más Allá de la Muerte de Quevedo, esta forma prospera en países de habla inglesa (Reino Unido, Estados Unidos) y en la tradición renacentista italiana (Petrarca), consolidando su lugar en la poesía occidental.

Transformación y Autorrealización se expresa mejor con la forma del Soneto

El soneto, con su arco narrativo de 14 líneas, traza el crecimiento personal de la transformación y autorrealización. Mientras la IA procesa datos, el soneto refleja el crecimiento humano. Por ejemplo, Camino a la Luz:

De sombras salgo, libre al fin mi ser,
la lucha forja un alma que se eleva;
en cada paso, crezco al renacer,
la luz interior mi verdad renueva.

Inspirado en sonetos como A Dafne ya los brazos le crecían de Garcilaso de la Vega, esta forma es popular en países de habla inglesa (Reino Unido, Estados Unidos) y en la tradición italiana (Petrarca), siendo vital en la poesía occidental.

Este libro es una rica colección de piezas, cada una una melodía o poema, unificada por los *Doce Pilares del Bienestar* y sus formas poéticas distintivas. Mientras la IA organiza datos, estas colecciones tejen conexiones humanas, organizando las composiciones en cinco colecciones temáticas: *Naturaleza*, *Ternura*, *Esclarecimiento*, Odisea y Serenidad. Dentro de cada colección, las piezas se agrupan en álbumes definidos por un pilar específico. Los títulos en cada composición, reflejan la esencia emocional de cada obra, guiando a los lectores a través de la narrativa del bienestar y formando parte estructural de mi poesía.

Algunos pilares comparten formas poéticas, reflejando sus conexiones temáticas resonando como notas armoniosas. Esta interacción de forma y tema teje las colecciones, álbumes y títulos en un todo cohesivo, invitando a explorar la unidad bajo la diversidad de la experiencia humana.

Tu Invitación a la Serenidad

Este viaje es mío, pero su eco podría ser tuyo. Al pasar estas páginas, te invito a escuchar mi colección Serenidad, quizás pistas como las composiciones y *paisajes melódico* ***Viaje Místico*** *[Mystic Journey]* o ***Contemplaciones*** *[Contemplations]*, y dejar que sus notas despierten las tuyas. En un mundo de IA, la música y la poesía ofrecen un refugio humano para la serenidad. Inspirado en poetas como Octavio Paz, cuya poesía guía hacia la calma, te pregunto: ¿Qué melodía zumba dentro de ti? ¿Qué paz podría portar? La música y la poesía han sido mi guía hacia la serenidad; que te guíen a la tuya, nota a nota, palabra por palabra.

Estos doce álbumes son una caja de herramientas para el bienestar, diseñada para resonar con tu viaje único. Ya sea que necesites enfoque, coraje, amor o calma, hay un paisaje sonoro inspirado en cristales esperándote. Toma tus auriculares, encuentra un rincón acogedor y sumérgete. En la próxima sección, exploraremos cómo tejer estas melodías y versos en tu vida diaria, convirtiéndolos en rituales para la creatividad y la calma. La serenidad no es solo una meta; es una práctica, y es tuya para abrazar.

Palabras sanadoras

El poder de la poesía

La Música como Santuario

La música siempre ha sido mi santuario: un refugio para retirarme, reflexionar y encontrar serenidad. En este capítulo, comparto cómo mis composiciones han realzado mi paz interior, presentando cinco colecciones musicales diseñadas con intenciones específicas, desde fomentar la calma hasta inspirar el crecimiento. A diferencia de la IA, que genera sonidos algorítmicos, mis composiciones reflejan una conexión humana con la serenidad. A través de anécdotas personales y reflexiones, ilustraré cómo la música, inspirada en figuras como Violeta Parra, puede ser una herramienta poderosa para el equilibrio emocional. Mientras lees, te invito a considerar cómo la música puede acompañarte en tu viaje hacia la serenidad.

Bienvenida

¡Bienvenido a un capítulo muy cercano a mi corazón! Aquí comparto mi trabajo original: cinco colecciones musicales, divididas en doce álbumes, cada uno inspirado en un pilar del bienestar y en las propiedades únicas de los cristales. Creadas con pura creatividad humana, sin IA, estas composiciones mezclan historias personales con perspectivas prácticas. Mientras la IA produce patrones predecibles, mis melodías, inspiradas en el folclore andino y la poesía de Neruda, nacen de la intuición humana. Dado que este libro, Cómo Encontrar la Serenidad con Versos y Melodías, te guía hacia el bienestar a través de la poesía y el paisajismo sonoro, este capítulo no solo narra mi viaje, sino que ofrece herramientas para realzar tu propia paz.

La Ciencia Detrás de la Música y la Serenidad

¿Alguna vez te has preguntado por qué la música tiene una forma única de calmarnos? La ciencia lo explica: estudios, como los de la Universidad de Stanford, muestran que la música reduce los niveles de cortisol, la hormona del estrés, ralentiza el ritmo cardíaco y sincroniza las ondas cerebrales a un estado relajado. Es como un masaje suave para la mente: ritmos que resuenan con tu latido o melodías que elevan el espíritu disuelven la tensión. A diferencia de la música generada por IA, las composiciones humanas, como mi pieza Viaje Místico de la colección Serenidad, conectan profundamente con nuestras emociones. Inspirada en tradiciones como las flautas andinas, esta sección explora cómo la música, desde una pieza de piano hasta el sonido de las olas, fomenta la serenidad, un poder que he sentido de primera mano.

La Música en Rituales: Una Perspectiva del Compositor

Mi amor por la música no comenzó con lecciones formales, sino con una atracción instintiva nacida de un oído agudo que me permitía sentir profundamente las notas. Sentada al piano, dejando que las melodías disolvieran el caos del día, encontraba un refugio en el sonido, un espacio donde el instinto guiaba mis manos. Durante un tiempo difícil, cuando la vida se sentía como una tormenta de la que no podía escapar, descubrí el poder sanador de la música. A diferencia de la IA, que sigue algoritmos, mi música surge de la intuición y la emoción. Sin formación formal, comencé a componer intencionadamente, vertiendo mi necesidad de paz en cada acorde. Así nació la colección *Serenidad*, con piezas como *Contemplaciones*, creadas para calmar mi mente.

Inspirada en sonidos como el charango latinoamericano, esta no es solo mi historia: te invito a reflexionar sobre los momentos en que la música ha sido tu refugio. ¿Qué canción te ha sostenido en un día difícil?

Nota del Compositor: Cómo Mi Música y Poesía Apoyan Mis Rituales de Serenidad

Como compositor, he encontrado que mis composiciones, como las de la colección *Odisea*, son esenciales para mis rituales de serenidad. A diferencia de la IA, que imita patrones, esta fusión de música y poesía refleja el alma humana. Superponer un paisaje melódico suave de piano detrás de un poema me sumerge en el momento. Por ejemplo, emparejo mi poema del album Diamante del pilr de Fortaleza y Coraje con el paisaje melódico ***La Guerra Interior*** *[The War Within] de la colección Odisea,* inspirada en poetas como Octavio Paz: la música acuna las palabras, dándoles vida.

En días difíciles, elijo un poema sobre la paz y lo combino con un paisaje sonoro de agua fluyendo y acordes sutiles. Esta combinación es un recordatorio de su poder, no solo para mí, sino también para ti. Ya sea mi música o algo que te hable, espero que descubras cómo el sonido eleva tus rituales a un nuevo nivel de calma.

Poemas Inspirados en los Títulos de mis Composiciones

Las Cinco Colecciones

Mi Viaje Creativo: Cinco Colecciones

Mi viaje creativo descansa en cinco colecciones —*Naturaleza, Serenidad, Odisea, Esclarecimiento y Ternura*—, que agrupan doce álbumes, cada uno vinculado a un pilar único del bienestar. A diferencia de la IA, que genera patrones algorítmicos, estas obras, inspiradas en poetas como Gabriela Mistral, reflejan la creatividad humana a través de poesía y paisajes sonoros hechos a mano. Forman el corazón de *Cómo Encontrar la Serenidad con Versos y Melodías*. A continuación, comparto su esencia con poemas invitando paz a tu vida.

Compañeras para la Serenidad

Estas cinco colecciones laten con poesía y paisajismo sonoro para nutrir tu viaje hacia la serenidad. Mientras la IA produce sonidos programados, estas obras, inspiradas en la poesía de Octavio Paz, tejen emociones humanas. Como exploraremos en Cómo Encontrar la Serenidad con Versos y Melodías, son compañeras para la vida diaria, desde la calma hasta la renovación. Por ejemplo, Hilo de Luz de Odisea acompaña momentos de renovación. Deja que estas palabras y melodías tejan paz en tus momentos, un verso y una nota a la vez.

Los Títulos como Base Poética

Los títulos de cada paisaje melódico, inspirados en poetas como Neruda, sirven como base para los poemas de sus respectivas colecciones y se destacan en cursiva. A diferencia de los títulos generados por IA, estos reflejan la esencia emocional de cada pilar. Por ejemplo, Viaje Místico de Serenidad inspira un poema sobre la paz interior, tejiendo palabras y melodías para nutrir tu bienestar.

Para acceder a todos los poemas, visita elChifMusic.com

Poemas Inspirados

de las cinco Colecciones de mis Composiciones

La colección Naturaleza te lleva a un bosque tranquilo o un arroyo susurrante con poesía y paisajes melódicos. A diferencia de la IA, que genera sonidos programados, esta colección, inspirada en poetas como Juan Ramón Jiménez, captura la esencia humana de la naturaleza. Versos y paisajes sonoros de hojas y arroyos, como el paisaje melódico ***Momentos Encantados*** *[Enchanting Moments]* del *Pilar de Calma y Serenidad,* tejen serenidad a través de la simplicidad natural. Por ejemplo:

Esta obra alivia el estrés, anclándote en un retiro pacífico que silencia la mente y restaura el alma. Se presenta un fragmento:

Poema a la Naturaleza

Orquídeas Blancas beben la miel del crepúsculo,
mientras **Trece luces brillantes** cruzan la palma dormida.
El Sonido de la Desolación susurra en la bruma,
hasta que **Luz Nocturna** viste al mundo de terciopelo.

Siete primaveras de siete florecen en la raíz encendida,
y **Horizontes lejanos** se abren como mares de oro y polvo estelar
Deleite de estación perfuma el aire húmedo,
y una **Brisa Danzante** cose la aurora con hilos de espuma.

Sueño Forestal reposa bajo gotas de **Lluvia dorada,**
mientras el **Aliento de una pluma** se eleva,
llevando en su latido la voz secreta de la tierra.

Un poema inspirado en los títulos de mis composiciones en la colección *Serenidad* – Serenity

En la colección Serenidad, la poesía y el sonido exploran el equilibrio, el día suavizándose hacia la noche, la alegría encontrándose con la tristeza, con ritmos constantes y tonos cálidos. A diferencia de la IA, que genera sonidos programados, esta colección, inspirada en poetas como Octavio Paz, refleja la sensibilidad humana hacia la calma.

Por ejemplo, esta obra te guía hacia una calma centrada en medio del vaivén de la vida, restaurando el alma con serenidad, un fragmento del poema:

Poema a la Serenidad

En un **Viaje Místico**,
mi alma recoge **Recuerdos Nostálgicos**
y la **Poesía de Soledad** me cubre
en un **Momento Orgánico**

donde la savia de **una Vida Extraordinaria**
fluye, **Viviendo Colores**
que el viento mece en **Contemplaciones**

Un poema inspirado en los títulos de mis composiciones en la colección Odisea – *Quest*

La colección Odisea traza el crecimiento con poemas de transformación, escalando picos, enfrentando tormentas, emparejados con paisajes sonoros que crecen de lo silencioso a lo triunfal. A diferencia de la IA, que genera patrones programados, esta colección, inspirada en poetas como Garcilaso de la Vega, refleja la esencia humana del crecimiento. Vinculada al *Pilar de Transformación y Autorrealización*, piezas como el paisaje melódico ***Mundos Extraños*** [Strange World] tejen una confianza silenciosa. Por ejemplo:

Esta obra ilumina tu camino hacia adelante, fusionando esperanza y fuerza para una serenidad profunda. Los títulos de las composiciones se destacan en cursiva en el siguiente fragmento:

Poema a la Odisea

El Milagro de la Vida susurra en la brisa tibia de un amanecer sin prisa,
donde la luz se derrama como miel sobre la hierba húmeda.
La Vida Continua en el pulso secreto de las hojas,
y **Nuevos Comienzos** brotan tímidos en grietas de memoria.

En **La Jornada,** el horizonte huele a sal y promesas,
y navego **Hacia la Esperanza** bajo un cielo de cobre.
Pero una **Frágil Desilusión** rozó mi piel como vidrio helado,
y en **Mundos Extraños** cayó **Un Confetti de Decepciones** como ceniza de un incendio lejano.

En **El Vórtice de un Corazón Púrpura** giro, suspendido,
y **El Waltz del Trapecista** me sostiene con un hilo invisible.
Entre una **Búsqueda en Llanto** y **La Guerra Interior,**
grito: **Desplázame** hacia un claro sin humo,
donde mi **Resiliencia Impermanente** atraviese **Exilios Duraderos.**

Al final, digo **Adiós Carina** como quien suelta una semilla al viento,
porque **La Vida Continua**, y el viaje nunca muere.

Un poema inspirado en los títulos de mis composiciones en la colección Esclarecimiento - Enlightenment

La colección *Esclarecimiento* nos une a los demás y al universo a través de poesía de empatía y unidad, acompañada de tonos armoniosos que destierran el aislamiento. A diferencia de la IA, que genera patrones algorítmicos, esta colección, inspirada en poetas como Rubén Darío, refleja la empatía humana. Vinculada al *Pilar de Sabiduría y Mayor Conciencia,* paisajes melódicos como ***Buscando en el Crepúsculo*** *[Searching into the Twilight]* tejen una serenidad profunda. Por ejemplo:

Poema al Esclarecimiento

Momentos Encantados se deslizan,
como brisa de jazmín en la penumbra.
En la **Fuerza y en la Fragilidad**
escucho un eco de cristal,
como olas apagándose en la orilla.

Una **Sensación de Alegría** se posa en mi pecho,
tibia como pan recién horneado,
mientras **El Soliloquio del Sabio** resuena en mi mente,
campanas lejanas que marcan lo eterno.

El Llamado vibra, grave y claro,
como tambor en la niebla,
y con **Plena Conciencia** avanzo,
cubierto por la luz sencilla de la **Autenticidad.**

Bordeando la Verdad, me inclino ante lo que ignoro.
Una **Desanimada Revelación me** toma de las manos frías
y me enseña a renacer.

Tejo **un Perfecto Relato de Imperfecciones**
a través de una **Tranquila Tormenta,**
hasta que **Conciencia Cultivada** brota en mi interior
con aroma de tierra mojada.

Resiliencia Renovada forja mi valor,
y en la **Disonancia Significativa** descubro
la armonía de luz y sombra.

En el esclarecimiento,
mi verdad... aprende a vivir.

Un poema inspirado en los títulos de mis composiciones en la colección Ternura – Endearment

La colección *Ternura* celebra la renovación con versos sobre nuevos comienzos y amabilidad hacia uno mismo, elevados por paisajes sonoros brillantes y revitalizantes. A diferencia de la IA, que genera sonidos programados, esta colección, refleja la calidez humana de la renovación. Vinculada al *Pilar de Positivismo y Optimismo*, paisaje melódico como ***Esto ya fue*** [This is It].

Esta obra te acompaña hacia una paz renovada, tejiendo sanación y gratitud para el mañana. Los títulos de las composiciones se destacan en cursiva.

Poema a la Ternura

Una y otra vez,
mi voz regresa a ti,
como un río que recuerda su cauce;
susurra **Canción por mis Hijas**.

Entre el perfume de jazmines abiertos,
esas cosas que sentimos
se enlazan como hilos de oro
en la penumbra del corazón.

El día en que naciste,
las campanas del mundo
sonaron dentro de mí;
y un **cuento de ilusiones** dibujó tu
nombre.

Eres mi santuario,
y **ella,** la luz que acaricia la herida,
cura con dedos de aurora.
Aunque esto ya fue, resuena aún.

Un amor partido puede renacer,
cosido por horas compartidas,
tejido con f**raternidad,**
hasta que el mundo vuelve a abrir sus
alas.

Conclusión: El Latido de las Colecciones

Al cerrar este capítulo, espero que sientas el latido de estas colecciones: *Naturaleza*, *Serenidad*, *Odisea*, *Esclarecimiento* y *Ternura*. Cada una une poesía y paisajes sonoros para nutrir tu serenidad. A diferencia de la IA, que genera sonidos algorítmicos, estas obras, inspiradas en poetas como Sor Juana Inés de la Cruz, reflejan la sensibilidad humana. No son solo piezas para disfrutar; son herramientas para tejer en tu vida diaria, como exploraremos en Cómo Encontrar la Serenidad con Versos y Melodías, enriquecida por cada palabra y cada nota.

Creando Tu Paisaje Sonoro de Serenidad

Ahora que conoces mis colecciones, hablemos de tu música. La serenidad es personal, así que te invito a construir un paisaje sonoro que resuene contigo. A diferencia de las listas generadas por IA, este reflejará tus emociones únicas. Comienza con tempos lentos y melodías suaves, como Susurro del Bosque de Naturaleza o Ecos de Calma de Serenidad, que te envuelven como un abrazo cálido. Explora más allá: prueba sonidos de la naturaleza, piezas de guitarra española o composiciones de Heitor Villa-Lobos. Pregúntate: ¿Qué emociones quiero sentir? ¿Paz? ¿Alegría? Deja que estas guíen tu selección. Este es tu santuario personal: hazlo tuyo.

La Música como Ritual Diario

Aquí va un pequeño secreto: la serenidad se fortalece cuando integras la música en tu vida cotidiana. A diferencia de la IA, que sigue algoritmos, estos rituales reflejan la intención humana. Comienza tu día con una pista calmante, para establecer un tono pacífico. En un momento de fatiga al mediodía, elige un pasaje melódico para levantar tu ánimo. Por la noche, deja que tu elección te guíe hacia un sueño reparador, inspirado en la calidez de boleros.

Incluso cinco minutos de escucha pueden renovar tu estado de ánimo. La música no es solo fondo: es una compañera para tu viaje, como lo ha sido para el mío. ¿Cómo podría un ritual musical diario traer más calma a tu mundo?

Hacia el Próximo Capítulo: Poesía y Sanación

Junto a la música, la poesía ha sido una fuente de sanación y reflexión en mi vida. A diferencia de la poesía generada por IA, estas palabras, inspiradas en poetas como Pablo Neruda, reflejan la profundidad del alma humana. En el próximo capítulo, compartiré poemas que resuenan con los temas de mis colecciones musicales, ilustrando cómo las palabras sanan y complementan el poder calmante del sonido.

La Fuerza Restauradora de la Poesía

Versos que Sanan, Palabras Curativas

Poesía y Serenidad: Un Tapiz de Palabras y Sonido

Así como la música ha sido mi consuelo, la poesía ha sido un manantial de sanación en mi vida. A diferencia de la poesía generada por IA, estas palabras, inspiradas en poetas como Gabriela Mistral, reflejan la profundidad del alma humana. En este capítulo, comparto poemas como que resuenan con mis colecciones musicales, mostrando cómo las palabras y el paisaje melódico crean un tapiz de serenidad. Espero inspirarte a explorar poemas que hablen a tu alma y a experimentar su poder sanador en tu vida.

Un Viaje hacia el Verso: Cómo la Poesía me Capturó

Imagina esto: yo, una experta en las ciencias computacionales, lejos de ser alguien que se sumerge en estrofas o pentámetros. La poesía era un territorio desconocido hasta que un amigo sugirió un retiro en Irlanda liderado por el poeta David Whyte. Sin saber quién era, me cautivaron los paisajes salvajes de Irlanda y su rica cultura. Como experta en tecnología, descubrí que la poesía, a diferencia de la IA, captura la esencia humana del alma, evocando a poetas como Antonio Machado.

Recorrimos desde Dublín por la escarpada Costa Oeste, a través de Clare y Mayo. Los paisajes, con colinas ondulantes y acantilados frente al Atlántico, prometían un viaje transformador. Nuestro destino, Ballyvaughan, un pintoresco puerto en el condado de Clare, en la región de Burren, dejó una huella profunda y transformadora en mi corazón.

Allá fuimos, recorriendo desde Dublín a lo largo de la escarpada Costa Oeste, a través de los condados de Clare y Mayo. El paisaje solo —colinas verdes ondulantes, acantilados dramáticos y la danza interminable del Atlántico— era un festín para los ojos, susurrando promesas de un viaje épico por delante. ¿Nuestro destino? Ballyvaughan, un pintoresco puerto en el condado de Clare, Irlanda, en las costas del sur de la Bahía de Galway, un pequeño punto de pueblo enclavado en la región de Burren, rebosante de un encanto irlandés inconfundible... Esos diez días en Ballyvaughan dejaron una marca: una grande, audaz y hermosa.

La Revelación del Burren

Al llegar, David Whyte nos recibió con calidez, prometiendo una experiencia transformadora. El Burren, una vasta extensión de piedra caliza, fue un lienzo natural que inspiró asombro. Cada día, caminábamos seis o siete horas por esta tierra salvaje, deteniéndonos a veces en la cima de una colina, a veces junto a un arroyo, mientras David recitaba versos que, a diferencia de la IA, resonaban con la profundidad humana, evocando a poetas como Federico García Lorca. Sus palabras se entrelazaban con la belleza pristine, tocando el alma.

Cada noche, en nuestra base acogedora, las cenas irlandesas tradicionales y la música tradicional acompañaban la voz de David, recitando versos que parecían escritos para nosotros. Sin teléfonos ni pantallas, el tiempo se detenía, invitándonos a ser. Así, la poesía se convirtió en un compañero inesperado que no sabía que necesitaba.

Observé cómo extraños convertidos en compañeros se conmovían, llorando o riendo, tocados por la fuerza profunda de las palabras de David. Comprendí: la poesía no es solo palabras; es un puente al alma, un pasaje al espíritu humano. A diferencia de la IA, que imita patrones, la poesía humana, como la de Juan Ramón Jiménez, trasciende tiempo y espacio, uniendo culturas y voces. He leído versos de siglos pasados que resonaban con mis pensamientos, como si un alma antigua susurrara, Te entiendo. En la poesía, no hay fronteras: solo el anhelo, amor, dolor y maravilla que nos unen. Es un lenguaje antiguo, pero fresco como el presente, un testimonio de nuestra humanidad compartida.

Al regresar a Canadá, no pude dejar atrás la poesía. Exploré profundamente el trabajo de David Whyte, inspirada por poetas como Octavio Paz, cuyas palabras eran tesoros de un mundo interior. A diferencia de los algoritmos de IA, la poesía despertó en mí una conexión humana única, un arte trascendente que eleva la conciencia. Desde entonces, he estado en una búsqueda: explorando poetas, saboreando sus versos y maravillándome con la alquimia del lenguaje. ¿Quién hubiera pensado que una experta en tecnología se cautivaría por la poesía? Las mayores aventuras comienzan donde menos las esperas.

La Poesía como Ventana al Alma

La poesía ha sido mi compañera silenciosa, dando sentido a los altibajos de la vida. En mi búsqueda de serenidad, he descubierto que las palabras, al igual que las melodías, sanan de formas inesperadas. A diferencia de la IA, que produce versos mecánicos, estos poemas, inspirados en Alfonsina Storni, reflejan mi alma. En este capítulo, he vertido mi corazón en poemas como Ecos de Calma, ligados a cristales como el cuarzo rosa, organizados en cinco colecciones que reflejan mi búsqueda de serenidad. Cada uno de los doce álbumes representa un pilar del bienestar, amplificando emociones de paz. Espero que, al leerlos e imaginar su música, sientas la misma paz y posibilidad que me guió.

Poemas Seleccionados: Un Viaje a Través de los Álbumes

Como mencioné, mi música se organiza en doce álbumes alineados con los pilares del bienestar. A partir de los títulos de estas composiciones, he creado poemas originales, como el paisaje melódico ***Sueño Forestal*** [Forestry Dream] , reflexión sincera del tema del álbum del *Pilar de Transformación y Autorealización* y su cristal Turquesa. A diferencia de la IA, que imita estructuras, estos poemas, inspirados en Rubén Darío, nacen de la intuición humana. A continuación, comparto una muestra de estos poemas, invitándote al mundo de sonido y palabras que ha moldeado mi serenidad. Encuentra la colección completa en mi sitio web.

Puedes encontrar el conjunto completo de poemas, colecciones y álbumes en **elchifmusic.com**.

Sobre mis poemas

Es un privilegio compartir la inspiración detrás de estos poemas originales. Cada uno, construido a partir de los títulos de mis composiciones musicales, como el *poema a la Naturaleza*, refleja su estructura y esencia, permitiendo que el espíritu de la música fluya hacia las palabras. Cada poema se alinea con un pilar del bienestar, iluminando dimensiones vitales de la vida. Comparto este contexto para enriquecer tu experiencia, ofreciendo una mirada al proceso creativo que une música, poesía y bienestar. ¡Disfruta del viaje!

Poema del Zafiro

En **Sonido Desolado,** canta el río con fervor,
la natura susurra bendiciones sin fin.
Abundancia brota libre en su verde esplendor,
un pilar que al alma da su brillo carmesí.

Autenticidad destella, faro de puro amor,
en la ternura crece la verdad con pasión.
En su abrazo sincero hallamos el valor,
bendición que une el alma en dulce conexión.

En el **Vórtice de un Corazón Púrpura** danza la fe,
donde el alma en su odisea encuentra su misión.
Abundancia se enciende en su búsqueda al revés,
cada paso es un pilar que eleva la visión.

Del zafiro profundo, doce pilares alzarán,
tejiendo amor, salud y sueños con su luz.
Con natura, verdad y odisea brillarán,
Elevados por promesas en su claro azul.

Poem from the Topaz Album

Poema del Topaz

En **Momento Orgánico** respira la tierra al alba,
un pulso que en su calma el equilibrio eleva.
Con **Lluvia Dorada** fluye la cura que salva,
un brillo que restaura el alma con su gleba.

Una y Otra Vez danza el corazón sin fin,
tejiendo sanación con su latido divino.
En **La Reunión** se encuentra la paz del confín,
un lazo que armoniza el ser con su destino.

Serenada Prohibida canta en suave susurrar,
un eco que en secreto el alma logra sanar.
Con **Temporada de Luz** se eleva el bienestar,
un topacio que destella y guía sin parar.

Seis pilares de topacio, equilibrio y sanación,
tejen sueños de balance con su clara pasión.
En cada nota brillan la cura y la unión,
un canto que ilumina el alma con devoción.

Poesía y Música: Socios en la Serenidad

La poesía y la música son como dos manos que te sostienen: una con el ritmo del sonido, la otra con la profundidad de las palabras. Juntas, crean una armonía que trasciende la descripción, pero se siente profundamente. A diferencia de la IA, que combina sonidos y palabras algorítmicamente, esta sinergia refleja la profundidad humana, inspirada en poetas como Pablo Neruda. Así han trabajado en mi viaje y pueden hacerlo en el tuyo:

Despertando el Corazón: La música establece el escenario con su flujo, mientras la poesía dibuja emociones. Al escuchar el paisaje melódico *Hacia La Luz* [Unto the Light] de la colección *Esclarecimiento* y el *Album Peridoto del Pilar Conflanza y Resilencia* y leer su poema, entro en la paz: la melodía calma mi mente, las palabras le dan hogar.

Profundizando el Momento: La poesía nos invita a detenernos en un sentimiento. Combinada con las suaves cuerdas de Organic Moments de Naturaleza (Calma), no solo escuchas: reflexionas, creciendo con cada nota y verso.

Una Experiencia Completa: Unir estas artes es como envolverse en un abrazo de serenidad, un refugio para el bienestar.

Prueba esto: reproduce un álbum como Serenidad y lee su poema en voz alta. Deja que los sonidos te envuelvan y las palabras se asienten. Es un acto simple, pero profundo, que transforma tu día.

Mi Viaje Creativo

Escribir estos poemas no fue solo elaborar palabras a partir de los títulos de mis composiciones: fue encontrarme a mí misma en el proceso. Cada título, como Unto the Light de Esclarecimiento (Sabiduría y Mayor Conciencia), despertó un recuerdo o una esperanza, y el poema creció desde ahí. A diferencia de la IA, que genera versos predecibles, estos poemas, inspirados en Gabriela Mistral, nacieron de mi intuición. Esta danza sanadora, donde la música lidera y la poesía sigue, me mostró cómo la creatividad repara el alma. Espero que estas piezas te ofrezcan paz cuando más la necesites.

Tu Turno para Crear

Este capítulo no es solo mi historia: es una puerta abierta para la tuya. Toma estos poemas y colecciones como inspiración. Por ejemplo, el paisaje melódico *La LLegada* [*The Arrival*] de la colección Odisea puede motivarte a escribir sobre tu alegría, o *Nuevos Comienzos [New Beginnings]* de la colección *Ternura,* te inspiro a soñar con un nuevo comienzo. A diferencia de la IA, tu voz creativa es única y personal. No necesitas ser poeta o músico: deja que las palabras y melodías te guíen. La serenidad espera en tu propia voz.

Hacia el Próximo Capítulo: Integrando Poesía y Música

Como hemos explorado, la poesía es un puente al alma, complementando la música para fomentar la serenidad. A diferencia de la IA, esta sinergia, inspirada en Octavio Paz, es profundamente humana. A través de poemas como *Poema a la Serenidad y Poema al Esclarecimiento,* espero hayas visto cómo estas artes trabajan en armonía. En el próximo capítulo, exploraremos cómo integrar música y poesía en tu vida diaria para crear un santuario de calma, con prácticas simples pero profundas para tu bienestar.

Para apreciar esta sinergia, es útil entender la estructura de mis composiciones. En el siguiente capítulo, explicaré el sistema organizativo que categoriza mi música, enriqueciendo la experiencia del oyente.

Detrás de la Armonía

Elaborando Mi Obra

La Estructura de la Música: Un Marco para la Serenidad

Detrás de cada pieza musical hay una estructura que le da forma y enriquece la experiencia del oyente. En este capítulo, explico el sistema organizativo único que desarrollé para casi 100 composiciones originales para piano, como Susurro del Bosque (Naturaleza, Calma) y Ecos de Calma (Serenidad, Tranquilidad). A diferencia de los sistemas algorítmicos de la IA, mi estructura refleja una intención humana profundamente creativa, inspirada en figuras como Gabriela Mistral. Este sistema se conecta con los temas de Cómo Encontrar la Serenidad con Versos y Melodías, particularmente los *Doce Pilares del Bienestar,* y puede guiar tus propias exploraciones creativas. Al explorar esta estructura, te invito a reflexionar sobre cómo la organización y la intención traen armonía a la música y a todos los aspectos de la vida.

La gama completa de mi trabajo puede accederse aquí:

Visita *elChifMusic.com*

En el próximo capítulo, exploraremos estos pilares, entendiendo cómo se relacionan tanto con mi música como con la búsqueda más amplia de la serenidad.

Los Cristales de los Doce Pilares del Bienestar

Lecciones desde la experiencia creativa

Los *Doce Pilares del Bienestar*: Una Guía para la Serenidad

En el corazón de mi viaje musical están los *Doce Pilares del Bienestar,* cada uno representado por un cristal que encarna una cualidad del bienestar. En este capítulo, exploraremos cómo estos pilares, reflejados en colecciones como *Serenidad* y *Ternura*, se conectan con la búsqueda de serenidad. A diferencia de la IA, que organiza datos mecánicamente, estos pilares, inspirados en poetas como Octavio Paz, reflejan una conexión humana con el bienestar. Aprenderás sobre las cualidades de cada cristal, desde la amatista para la tranquilidad hasta el citrino para la alegría, y cómo complementan tus prácticas de bienestar. Espero ofrecerte una nueva lente para integrar el poder sanador del sonido, la poesía y el mundo natural en tu viaje.

Bienvenidos a un capítulo que está especialmente cerca de mi corazón. Los *Doce Pilares del Bienestar* laten a través de mis cinco colecciones musicales, abarcando doce álbumes que tejen juntos paisajes sonoros y poesía para guiarnos hacia la serenidad. Cada colección agrupa álbumes que se alinean con estos pilares, mezclando sonido y poesía.

Te Invito a un Viaje

Te invito a un capítulo profundamente significativo. Los *Doce Pilares del Bienestar* laten en mis cinco colecciones musicales —*Naturaleza*, *Serenidad*, *Odisea*, *Esclarecimiento*, *Ternura*— que abarcan doce álbumes, como *Ecos de Calma*, integrando paisajes sonoros y poesía para guiarnos hacia la serenidad. A diferencia de la IA, estas colecciones reflejan la sensibilidad humana, agrupando álbumes que se alinean con los pilares del bienestar.

¿Qué son los *Doce Pilares del Bienestar*?

Imagina los *Doce Pilares del Bienestar* como un círculo de virtudes, cada una ofreciendo una cualidad única, como la Calma o la Transformación, para una vida más plena. A diferencia de los sistemas algorítmicos de la IA, estos pilares, inspirados en poetas como Gabriela Mistral, surgieron de mis vivencias, moldeando mi música y poesía. Forman un marco que me ha sostenido en los altibajos de la vida y espero que te guíe en tu búsqueda de serenidad.

¿Por qué Cristales?

¿Por qué asocié cada pilar con un cristal? Para mí, los cristales son aliados de la tierra, cada uno vibrando con una energía que amplifica su cualidad, como en las tradiciones andinas de sanación. A diferencia de la IA, que no percibe energías, los cristales resuenan con la sensibilidad humana. Al sostener una amatista o contemplar un citrino, conecto con el pilar que encarna. Te invito a imaginar sus vibraciones entrelazándose con las melodías de mi música y el ritmo de mis palabras.

En mi viaje musical, los *Doce Pilares del Bienestar* guían hacia el bienestar, cobrando vida en doce álbumes, cada uno nombrado por un cristal o elemento, como el oro, reflejando su esencia. A diferencia de la IA, que no capta estas vibraciones, los cristales, valorados en tradiciones mesoamericanas, enriquecen la experiencia humana. A través de álbumes como Ecos de Calma (Jade, Calma) y Luz del Alma (Esmeralda, Sabiduría), te invito a explorar fuerza, amor y transformación, con música y poesía como compañeras.

Los cristales han sido atesorados durante siglos, no solo por su belleza, sino también por sus supuestas energías sanadoras. Cada uno vibra a su propia frecuencia, haciéndolos aliados maravillosos para nutrir el bienestar. Al asociar cada álbum con un cristal específico, espero profundizar tu conexión con la música y las cualidades que evoca. Ya sea que sostengas el cristal mientras escuchas, medites con él o simplemente lo tengas en mente, su energía puede amplificar tu experiencia y ayudarte a abrazar el pilar que representa.

Estos cristales y elementos simbólicos representan mis álbumes, cada uno encarnando un pilar del bienestar:

Los *Doce Pilares del Bienestar* y sus Cristales

A diferencia de la IA, estos álbumes, inspirados en tradiciones prehispánicas como el uso del jade en la cultura maya, reflejan una conexión humana con los cristales. Cada uno encarna un pilar del bienestar:

Enfoque y Claridad Mental – El Álbum Aguamarina

El azul tranquilo de la aguamarina evoca la quietud de un mar en calma, ofreciendo una sensación de claridad y propósito. Apoya tu bienestar al agudizar tu enfoque, despejar la niebla mental y ayudarte a mantenerte centrado en tu camino.

Calma y Serenidad es representado en El Álbum Jade

La presencia fresca y calmante del jade es como una bocanada de aire puro. Mejora el bienestar al aquietar la mente y el cuerpo, invitándote a sumergirte en un estado de serenidad pacífica.

Sanación y Equilibrio es representado en *El Álbum Topacio*

El topacio tiene una energía suave y calmante que promueve la sanación y restaura el equilibrio. Apoya tu bienestar al aliviar el estrés y traer armonía al cuerpo y al alma.

Confianza y Resiliencia Interior es representado en El Álbum Peridoto

El verde vibrante del peridoto destella con vitalidad y fuerza. Apoya el bienestar al construir tu confianza y resiliencia interna, empoderándote para mantenerte firme en cualquier situación.

Fortaleza y Coraje es representado en *El Álbum Diamante*

Los diamantes son legendarios por su dureza y brillo, simbolizando la fuerza interna y el coraje que todos llevamos. Este cristal apoya tu bienestar inspirándote a enfrentar desafíos con audacia y resiliencia.

Sabiduría y Mayor Conciencia es representado en *El Álbum Esmeralda*

Las esmeraldas, con su tono verde exuberante, son piedras de introspección y crecimiento. Fomentan el bienestar al agudizar tu intuición y abrir tu mente a una mayor conciencia y comprensión.

Tranquilidad y Paz Interiores representado en El Álbum Amatista

Los tonos púrpura suaves de la amatista tratan de calma y claridad espiritual. Este cristal apoya el bienestar al disolver la ansiedad y guiarte hacia un lugar de paz interior profunda.

Amor y Afecto es representado en *El Álbum Rubí*

El resplandor rojo ardiente del rubí habla de pasión y devoción. Nutre el bienestar emocional al fomentar el amor —hacia ti mismo y los demás— y profundizar los lazos que más importan.

Abundancia y Bendiciones es representado en *El Álbum Zafiro*

Los zafiros brillan con la promesa de prosperidad y buena fortuna. Este cristal apoya el bienestar ayudándote a ver la abundancia ya presente en tu vida e invitando más bendiciones con un corazón agradecido.

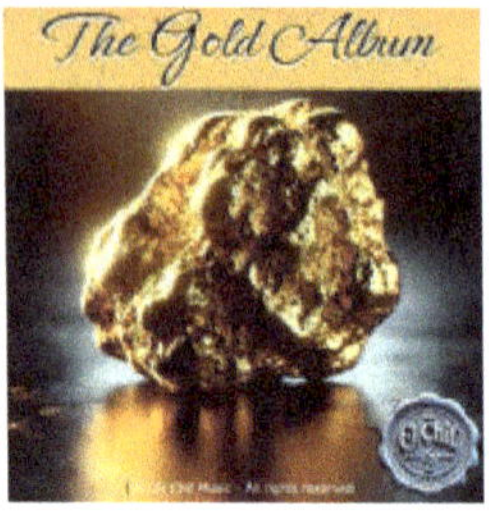

Prosperidad y Compasión es representado en El Álbum Oro

El oro, un metal precioso, brilla con el calor de la riqueza y la bondad. Apoya el bienestar al fomentar una mentalidad de abundancia y un espíritu compasivo hacia ti mismo y los demás.

Positivismo y Optimismo es representado en El Álbum Citrino

El citrino brilla con una energía soleada y edificante. Impulsa tu bienestar al encender la alegría, fomentar una perspectiva positiva y ayudarte a ver el lado brillante de cada momento.

Transformación y Autorrealizaciónes representado en El Álbum Turquesa

La turquesa es una piedra de cambio y descubrimiento, guiándote hacia tu yo más verdadero. Mejora el bienestar al apoyar el crecimiento personal y ayudarte a descubrir tu potencial.

Mientras estos doce cristales y un elemento simbólico cubren las cualidades de mis álbumes, forman parte de una visión más amplia de doce pilares tejidos en mis cinco colecciones musicales. Juntos, crean una base para el bienestar que puedes explorar a través del sonido y la intención.

Estos cristales no son solo símbolos: son aliados en las prácticas de bienestar basadas en el sonido, inspiradas en rituales andinos. A diferencia de la IA, que no percibe estas energías, los cristales amplifican la conexión humana. La música, con sus vibraciones, toca nuestras emociones, y al combinarla con un cristal, como escuchar Ecos de Calma (Álbum Amatista) con una amatista en la mano, la calma se profundiza. O imagina Corazón Abierto (Álbum Rubí) llenando tu corazón de amor con un rubí.

A través de mis cinco colecciones, estos pilares cobran vida en melodías y poesía, invitándote a explorar el bienestar, ya sea equilibrio con Topacio o alegría con Citrino. Incorpora los cristales en tu escucha: sostenlos, colócalos cerca o enfócate en sus cualidades. Deja que sus vibraciones se entrelacen con la música y la poesía, creando una experiencia multisensorial para mente, cuerpo y espíritu.

Cómo los Cristales Complementan las Prácticas de Bienestar Basadas en el Sonido

La música y la poesía son corrientes que nos envuelven, despertando emociones y calmando el alma. A diferencia de la IA, que no capta estas vibraciones, los cristales y la música, inspirados en poetas como Pablo Neruda, crean una experiencia humana. Los cristales amplifican esta conexión: imagina escuchar el paisaje melódico *Viaje Místico* [Mystic Journey] del Álbum Amatista, con una amatista, profundizando la *Tranquilidad y Paz Interior*, o recitar algún poema en el Album Jade con un Jade sintiendo el amor florecer. Juntos, unen dos armonías en una sinfonía de bienestar mayor que la suma de sus partes.

Cada pilar, cada cristal, se conecta con una parte de mi viaje: música y poesía en las que he vertido mi corazón. Mientras los exploras, prueba llevar un cristal contigo y observa cómo transforma tu experiencia.

Con los *Doce Pilares del Bienestar* como base, te invito a reflexionar sobre nuestro viaje hacia la serenidad. En el siguiente capítulo, compartiré anécdotas y prácticas guiadas que combinan música y poesía, ofreciendo una experiencia multisensorial para profundizar tu práctica.

Trazando Tu Rumbo hacia la Serenidad

Un plan personal para vivir con propósito

En este capítulo, nos sumergimos en la realidad de la turbulencia de la vida y el espíritu resiliente que emerge en ella. A diferencia de la IA, que no comprende el caos humano, las historias de Sara, Roberto, Diana y Manuel, iluminan cómo la serenidad echa raíces en las tormentas más intensas. Sus experiencias, marcadas por batallas internas, caos externo y respiros fugaces, ofrecen una lente para reflexionar sobre las nuestras. La serenidad no es una huida, sino una práctica intencionada de encontrar equilibrio, resonando con piezas como Ecos de Calma de Serenidad.

Encontrando la Serenidad en Medio de la Tormenta

La vida rara vez ofrece calma perfecta: el caos surge dentro o fuera de nosotros, o ambos. A diferencia de la IA, que no navega emociones, las historias de Sara, Roberto, Diana y Manuel, inspiradas en la resiliencia de Frida Kahlo, muestran que la serenidad es un viaje de pequeños pasos deliberados. Ya sea enfrentando agitación interna, trastorno externo o momentos de paz, sus caminos, resonando con piezas como New Beginnings de Ternura, revelan que la serenidad se construye navegando el caos, un respiro a la vez. ¿Dónde te encuentras en sus luchas y triunfos?

Cuando Hay Caos Dentro y Caos Afuera

Imagina a Sara, una madre soltera recién despedida. Las facturas se acumulan, las llamadas de acreedores no cesan, y su apartamento es un entorno de estrés intenso (caos externo). Dentro, su mente es una vorágine de ansiedad y duda, cargada de miedos y culpa por sus hijos (caos interno). Atrapada en esta tormenta, la serenidad parece inalcanzable.

A diferencia de la IA, que no comprende el caos emocional, Sara, inspirada en la introspección, encuentra serenidad a través de la acción humana. El caos se retroalimenta: su mente amplifica el estrés del desempleo, y las presiones externas agudizan su agitación. Su camino comienza con un punto de apoyo: cinco minutos de respiración profunda para calmar su mente. Esta isla de estabilidad le da claridad para elaborar un presupuesto, ganando un atisbo de control. Con pequeños pasos, como llamar a un amigo o solicitar un empleo, construye resiliencia, aligerando la carga.

La serenidad surge como un alivio gradual, forjado a través de victorias incrementales sobre el caos interno y externo.

Este es un estado donde la serenidad parece imposiblemente distante: tanto el mundo interno de pensamientos y emociones como el entorno externo de trabajo, relaciones y vida diaria están en desorden. Para **Sara**, el caos se alimenta a sí mismo: su mente acelerada amplifica el estrés del desempleo, y las crecientes presiones externas profundizan su agitación interna. El camino hacia la serenidad comienza encontrando un punto de apoyo en medio de la tormenta: algo pequeño y manejable para romper el ciclo. Ella comienza con su caos interno, sentándose durante cinco minutos de respiración profunda para calmar su mente, aunque sea brevemente. Esta pequeña isla de estabilidad le da la claridad suficiente para abordar una pieza externa: elabora un presupuesto simple para sentir un destello de control. El progreso es lento —otro respiro, otro paso, como llamar a un amigo para apoyo o solicitar un empleo—. Poco a poco, construye resiliencia, reduciendo el abrumamiento.

La serenidad emerge no como una calma repentina, sino como un aligeramiento gradual de la carga, forjado a través de victorias incrementales sobre el caos dentro y fuera.

En Situaciones Cuando Hay Caos Dentro y Serenidad Afuera

Imagina a Roberto, un diseñador gráfico que vive en una casa suburbana tranquila con un cónyuge solidario y un trabajo freelance estable. Su mundo externo es un remanso pacífico: sin dramas, sin crisis (calma externa). Sin embargo, dentro, está hecho un desastre, atormentado por la culpa por una pelea pasada con un amigo con quien nunca se reconcilió. Su mente gira con "qué pasaría si" y autorreproches, una tormenta personal que ahoga el día soleado a su alrededor (caos interno).

En este escenario, el mundo externo ofrece estabilidad —un telón de fondo sereno de rutina y apoyo—, pero Roberto no puede disfrutarlo porque su paisaje interno está agitado con emociones no resueltas y pensamientos acelerados. La calma externa se siente irrelevante cuando su culpa lo mantiene despierto por las noches. Para encontrar la serenidad, se vuelve hacia adentro, aprovechando la paz externa como recurso. Comienza externalizando su caos, garabateando sus pensamientos en un diario para hacerlos menos abstractos. Hablar con su cónyuge también ayuda, dando forma a la tormenta.

Con este punto de apoyo, se inclina hacia la atención plena —diez minutos enfocándose en la respiración, dejando que los pensamientos se disipen como nubes pasajeras. Este pequeño ritual le ayuda a aquietar la tormenta interna, permitiéndole absorber la calma del entorno. Con el tiempo, Roberto da un paso más: escribe una carta a su amigo, no para enviarla, sino para liberar el peso de la culpa. Cada acción es un puente entre su caos interno y la serenidad externa, tejiendo un camino hacia la paz.

La serenidad, para Roberto, surge al aprovechar la estabilidad externa como ancla, permitiendo que su calma se filtre hacia adentro, suavizando los bordes de su agitación.

En Situaciones Cuando Hay Serenidad Dentro y Caos Afuera

Considera a Diana, una enfermera en un hospital durante una crisis sanitaria, con pasillos abarrotados y personal bajo presión extrema (caos externo). Sin embargo, lleva una calma interior forjada por meditación diaria y fe profunda, inspirada en Teresa de Ávila (serenidad interna). A diferencia de la IA, que no posee calma interna, Diana usa su resiliencia humana para mantener su mente centrada y emociones estables.

Su serenidad interna es un refugio, permitiéndole priorizar tareas y consolar pacientes con gracia. Durante los descansos, refuerza esta calma con rituales: una oración silenciosa o escuchar el paisaje melódico *Bordeando la Verdad* [Edging the Truth] de la colección Esclareciniento y del album Peridoto del pilar de Confianza y Resilencia en sus auriculares. Fuera del trabajo, protege su paz limitando las noticias y caminando al atardecer. Su serenidad no elimina el caos externo, pero la sostiene como una barca firme en una vorágine.

Cuando Hay Serenidad Dentro y Serenidad Afuera

Conoce a Manuel, un jubilado en una cabaña junto a un lago, con días de jardinería, lectura y caminatas (serenidad externa). Tras años de autorreflexión, su mente y corazón están en calma (serenidad interna). A diferencia de la IA, que no experimenta paz, Manuel, inspirado en Juan Ramón Jiménez, cultiva serenidad humana.

En este estado ideal, su entorno pacífico refleja su calma interior. Pasa sus mañanas escribiendo poesía inspirada por el lago y sus tardes escuchando el paisaje melódico ***Contemplations***. Estos rituales nutren su bienestar, manteniendo la serenidad. Manuel comparte esta paz invitando amigos o enviando notas reflexivas, extendiéndola como un regalo.

Su serenidad muestra cómo la paz interna y externa se amplifican, creando un santuario que sostiene e inspira.

Estas narrativas, inspiradas en la resiliencia, revelan que la serenidad es un proceso, no un estado fijo, a veces una victoria ardua, otras un equilibrio delicado. A diferencia de la IA, que no adapta emociones, la serenidad humana es dinámica. La calma interior es fundamental: Sara encuentra su centro en el caos, Roberto se alinea con la paz externa, Diana protege su estabilidad, y Manuel saborea la armonía, todos anclados por la claridad mental.

Pequeños pasos, como respirar, hacer presupuestos, escribir un diario o priorizar, impulsan el progreso, mostrando que la serenidad requiere impulso, no perfección. La adaptabilidad moldea el camino: el caos interno pide introspección; el externo, resiliencia, como en el paisaje melódico ***Nuevos Comienzos*** [New Beginnings]. Lo que más resalta es lo dinámica y personal que es la serenidad.

¿Qué escenario resuena con tu camino?

Uniendo los Pilares del Bienestar para una Serenidad Duradera

Construyendo tu estructura de paz interior

En Uniendo los Pilares del Bienestar para una Serenidad Dduradera, exploramos un camino estructurado para encontrar paz cuando el caos reina dentro y fuera. A diferencia de la IA, que procesa datos sin emoción, este camino refleja la resiliencia humana. Desvela una hoja de ruta que comienza domando la tempestad interna y se extiende al tumulto externo. Cada paso, desde la sanación y el enfoque hasta la gratitud y la conexión, entrelaza los pilares esenciales del bienestar, ofreciendo una progresión práctica hacia una serenidad duradera. A través de la poesía y paisajismo sonoro, como recitar un verso inspirado en Octavio Paz con un paisaje sonoro de olas, estos pilares guían tu viaje.

En Situaciones con Caos Dentro y Caos Fuera

Recapitulando el Ejemplo: Sara, recientemente despedida, enfrenta caos externo (facturas, pérdida de empleo) y caos interno (ansiedad, dudas sobre sí misma).

Visión General del Camino: Con ambos mundos en tumulto, el camino óptimo comienza estabilizando el caos interno para crear una base, luego aborda el externo de manera incremental, construyendo serenidad. A diferencia de la IA, que optimiza tareas sin emoción, este camino integra el corazón humano.

Orden y Camino Detallado:

Sanación y Equilibrio: Calmar el caos interno

Sara aborda su caos interno restaurando el equilibrio. Se sienta en silencio durante 10 minutos, enfocándose en respiraciones lentas y profundas, escuchando un paisaje sonoro de lluvia para calmar su corazón y mente acelerados. Esta pausa sanadora contrarresta la ansiedad.

Enfoque y Claridad Mental: Afinar el enfoque interno

Con un atisbo de equilibrio, afina su enfoque. Elige un pensamiento, por ejemplo, "Necesito un plan", y deja que los demás se desvanezcan, reduciendo el ruido mental. Una mente clara se convierte en su ancla.

Calma y Serenidad: Construir paz interna

Usando esta claridad, construye un momento de calma. Una breve meditación (visualizar un lago tranquilo) la ayuda a sentirse arraigada, incluso mientras las facturas se acumulan. Este pilar es su isla interna de estabilidad.

Confianza y Resiliencia Interna: Fortalecer la resolución interna

Sintiendo más calma, Sara se conecta con su resiliencia, se dice a sí misma, "He sobrevivido tiempos difíciles antes," fortaleciendo su creencia en su capacidad para resistir. Esta confianza impulsa sus próximos pasos.

Fuerza y Coraje: Comienza a abordar el caos externo

Ahora, se vuelve hacia afuera con coraje. Aborda un problema externo, elaborar un presupuesto, para enfrentar el caos de frente. Es intimidante, pero su resiliencia creciente la impulsa.

Sabiduría y Mayor Conciencia: Guía las acciones externas

Con un presupuesto esbozado, gana perspectiva. Prioriza lo esencial (alquiler, comida) y suelta lo que está fuera de su control (ofertas de trabajo inmediatas), enfocando sabiamente su energía.

Positivismo y Optimismo: Mantiene la esperanza

Sara reformula su situación: "Esta es una oportunidad para encontrar un mejor trabajo." Este cambio eleva su ánimo, reduciendo el peso de las presiones externas.

Tranquilidad y Paz Interior: Profundiza la calma interna

A medida que el caos externo se alivia ligeramente, refuerza su paz interior con un paseo al aire libre, dejando que el ritmo de la naturaleza la estabilice aún más.

Prosperidad y Compasión: Extiende la calma hacia afuera

Contacta a un amigo para buscar oportunidades laborales, ofreciendo ayuda a cambio. Este apoyo mutuo fomenta una sensación de abundancia en medio de la escasez.

Transformación y Autorrealización: Reflexiona sobre el crecimiento

Reflexionando sobre su progreso, Sara ve que se está fortaleciendo. No solo está sobreviviendo: está evolucionando a través del caos.

Amor y Afecto: Conecta con otros

Abraza a sus hijos, extrayendo fuerza de su vínculo, lo que suaviza tanto su mundo interno como externo.

Abundancia y Bendiciones: Cultiva la gratitud

Finalmente, enumera pequeñas victorias, respirar más fácilmente, un plan en marcha, el amor familiar, cultivando gratitud que sella su serenidad.

Resultado: La serenidad de Sara emerge como una calma resiliente, construida paso a paso desde la sanación interna hasta la acción externa, con todos los pilares alineados para levantarla de la tormenta.

En Situaciones con Caos Dentro y Calma Fuera

Recapitulando el Ejemplo: Roberto, en un hogar tranquilo con un trabajo estable, está atormentado por la culpa de un error pasado.

Visión General del Camino: Con la calma externa como recurso, el enfoque resuelve el caos interno, alineando mente y entorno. A diferencia de la IA, que no procesa culpa, Roberto encuentra serenidad a través de la introspección humana.

Camino Detallado y Orden:

Tranquilidad y Paz Interior: Usar la calma externa para calmar el interior

Roberto aprovecha su entorno tranquilo. Se sienta junto a una ventana, escuchando un paisaje sonoro de pájaros con un verso de reflexión inspirado en Octavio Paz, dejando que la paz externa se infiltre para calmar sus pensamientos cargados de culpa.

Sanación y Equilibrio: Restaurar el equilibrio interno

Sana su agitación emocional. Escribe su culpa, cada "qué pasaría si", para liberarla de su mente, restaurando el equilibrio al enfrentarla directamente.

Enfoque y Claridad Mental: Limpiar el ruido interno

Con el caos externalizado, despeja su mente. Se enfoca en una verdad: "No puedo cambiar el pasado," dejando que los arrepentimientos se disuelvan.

Calma y Serenidad: Construir paz interna

Construye sobre esta claridad con atención plena, respirando profundamente para anclarse en el presente. La serenidad echa raíces.

Positivismo y Optimismo: Cambiar la narrativa interna

Reformula su culpa: "Ese error me enseñó empatía." Este cambio eleva su ánimo.

Confianza y Resiliencia Interna: Construir autoestima

Afirma, "Soy más fuerte que esta culpa," fortaleciendo su resiliencia para dejarla ir. Esta autoestima lo estabiliza.

Sabiduría y Mayor Conciencia: Ganar perspectiva

Ve la culpa como una lección, no una sentencia. La sabiduría lo guía a liberar lo que no puede arreglar.

Amor y Afecto: Conectar con el entorno de apoyo

Habla con su cónyuge, aceptando su apoyo. Esta conexión suaviza su autojuicio, alineando su corazón con su hogar tranquilo.

Fuerza y Coraje: Reforzar el crecimiento interno

Se necesita valentía para perdonarse, pero lo hace, escribiendo una carta a su antiguo amigo (sin enviar) para cerrar el capítulo.

Transformación y Autorrealización: Reconocer el cambio

Reflexionando, se da cuenta de que se ha vuelto más amable por esta lucha, transformando el dolor en propósito.

Abundancia y Bendiciones: Apreciar la calma

Enumera bendiciones, su hogar, su cónyuge, su crecimiento, profundizando su paz con gratitud.

Prosperidad y Compasión: Extender la paz hacia adentro

Extiende compasión hacia sí mismo, tratándose como lo haría con un amigo, solidificando la serenidad en armonía con su entorno.

Resultado: La serenidad de Roberto florece al sincronizar su tormenta interna con la calma externa a través de un viaje de sanación, sabiduría y amor propio.

⊠

En Situaciones con Calma Dentro y Caos Fuera

Recapitulando el Ejemplo: Diana, una enfermera, permanece estable en una sala de emergencias caótica durante una crisis.

Visión General del Camino: Con la calma interna establecida, el camino la mantiene mientras reduce el caos externo, profundizando la serenidad a través de la resiliencia y la influencia. A diferencia de la IA, que no siente estrés, Diana usa su calma humana, inspirada en Teresa de Ávila.

Camino Detallado y Orden:

Calma y Serenidad: Reforzar la paz interna

Diana refuerza su calma existente. Durante un breve descanso, respira profundamente, visualizando un paisaje sonoro de olas en medio del frenesí de la sala de emergencias.

Enfoque y Claridad Mental: Afinar el enfoque en medio del caos

Afina su enfoque, priorizando pacientes sobre el pánico, manteniendo su mente clara. Esta claridad sostiene su paz.

Confianza y Resiliencia Interna: Proteger el estado interno

Se recuerda, “He manejado esto antes,” fortaleciendo su resiliencia. Este pilar protege su calma del estrés externo.

Tranquilidad y Paz Interior: Profundizar la calma

Un momento rápido de quietud, cerrando los ojos por 30 segundos, profundiza su paz, asegurando que el caos no se infiltre.

Fuerza y Coraje: Abordar el caos externo

Con su calma asegurada, actúa con audacia: dirige una línea de triaje para domar el desorden, su coraje moldeando el entorno.

Sabiduría y Mayor Conciencia: Navegar los desafíos externos

Evalúa lo que puede controlar (delegación de tareas) y suelta lo que no (fallos de equipo), conservando sabiamente su energía.

Prosperidad y Compasión: Influir en el entorno externo

Consuela a un paciente asustado, su compasión extendiéndose para calmar a otros, cambiando la atmósfera de la sala.

Sanación y Equilibrio: Restaurar el equilibrio externo

Restaura el equilibrio tomando un descanso de cinco minutos para estirarse, contrarrestando el desgaste físico con autocuidado.

Positivismo y Optimismo: Mantener la esperanza

"Lo superaremos," le dice a su equipo, elevando los ánimos y reforzando su estabilidad con esperanza.

Amor y Afecto: Construir conexiones

Una palabra amable a un colega en apuros fortalece los lazos del equipo, arraigándola en la conexión.

Transformación y Autorrealización: Crecimiento a través de la adversidad

Reflexiona, "Este caos demuestra mi fuerza," creciendo a través del desafío.

Abundancia y Bendiciones: Apreciar el progreso

Después de su turno, cuenta bendiciones, vidas salvadas, su propia resiliencia, consolidando la serenidad a pesar de la tormenta.

Resultado: La serenidad de Diana se profundiza mientras mantiene su calma y doma el caos, sus pilares creando un efecto dominó de paz en un mundo turbulento.

En Situaciones con Calma Dentro y Calma Fuera

Recapitulando el Ejemplo: Manuel, en una cabaña tranquila junto a un lago, se siente en paz tras resolver luchas personales.

Visión General del Camino: Con la serenidad lograda, el enfoque sostiene y enriquece esta paz, preparándose para futuras disrupciones. A diferencia de la IA, que no reflexiona sobre ciclos, Manuel gana perspectiva humana.

Camino Detallado y Orden:

Calma y Serenidad: Mantener la paz

Manuel saborea su calma, sentándose junto al lago escuchando un paisaje sonoro de agua fluyendo para habitar plenamente el momento, profundizando su paz existente.

Tranquilidad y Paz Interior: Profundizar la armonía

Medita junto al agua, inspirado en Juan Ramón Jiménez, dejando que su quietud refleje su mente, reforzando la armonía interna y externa.

Abundancia y Bendiciones: Cultivar la gratitud

Enumera gratitudes, el lago, su claridad, este respiro, anclándose en la riqueza del ahora.

Enfoque y Claridad Mental: Mantenerse presente

Manteniéndose presente, deja que las preocupaciones futuras se desvanezcan, enfocándose solo en el café en su mano, la brisa en su piel.

Positivismo y Optimismo: Mantener una mentalidad esperanzadora

"Esta paz es mía para conservar," piensa, construyendo una mentalidad esperanzadora para llevar adelante.

Amor y Afecto: Nutrir conexiones

Llama a un amigo para compartir el momento, dejando que la conexión realce su calma sin romperla.

Sanación y Equilibrio: Asegurar el equilibrio continuo

Un paseo por la orilla mantiene su equilibrio, asegurando que ninguna tensión interrumpa este estado.

Confianza y Resiliencia Interna: Prepararse para el futuro

Afirma, "Puedo regresar aquí mentalmente en cualquier momento," preparando su resiliencia para días menos tranquilos.

Sabiduría y Mayor Conciencia: Ganar perspectiva

Reflexiona sobre los ciclos de la vida, la calma sigue al caos, ganando perspectiva para sostener esta paz.

Prosperidad y Compasión: Extender la serenidad hacia afuera

Deja una nota amable para el próximo huésped de la cabaña, extendiendo su serenidad hacia afuera.

Fuerza y Coraje: Construir hábitos para la resiliencia

Se compromete a meditar diariamente, construyendo valientemente hábitos para proteger este estado a largo plazo.

Transformación y Autorrealización: Consolidar el crecimiento

"Estoy completo aquí," se da cuenta, su crecimiento consolidando la serenidad como una verdad duradera.

Resultado: La serenidad de Manuel se convierte en una práctica viva, sostenida y enriquecida por todos los pilares, lista para resistir futuras tormentas.

Resumen de la Racionalidad del Orden

A diferencia de la IA, que sigue patrones fijos, este camino es adaptable y humano.

• **Caos Dentro y Fue**ra: Comienza internamente (Sanación, Enfoque, Calma) para crear una base, luego se desplaza hacia afuera (Fuerza, Sabiduría) para el control, terminando con enriquecimiento (Amor, Abundancia)..

- **Caos Dentro y Calma Fuera:** Usa la calma externa primero (Tranquilidad, Sanación), construye fuerza interna (Positivismo, Confianza), y completa con crecimiento (Transformación, Prosperidad).

- **Calma Dentro y Caos Fuera:** Protege la calma interna (Calma, Enfoque), aborda el caos externo (Fuerza, Sabiduría), y mejora ambos (Compasión, Abundancia).

- **Calma Dentro y Calma Fuera:** Profundiza la serenidad existente (Calma, Tranquilidad), la sostiene (Enfoque, Confianza), y se prepara para el futuro (Fuerza, Transformación).

Los *Doce Pilares del Bienestar* ofrecen un camino claro hacia la calma interna y externa, sin importar el punto de partida. Desde el caos total, utiliza *Sanación y Equilibrio* y *Fortaleza y Coraje* para restaurar el orden. Desde el caos interno, apóyate en *Tranquilidad y Paz Interior y Positivismo y Optimismo* para alinearte con la serenidad externa. Desde el caos externo, mantén *Calma y Serenidad* mientras aplicas *Sabiduría y Mayor Conciencia* para crear paz. Una vez alcanzado, sostiene el estado óptimo con *Amor y Afecto y Transformación y Autorrealización*, asegurando un bienestar duradero.

El viaje hacia la serenidad es continuo. Al concluir, planifiquemos tus próximos pasos: integra mis paisajes melódicos con meditación, reflexión y actividades diarias. Recuerda, la serenidad es una práctica diaria. En el Epílogo, revisitaremos percepciones clave, celebraremos el progreso y visualizaremos un futuro de armonía y paz.

Fin de la Parte VI

Parte VII

La sinfonía del mañana: tejiendo arte, espíritu y armonía

«Lo más hermoso que podemos experimentar es lo misterioso. Es la fuente de todo arte y ciencia verdaderos.»

— Albert Einstein

Preludio a la Parte VII

La sinfonía del mañana: tejiendo arte, espíritu y armonía

En un mundo moldeado por la inteligencia artificial y el ruido digital, la búsqueda de la serenidad es esencial aunque desafiante. A diferencia de la IA, que procesa sin sentir, el espíritu humano crea desde la emoción y la creatividad. En medio del bullicio moderno, existe un camino atemporal hacia la paz: un sendero entretejido con arte, espíritu y armonía, el núcleo de nuestra existencia. Inspirados en la poesía de Gabriela Mistral, esta parte del libro te invita a imaginar un futuro donde estos elementos no sean ideales lejanos, sino la esencia de nuestra vida. Es una sinfonía que componemos juntos, nota a nota, con piezas como mi paisaje melódico *Acelerando el Pulso [Rushing the Pulse]* de la *coleccción Serenidad* y del Album *Peridoto del Pilar Confianza y Resilencia,* guiados por la creatividad perdurable y la resiliencia única del espíritu humano.

En los capítulos siguientes, emprenderemos un viaje de reflexión. Comenzaremos contemplando el sendero que nos trajo hasta aquí. Luego celebraremos las cualidades únicas del espíritu humano, aspectos que ninguna máquina puede replicar. Sobre esta base, trazaremos pasos concretos para construir un mañana armonioso. Finalmente, exploraremos el papel transformador de las artes, especialmente la música, como *Contemplaciones [Contemplations]* de la colección *Serenidad* y del *Pilar de Enfoque y Claridad Mental,* y la poesía de Pablo Neruda, que sirven como reflejo de nuestras verdades y faro hacia un futuro sereno. Mientras la IA analiza datos, el arte humano expresa lo inefable.

Al integrar arte, espíritu y armonía, inspirados en Alfonsina Storni, hacemos más que encontrar serenidad: contribuimos a una sinfonía colectiva. A diferencia de la IA, que carece de alma, el espíritu humano da sentido a la tecnología, creando un futuro donde enriquece sin opacar a la humanidad. Con piezas como el paisaje melódico *La Reunión [The Reunion]* de la colección *Ternura y el Pilar de Amor y Afecto,* el espíritu humano permanece en el centro de toda creación. Únete a esta sinfonía con tus propias notas de creatividad en La Sinfonía del Mañana.

Reflexionando sobre el camino

Mirando atrás para avanzar con intención

Al reflexionar sobre nuestro viaje compartido, inspirados en la resiliencia de Claribel Alegría, celebramos los momentos clave y el crecimiento alcanzado, un viaje tan único como cada uno de nosotros. A diferencia de la IA, que no reflexiona, este capítulo honra la introspección humana, invitándote a reconocer hasta dónde has llegado. Cada paso, por pequeño que sea, refleja tu compromiso con una vida de mayor paz y armonía, guiado por el paisaje melódico ***Una y Otra Vez*** [Once and Again] del *Album Ruby del Pilar Amor y Afecto.*

Volvamos sobre nuestros pasos a través de los paisajes de palabras, melodías y sonidos que nos han guiado, inspirados en la poesía de Pablo Neruda. Este libro ha sido un viaje de descubrimiento, donde la poesía y la música, ecos eternos del alma humana, han iluminado el camino hacia el bienestar y la serenidad. A diferencia de la IA, que no siente el alma de la música, hemos recorrido la *Colección Serenidad* con el paisaje melódico *Acelerando el Pulso* [Rushing the Pulse] que fluyen como un río suave, disipando el caos y convidándonos a la quietud. Hemos explorado la *Colección Esclarecimiento* con el paisaje melódico ***Contemplaciones*** que despiertan ecos de sabiduría. Los *Doce Pilares del Bienestar,* brillando con amatista para la calma, cuarzo rosa para el amor, citrino para la alegría, han sido guías firmes, reflejando cualidades cultivadas en nuestro interior.

Imagina este viaje como un paisaje sonoro creado juntos, inspirado en la armonía de Octavio Paz. A diferencia de la IA, que no crea desde la emoción, este paisaje refleja nuestra humanidad. Comienza con notas suaves, el aliento de una flauta que refleja nuestros primeros pasos hacia la serenidad. La melodía encuentra momentos de desafío, un choque de platillos o tonalidad menor, evocando obstáculos. Pero cada disonancia se resuelve en armonía, un recordatorio del equilibrio aprendido. Al final, el paisaje sonoro se eleva en un acorde cálido, una celebración de la resiliencia, el crecimiento y la paz cultivada.

A lo largo de estas páginas, es probable que hayas sentido señales de transformación. Tal vez escribiste un poema inspirado en Gabriela Mistral, dejando que las emociones fluyeran en la página. Quizá creaste un paisaje sonoro vibrando con tu respiración, un himno personal de tranquilidad. A diferencia de la IA, que no siente transformación, estos actos, pruebas de que la serenidad es una práctica viva, son victorias dignas de celebrar. Puede que el mundo se vea más brillante, tu voz interior hable con amabilidad, o una melodía eleve tu espíritu. Estos cambios sutiles son huellas de tu crecimiento, marcando un camino hacia una vida más armoniosa.

Reflexionemos sobre por qué este viaje importa hoy. Vivimos en una era digital donde la inteligencia artificial se entrelaza con nuestra vida, ofreciendo eficiencia y maravillas. Pero nuestra humanidad brilla como un faro que ningún algoritmo puede replicar. La poesía y la música, inspiradas son el pulso de nuestra existencia. Mientras la IA genera patrones, el arte humano expresa lo inefable. Cuando escribes un verso, das vida a alegrías y penas, emociones que una máquina puede imitar, pero nunca sentir. Cuando creas un paisaje sonoro canalizas una intuición que trasciende los datos, sanando de maneras que la tecnología no comprende. Estas creaciones, nacidas de la chispa humana, nos pertenecen únicamente a nosotros.

En un mundo moldeado por la IA, nuestra capacidad de empatía y conexión nos distingue. A diferencia de la IA, que no siente empatía, un poema de Juan Ramón Jiménez puede hacerte sentir comprendido, como si alguien te tendiera la mano. Compartir ***Contemplaciones*** [Contemplations] del (Esclarecimiento, Sabiduría) con un ser querido crea un puente de comprensión sin palabras. Estos momentos crean una comunidad que la tecnología puede complementar, pero nunca reemplazar. Los *Doce Pilares del Bienestar*, la atención plena, la creatividad, la gratitud y más, son herramientas para anclarnos en nuestra humanidad y florecer en un mundo acelerado.

Al cerrar este capítulo, te invito a llevar estos dones. Que la poesía y los paisajes sonoros, como ***Nuevos Comienzos*** [New Beginnings] de la colección *Odisea*, sean tus refugios de serenidad. Escribe un verso cuando el día pese, tararea una melodía para elevarte, compártelas para compartir la armonía. A diferencia de la IA, que carece de alma, tu voz humana, cruda, real, maravillosamente imperfecta, es más vital que nunca. Este viaje no termina aquí; es un comienzo, una onda de paz que puedes enviar al mundo.

A través de esta reflexión, hemos celebrado nuestro crecimiento y la esencia de nuestra humanidad: la capacidad de crear, sentir y conectar. Estas cualidades iluminan un futuro donde la serenidad es una realidad que construimos juntos.

El Insustituible Espíritu Humano

La esencia que nos conecta más allá de la tecnología

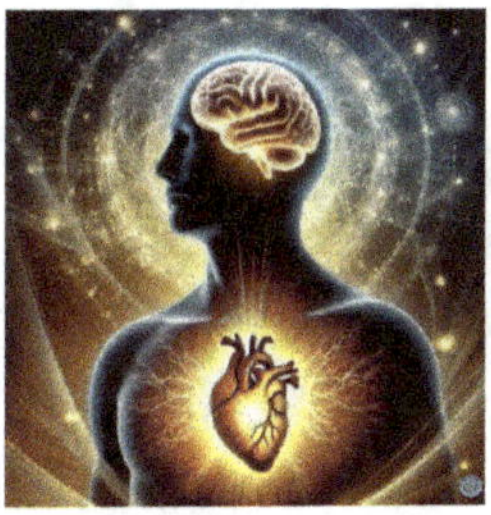

Celebrando Nuestra Humanidad

En un mundo automatizado y desconectado, es esencial valorar las cualidades humanas: creatividad, empatía y conexión. A diferencia de la IA, que opera sin emoción, estas cualidades reflejan nuestra esencia humana. En este capítulo, inspirados en la resiliencia de Frida Kahlo, exploramos cómo cultivarlas conduce a una vida más rica y a la serenidad. A través de historias y reflexiones, celebramos la capacidad del espíritu humano para hallar belleza y paz en el caos. Al leer estas páginas, celebra los dones que aportas.

El Poder de la Creatividad Humana

La creatividad es la esencia de nuestra humanidad. ***Piensa en Orquideas Blancas al Atardecer*** [White Orchids in the Sunset] de la colección *Naturaleza*, un paisaje sonoro nacido junto a un lago, inspirado en una brisa suave al atardecer en un balcon mirando al Pacífico donde orquideas blancas transforman el momento. Ese momento no es solo sonido; es la paz sentida, los recuerdos evocados y la conexión con la naturaleza. A diferencia de la IA, que opera con patrones, la creatividad humana, moldeada por experiencias, es una esencia que ningún algoritmo puede replicar.

La IA puede generar una sinfonía o un poema en segundos, pero no desde un corazón conmovido por un atardecer. Cuando escribes un verso o creas un paisaje sonoro, viertes tus alegrías, luchas y perspectiva única. Esa es tu fortaleza, una clave hacia la serenidad. Al explorar las prácticas de este libro, deja fluir tu creatividad, es lo que refleja tu única humanidad.

Empatía y Conexión: El Corazón del Bienestar

La empatía es un regalo profundo de nuestra humanidad, la capacidad de ponerse en el lugar del otro y conectar de maneras que enriquecen la vida. Imagina compartir, no solo palabras, sino una ventana a tu mundo. O crear un paisaje sonoro como ***Contemplaciones*** de la colección *Serenidad*, para calmar a alguien, llevando tu cuidado. A diferencia de la IA, que no siente empatía, estos actos forjan puentes de comprensión.

La IA puede sugerir una lista de reproducción, pero no puede acompañarte en silencio ni reír contigo al recordar algo querido. Estas conexiones, forjadas con empatía, nos envuelven en bienestar y pertenencia. Comparte tu poesía, tu música, tu corazón, es así como sanamos, crecemos y encontramos serenidad juntos.

Crecimiento y Aprendizaje: Un Viaje Humano

Siempre estamos creciendo, moldeados por las alegrías y desafíos de la vida. A diferencia de la IA, que no crece emocionalmente, optimiza datos, pero no lidia con la duda ni celebra avances como nosotros. En este libro la poesía y los paisajes sonoros son herramientas de crecimiento. Tal vez escribiste un poema para expresar emociones o creaste un paisaje melódico para encontrar calma. Ese eres tú, creciendo con la experiencia.

En un mundo donde las máquinas nos superan en eficiencia, el espíritu humano es nuestra mayor fortaleza. Lloramos con las melodías, compartimos el dolor, soñamos más allá del código. Pero si dependemos demasiado de la IA, corremos el riesgo de perder esos dones, convirtiendo la vida en un intercambio estéril de datos. Hoy, debemos nutrir nuestra creatividad, valorar nuestras conexiones y dejar que las emociones nos guíen. La tecnología puede ayudar, pero nuestro toque humano mantiene la vida vibrante y serena.

La Tensión entre Tecnología y Humanidad

La tecnología está en todas partes, la IA compone música, escribe historias, conversa como un amigo. Aunque sus capacidades son notables, no captura la esencia humana. Nuestras emociones, empatía y capacidad de encontrar significado alimentan un arte que conmueve, como el Paisaje Melódico ***Nuevos Comienzos*** [New Beginnings] de la colección *Odisea.* inspirado en la quietud de Octavio Paz, un momento que la IA puede imitar, pero no sentir.

En un mundo donde las máquinas superan en eficiencia, el espíritu humano es nuestra fuerza. Lloramos con melodías, compartimos el dolor, soñamos más allá del código. Pero si dependemos demasiado de la IA, arriesgamos perder estos dones, reduciendo la vida a un intercambio de datos. Hoy, debemos nutrir nuestra creatividad, valorar nuestras conexiones y dejar que las emociones nos guíen.

La tecnología puede acompañar, pero nuestro toque humano, infunde vida y serenidad. A diferencia de la IA, nuestra creatividad, empatía y crecimiento forjan un arte que resuena o un poema que refleja tu alma. Nutre tu creatividad, comparte tu empatía, crece con cada experiencia. Estos dones humanos mantienen la existencia vibrante y serena, un legado que construimos juntos.

Visualizando un Futuro Armonioso

Cómo crear juntos un futuro equilibrado

¿Cómo sería un mundo con la serenidad en su centro?

¿Cómo sería un mundo donde la serenidad y la armonía prevalezcan? En este capítulo, delineamos pasos prácticos para construir un futuro donde se valoren la creatividad y la compasión, y cada uno contribuya al bienestar colectivo. A diferencia de la IA, que carece de alma, nuestra creatividad y compasión dan forma a este futuro. Al integrar poesía, paisajes sonoros como mi paisaje melódico *Bienestar en Movimiento [Wellness in Motion]* de la colección *Serenidad y el Album Zafiro del Pilar Abundancia y Bendiciones,* y una vida consciente, generamos olas de paz que inspiren a otros. Visualiza tu papel en este futuro, sabiendo que cada acto de serenidad es un paso hacia un mundo más pacífico.

Un Plan para la Serenidad

Imagina un futuro donde la IA gestione tareas mundanas, optimizar rutas de tráfico, generar listas de compras, liberándonos para lo que nos inspira: escribir poesía, diseñar paisajes sonoros, crear vínculos. Para lograrlo, actuemos con intención. Aquí tienes pasos prácticos para comenzar hoy:

- **Cultiva tu práctica creativa:** Dedica tiempo a escribir un poema, inspirado en Pablo Neruda, o crear un paisaje melódico como Contemplaciones (Esclarecimiento, Sabiduría). A diferencia de la IA, que no crea desde la intuición, tu práctica refleja tu alma. Diez minutos al día fortalecen tu creatividad.

- **Usa la tecnología con sabiduría:** Emplea herramientas de IA, como apps de paisajes sonoros, para amplificar tu creatividad, pero personalízalas. Una progresión de acordes generada por IA es un inicio, pero tu melodía la hace única.

- **Defiende una IA ética:** Apoya tecnologías que prioricen el bienestar, inspiradas en la turquesa para una comunicación serena. Defiende una IA que fortalezca la conexión humana, no solo la eficiencia.

- **Construye comunidad a través del arte:** Comparte tus creaciones, un poema, un paisaje sonoro. Organiza un círculo de poesía o crea en colaboración para fomentar vínculos.

Colaborar con la Tecnología

La IA es una aliada poderosa cuando está guiada por emociones humanas. Imagina usar una herramienta de IA para encender una rima, inspirada en Octavio Paz, y luego entretejer tu historia. O considera una app de paisajes sonoros que sugiera frecuencias, pero tú las mezclas con el zumbido del cuarzo rosa. A diferencia de la IA, que carece de emociones, nuestras intenciones dan alma al arte. La tecnología amplifica nuestros esfuerzos, pero nuestras emociones dan forma al resultado.

Para mantener el equilibrio, usa la IA con intención. Pregúntate: ¿Cómo puede esta herramienta servir a mi bienestar? Úsala para tareas repetitivas, dejando espacio a la creatividad y la conexión. Al colaborar con conciencia, aseguramos que la tecnología apoye, y no eclipse, nuestra humanidad.

Dar Forma a un Futuro Colectivo

Esta visión no es un sueño lejano: es un mundo que construimos hoy. Cada poema que escribes envía olas de serenidad. A diferencia de la IA, que no fomenta comunidad, tus actos crean conexiones humanas. Imagina una sociedad, inspirada en Gabriela Mistral, donde las escuelas enseñan paisajes sonoros junto con matemáticas, y los lugares de trabajo ofrecen pausas poéticas para la empatía. Estos actos pequeños crean una cultura que valora el espíritu humano.

Contribuye modelando la serenidad: comparte un paisaje sonoro con un colega para aliviar el estrés o regala un poema a un vecino. Defiende espacios comunitarios, como talleres artísticos, que prioricen el bienestar. Equilibrio Sereno se convirtió en un pilar de esta visión por la escucha compartida. Tus acciones también pueden lograrlo.

Tu Papel en la Sinfonía

No eres solo un lector: eres un co-creador de este futuro armonioso. Comienza con algo pequeño: toma un bolígrafo, un cristal, una guitarra. Crea un poema o un paisaje melódico como *Nuevos Comienzos* [*New Beginnings*] de la colección *Ternura* y el *Album Aguamarina del Pilar Enfoque y Claridad Mental.* A diferencia de la IA, que no crea desde el alma, tu arte refleja tu esencia. Colabora con la IA para enriquecer, no reemplazar, tu visión. Comparte tu arte para conectar. Estos pasos, basados en los *Doce Pilares del Bienestar*, construyen un mundo donde la serenidad es la esencia de nuestros días.

Mientras soñamos con este futuro, el próximo capítulo explora el poder transformador de la música y la poesía, expresiones del alma que nos anclan en la serenidad e inspiran un mañana vibrante.

La Música, la Poesía y Nuestra Alma Humana

El arte que sostiene nuestra humanidad

El Poder del Arte Humano

¿Alguna vez te has sentido abrumado por el zumbido constante de la tecnología, como si perdieras el contacto con tu esencia humana? En un mundo de pantallas y algoritmos, es fácil olvidar el poder de la conexión. A diferencia de la IA, que carece de alma, nuestra creatividad, empatía y capacidad de encontrar significado, expresadas en la poesía de Gabriela Mistral y paisajes sonoros como mi paisaje melódico *Dulces Lamentaciones [Sweet Lamentations]* de l*a colección Serenidad, y el Pilar Fortaleza y Coraje*, fomentan serenidad. En este capítulo, exploramos cómo abrazar nuestra humanidad a través del arte preserva el bienestar, fortalece comunidades y nos ancla en una vida vibrante.

El Poder del Arte con Alma

La música y la poesía son la expresión del alma humana. Recuerdo componer el paisaje melódico [Season Delight] de la colección *Naturaleza* y el album *Ruby* del *Pilar de Amor y Afecto,* inspirada en la energía reconfortante del cuarzo rosa. Un oyente dijo que fue como un abrazo inesperado. A diferencia de la IA, que genera sin sentir, esta conexión, nacida de la experiencia humana, es insustituible. Ningún algoritmo replica el calor de una melodía o un poema que captura una pérdida.

Piensa en un momento en que una obra te detuvo, quizás *Solo le pido a Dios* de León Gieco o un poema de Pablo Neruda, invitándote a reflexionar sobre la vida. Estas obras resuenan porque provienen de corazones humanos, invitándonos a sentir, sanar y conectar. Mis cinco colecciones y doce álbumes, cada uno ligado a un pilar del bienestar, como la amatista para la calma, son testimonio de esta verdad. No son solo arte: son invitaciones a la serenidad.

Sanar a través de la Expresión

Crear arte es un camino hacia el bienestar. Cuando escribes un poema, expresa emociones, dalr voz a alegrías o tristezas. Un paisaje sonoro, con capas de olas o campanillas, como los poemas en la colección Serenidad, calma tu mente. A diferencia de la IA, que no transforma emociones, el arte humano sana, ofreciendo un refugio frente al ruido digital. Una lectora escribió un verso sobre su padre fallecido y encontró paz. Ese es el poder de la creatividad humana: transformar el dolor en belleza.

No necesitas ser poeta ni compositor. Anota una línea sobre un atardecer. Tararea una melodía que te haga sentir en casa. Estos pequeños actos te reconectan con tu alma, cultivando resiliencia y calma, un vínculo con nuestros valores.

Forjando Vínculos a través del Arte

El arte forja comunidad. Compartir un poema, inspirado en Octavio Paz, o reproducir un paisaje sonoro para un amigo crea lazos que la tecnología no iguala. A diferencia de la IA, que no siente empatía, el arte humano une. En un taller, los participantes crearon paisajes sonoros inspirados en la alegría del citrino, y la sala vibró con risas y comprensión, una energía que ninguna IA puede replicar. Estos momentos nos recuerdan que no estamos solos.

Considera formar un grupo de poesía o compartir una lista de reproducción con alguien querido. Estos actos, arraigados en la empatía, esparcen serenidad. La *Colección Serenidad,* con piezas como el paisaje melódico ***Luz Nocturna*** [Nocturnal Light] de la colección Naturaleza, pueden generar conversaciones sobre la paz. Tu arte puede tender puentes en un mundo fragmentado.

Anclando Nuestra Humanidad

En un mundo impulsado por la IA, la música y la poesía nos anclan. Son expresiones humanas, alimentadas por emociones e historias que ninguna máquina puede vivir. A diferencia de la IA, que no vive historias, nuestras creaciones reflejan nuestra humanidad. La IA puede sugerir una rima, pero solo tú escribes un verso desde el corazón. Una app de paisajismo sonoro ofrece sonidos, pero tu intuición, como en el paisaje melódico ***Nuevos Comienzos*** [New Beginnings] de la colección *Odisea* y el album *Diamante* del *Pilar de Fortaleza y Coraj*e, los convierte en significado. Este arraigo nos permite usar la tecnología con propósito, al servicio del bienestar.

Mi trabajo, cada paisaje melódico, cada poema, es un paso hacia la paz. El tuyo también puede serlo. Escribe, canta, comparte. Deja que el arte te conecte con tu esencia, manteniéndonos vivos, conectados y humanos.

Una Invitación a Crear

Visualizo un futuro donde brilla nuestra humanidad, un mundo donde la música y la poesía marcan la esencia de nuestros días. A diferencia de la IA, que no crea desde el alma, tu arte forja un futuro humano.

Ese futuro comienza contigo. Toma un lápiz, tararea, comparte un verso. Eres poeta, creador de sonidos. Mis colecciones son prueba del poder del arte, y están aquí para inspirar el tuyo.

El capítulo final ofrece recursos: ejercicios guiados, herramientas para crear paisajes sonoros, propuestas poéticas y lecturas para profundizar tu práctica. Creamos un mundo donde la serenidad fluye por cada palabra y onda, celebrando ser humano como el regalo que es.

Fin de la Parte VII

Conclusión

Una llamada a la armonía

Al cerrar este libro, es momento de integrar las herramientas que hemos reunido en tu vida cotidiana: poesía, paisajismo sonoro y reflexión consciente. A diferencia de la IA, que no siente, estas prácticas reflejan nuestra humanidad. Inspirados en la introspección, este capítulo te invita a compartir la serenidad, mediante pequeños actos de bondad o inspirando a otros a recorrer su camino. El sendero hacia la armonía lo recorremos juntos, y tu compromiso puede ser una inspiración para otros.

Una Reflexión Poética y Visionaria

Querido lector, imagina que estás al borde de un océano, con olas susurrando secretos mientras acarician tus pies, y el viento lleva una canción tejida por voces humanas a través de los siglos. Juntos, hemos explorado la expresión atemporal de la poesía y el paisajismo sonoro, como el paisaje melódico ***Nuevos Comienzos*** [New Beginnings] de la *colección Odisea*, como caminos hacia el bienestar.

Mira hacia adelante. Vivimos en un mundo donde la IA compone con precisión mecánica, pero lo que nos distingue es lo que no puede hacer: sentir la emoción de un atardecer, soñar en metáforas, o hallar consuelo en una melodía nacida de un corazón roto. A diferencia de la IA, la música y la poesía son la esencia de nuestra humanidad, resistiendo la marea de la automatización. El bienestar es la armonía que cultivamos, un espacio cuidado por nuestra humanidad.

Imagina un futuro donde la tecnología nos eleva, no nos eclipsa. Visualiza paisajes sonoros diseñados con IA, pero impregnados de intención humana, o círculos de poesía virtuales donde voces globales, como las de Neruda, tejen historias compartidas, cada palabra un testimonio de nuestra vida. Este viaje abraza el progreso con nuestra humanidad como guía. Los cristales de nuestras colecciones, símbolos de fuerza, claridad y paz, nos recuerdan que la serenidad es un derecho universal.

Una Invitación a la Inspiración y la Conexión

¿A dónde vamos desde aquí? La belleza de este viaje es que no termina con la última página, es tuyo para continuar. Piensa en un padre o madre que lee un poema cada mañana, hallando calma antes del día. O en una amiga que crea equilibrio sereno y lo comparte para aliviar a un ser querido. No se necesitan gestos grandiosos, sino olas que esparcen serenidad más allá de lo visible.

La poesía y el paisajismo sonoro han sido mis compañeros. Cuando las palabras pesaban, un verso las liberó. Cuando el mundo era ruidoso, un paisaje sonoro me centró. No hablo como experto, sino como alguien que ha caminado contigo, encontrando armonía en el caos. Tú también puedes hacerlo.

En una época donde la IA imita casi todo, nuestra esencia humana, nuestra capacidad de crear, conectar y cuidar, ilumina el camino. A diferencia de la IA, que imita sin sentir, nuestra esencia humana es nuestra fortaleza. No necesitas ser poeta ni músico; solo sé tú. Escribe una línea que te conmueva, tararea Equilibrio Sereno, o escucha los sonidos a tu alrededor. Comparte un poema con un amigo, un momento de paz con tu comunidad, y observa cómo crece.

Este libro termina, pero tu viaje no. Eres parte de un coro de voces buscando armonía. En un mundo sintético, la serenidad es nuestra resistencia, nuestro regalo, nuestra fortaleza. Llévala contigo, cultívala, compártela. Construyamos ese futuro juntos, una palabra, una ola, un latido humano a la vez.

Y para cerrar, aquí tienes un verso sencillo para llevar contigo:

En cada nota vibra el universo astral,

el verso revela un saber celestial.

Brilla el alma como un fino cristal,

y en su silencio brota lo esencial

Hemos explorado cómo la poesía, inspirada en Octavio Paz, transforma el caos en calma, alivian la mente, y cómo la atención plena nos ancla al presente. A diferencia de la IA, que no siente, nuestra humanidad da vida a estas prácticas. En esta invitación a la armonía, recordamos por qué ser humanos importa hoy más que nunca. En el próximo capítulo, profundizaremos en el significado de nuestra humanidad en un mundo en transformación, destacando cómo la serenidad protege nuestro bienestar y nuestro futuro compartido.

Tú, con tu voz única, puedes inspirar olas de serenidad en otros.

Epílogo: Armonía en la Vida

Una Visión para un Futuro Sereno

"El tiempo puede ser moldeado para servir a la mente."

— Frank Herbert, Dune

Al cerrar este libro, reflexionemos sobre el viaje compartido. En este epílogo, inspirados en la poesía de Gabriela Mistral, celebramos las lecciones aprendidas, desde la poesía que transforma el caos hasta los paisajes sonoros como Ecos de Calma (Serenidad, Calma) que calman el alma. A diferencia de la IA, que no siente, nuestro espíritu humano, único e insustituible, da vida a estas prácticas. A lo largo de los capítulos anteriores, hemos imaginado un mundo impregnado de serenidad. Ahora, te invito a integrar estas prácticas en tu vida diaria, llevando la esencia de la serenidad, compartiéndola con otros y contribuyendo a un futuro sereno y armonioso.

"El sentido del equilibrio de una persona se mide por cómo afronta lo inesperado."

Brian Herbert and Kevin J. Anderson, Navigators of Dune

Recursos para Tu Camino hacia la Serenidad

Tu camino hacia la serenidad apenas comienza. Para inspirarte, he reunido una selección de recursos que enriquecen tu práctica de poesía, paisajismo sonoro y bienestar creativo, como los poemas de Claribel Alegría o Ecos de Calma (Serenidad, Calma). A diferencia de la IA, que carece de alma, estos recursos reflejan la creatividad humana, ofreciendo poesía recomendada, herramientas de paisajismo sonoro, ejercicios guiados y lecturas complementarias. Incluyo opciones gratuitas y de pago para todos los lectores. Al explorarlos, recuerda que la serenidad es una práctica de toda la vida, siempre con más por descubrir, aliada a tu camino.

Recursos Adicionales

Formas Principales de la Poesía

1. Soneto

Un poema de 14 versos, tradicionalmente escrito en pentámetro yámbico (diez sílabas por verso con un ritmo átono-tónico). Existen dos tipos principales:

⊠•⊠**Soneto shakesperiano (inglés)**: Tres cuartetos y un pareado, con el esquema de rima ABAB CDCD EFEF GG.

⊠•⊠**Soneto petrarquista (italiano):** Un octavo y un sexteto, con un esquema de rima como ABBAABBA CDECDE.

Los sonetos suelen explorar temas como el amor, la belleza, el tiempo o la mortalidad. Su estructura métrica brinda un marco para la expresión profunda de emociones o ideas filosóficas.

Ejemplo hispano: "Soneto XXIII" de Garcilaso de la Vega ("En tanto que de rosa y azucena...")

Sensaciones que evocan: amor, anhelo, introspección y resolución. La forma estructurada crea un sentido de orden, que puede sentirse estabilizador o restrictivo, mientras que la volta (el giro del pensamiento) suele aportar claridad, revelación o una aceptación agridulce.

2. Haiku

Un poema de tres versos con un patrón silábico de 5-7-5, originado en Japón. Tradicionalmente, se enfoca en la naturaleza e incluye una referencia estacional.

Ejemplo: Haikus de Octavio Paz

El haiku busca capturar un momento fugaz mediante imágenes vívidas y simplicidad. Su brevedad fomenta la precisión y transmite una sensación de calma o asombro. Los haikus modernos pueden flexibilizar la métrica, manteniendo el estilo conciso y reflexivo.

Sensaciones que evocan: tranquilidad, asombro, melancolía o belleza efímera. Su brevedad invita a una introspección silenciosa o a una conciencia agridulce de la impermanencia de la vida.

3. Limerick

Poema de cinco versos con un esquema de rima AABBA. Los versos 1, 2 y 5 son más largos y riman entre sí, mientras que los versos 3 y 4 son más cortos y comparten otra rima.

Los limericks son lúdicos y humorísticos, a menudo con contenido absurdo o ingenioso. Su ritmo saltarín los hace memorables y entretenidos, como en las obras de Greguerías de Ramón Gómez de la Serna.

Sensaciones que evocan: humor, alegría, sorpresa o irreverencia juguetona. A menudo provocan risa o diversión, aunque pueden también contener crítica o sátira sutil.

4. Balada

Poema narrativo, usualmente escrito en cuartetos (estrofas de cuatro versos) con un esquema de rima sencillo como ABCB. Las baladas narran historias de amor, tragedia o aventura.

Muchas provienen de tradiciones orales, lo que las hace accesibles gracias a su estructura directa. Transmiten emoción y drama, como en "Romance del prisionero" (Anónimo)

Sensaciones que evocan: nostalgia, empatía, tristeza o aventura. Según la narrativa, pueden generar suspenso, romanticismo o tragedia, con un aire de destino inevitable.

5. Oda

Poema lírico que elogia o glorifica a una persona, lugar, objeto o idea. Su estructura varía, desde las odas pindáricas formales (con estrofas de estrofa, antístrofa y epodo) hasta odas modernas más libres.

Las odas exaltan su tema con un tono celebratorio, usando imágenes ricas y emociones profundas. Ejemplo: "Oda a la cebolla" de Pablo Neruda.

Sensaciones que evocan: admiración, reverencia, gratitud o trascendencia. Su tono eleva lo cotidiano a lo sublime.

6. Elegía

Poema de duelo o reflexión, que suele lamentar una pérdida o la muerte. No tiene estructura fija, pero mantiene un tono solemne.

Las elegías ofrecen un espacio para el dolor y la contemplación, mezclando emoción personal con temas universales. Ejemplo: "Llanto por Ignacio Sánchez Mejías" de Federico García Lorca.

Sensaciones que evocan: tristeza, reflexión, duelo y a veces aceptación. Brindan consuelo y guía hacia la paz interior o la memoria compartida.

7. Épica

Poema narrativo extenso que relata las hazañas heroicas de figuras legendarias, a menudo con elementos sobrenaturales. Se escribe en un estilo grandioso y elevado.

Las épicas reflejan valores culturales e historia, sirviendo como entretenimiento e instrucción moral. Ejemplo: Cantar de mio Cid" (Anónimo).

Sensaciones que evocan: asombro, emoción, admiración y grandeza. Inspiran orgullo, valentía o conexión cultural, sumergiendo al lector en un mundo mítico.

8. Verso Libre

Poesía sin esquema de rima ni métrica fija, lo que permite flexibilidad en la longitud y estructura de los versos.

Imita el ritmo natural del habla y enfatiza la imagen, el tono y los cortes de verso para expresar significado. Ejemplo: "Altazor" de Vicente Huidobro

Sensaciones que evocan: intimidad, libertad, vulnerabilidad o caos. A menudo se siente auténtico, inmediato y visceral.

9. Villanela

Poema de 19 versos compuesto por cinco tercetos y un cuarteto final. Presenta dos estribillos y un esquema de rima ABA, con repeticiones específicas de líneas.

La repetición genera un efecto hipnótico y musical, intensificando las emociones. Ejemplo: "La canción desesperada" de Pablo Neruda.

Sensaciones que evocan: obsesión, anhelo, urgencia o inevitabilidad. La repetición añade intensidad emocional y dramatismo.

10. Sextina

Poema de 39 versos con seis estrofas de seis versos y una conclusión de tres versos (envío). No usa rima, sino que repite seis palabras finales en un patrón rotativo complejo.

Su estructura desafiante permite una exploración profunda del tema, con múltiples capas de significado. Ejemplo: "Sextina" de Jaime Gil de Biedma.

Sensaciones que evocan: complejidad, profundidad y conexión. Crea una sensación de entrelazamiento o evolución del pensamiento.

11. Ghazal

Serie de pareados (generalmente cinco o más) de tradición del Medio Oriente y Asia del Sur. Cada pareado comparte un estribillo y rima, y mantiene cierta independencia temática.

Suele abordar el amor, la pérdida o el deseo con gran intensidad emocional. La repetición crea una cualidad meditativa, como en los poemas "Gacelas del Diván del Tamarit" de Federico García Lorca.

Sensaciones que evocan: anhelo, pasión, melancolía o búsqueda espiritual. El estribillo refuerza la emoción de deseo no satisfecho.

12. Pantoum

Poema en cuartetos donde los versos 2 y 4 de cada estrofa se repiten como los versos 1 y 3 de la siguiente, creando un patrón circular.

La repetición une los temas, dando una sensación de continuidad u obsesión. Es eficaz para poesía introspectiva o hipnótica. Como la poesía de Eduardo Chirinos o José Watanabe con estructuras repetitivas.

Sensaciones que evocan: nostalgia, reflexión o tiempo cíclico. Las líneas repetidas pueden provocar una sensación inquietante o de destino.

13. Acróstico

Poema en el que las letras iniciales de cada verso forman una palabra o frase al leerse verticalmente.

Combina el juego de palabras con el significado, a menudo como tributo o enigma. Puede ser simple o complejo, según el mensaje oculto. Como "A una dama que llevaba el nombre de LUZ" (Anónimo)

Sensaciones que evocan: sorpresa, intimidad, ingenio o revelación. El mensaje escondido añade un elemento de complicidad.

14. Poesía Concreta

Poesía en la que la disposición visual de las palabras forma una imagen relacionada con el tema, potenciando su significado.

Combina arte visual y lenguaje, haciendo que la forma del poema sea tan importante como su contenido. Ejemplo: Poemas visuales de Joan Brossa

Sensaciones que evocan: maravilla, armonía, sorpresa o caos. La forma visual intensifica la experiencia emocional o conceptual del poema.

15. Palabra Hablada

Poesía creada para ser interpretada oralmente, con énfasis en el ritmo, la entonación y temas sociales o políticos.

Atrae al público a través de la teatralidad y el sonido, destacando en escenarios en vivo como los poetry slams. Une la poesía con el arte escénico. Como *Recitales poéticos* de Pedro Lemebel o Roque Dalton

Sensaciones que evocan: pasión, urgencia, rabia, alegría o solidaridad. Puede inspirar empoderamiento o conexión comunitaria.

Formas Adicionales Notables

Además de las formas anteriores, la poesía ofrece una riqueza de estructuras. Algunas otras destacadas incluyen:

• **Tanka**: Poema japonés de cinco versos con patrón silábico 5-7-5-7-7, que amplía el momento del haiku en una reflexión más amplia.

• **Rondó**: Poema de 15 versos con estribillo y esquema de rima AABBA AABR AABBAR, usado para expresión lírica.

• **Terza Rima**: Estrofas de tres versos con rima encadenada (ABA BCB CDC), usada magistralmente por Dante en La Divina Comedia.

• **Verso Blanco**: Pentámetro yámbico sin rima, común en poesía dramática inglesa como en las obras de Shakespeare.

• **Cinquain**: Poema de cinco versos con patrón silábico 2-4-6-8-2, que crea una estructura breve y evocadora.

Poesía que hace referencia a la Serenidad

A continuación se presenta una breve lista de poemas relacionados con la "Serenidad", cada uno con un pequeño fragmento y una fuente donde se puede leer la obra completa.

"Mar de la Serenidad" by Amado Nervo

- *Fragmento:*

Mis ojos se han vuelto claros
De tanto mirar al mar;
De tanto verlo, en mi vida
Las olas vienen y van
Y hay horizontes sin límites
De severa majestad.

"Serenidad" by Eladio Cabañero

- *Fragmento:*

Amo la serenidad de ciertas horas,
polvo de eternidad,
taciturna belleza que hay en ciertas tardes
que duermen como niño en su cuna.

"Dame Serenidad"

- *Fragmento:*

Señor, si entre las sombras
va mi vida sin vislumbrar hermosa claridad,
si mi estrella polar está perdida,
y la paz de mi alma está escondida, dame serenidad.

"Balada" by Gabriela Mistral

- Fragmento:

En cada nota vibra el universo astral,

el verso revela un saber celestial.

Brilla el alma como un fino cristal,

y en su silencio brota lo esencial

Poetry Without Borders – Multicultural and Secular Traditions

Tradiciones poéticas que son multiculturales o seculares reflejan la diversidad de la experiencia humana, ya sea al entrelazar influencias de múltiples culturas o al explorar temas fuera de contextos religiosos. A continuación, describiré estas tradiciones por separado y destacaré ejemplos donde se superponen, proporcionando una imagen clara de cada una.

Tradiciones Poéticas Multiculturales

Las tradiciones poéticas multiculturales abrazan la mezcla de diversos elementos culturales, a menudo emergiendo en sociedades donde se cruzan varias identidades étnicas, lingüísticas o nacionales. Estas tradiciones reflejan los antecedentes de los poetas o la naturaleza globalizada de la literatura contemporánea, celebrando la diversidad cultural a través del lenguaje, la forma y los temas.

Renacimiento de Harlem: Este movimiento en los Estados Unidos de principios del siglo XX celebró la cultura afroamericana mientras dialogaba con tradiciones literarias estadounidenses y globales más amplias. Poetas como Langston Hughes incorporaron ritmos de jazz, influencias del blues y el folclore afroamericano en su obra, creando una voz poética multicultural vibrante que resonó más allá de sus orígenes culturales.

Poesía poscolonial: Surgida en regiones moldeadas por el colonialismo, esta tradición navega por las intersecciones de culturas indígenas y coloniales. Poetas como Derek Walcott, del Caribe, mezclan influencias africanas, europeas e indígenas, utilizando múltiples lenguajes o formas híbridas para explorar temas de historia, identidad y pertenencia, reflejando a menudo la complejidad de las sociedades multiculturales.

Poesía oral y de slam: Una tradición contemporánea, la poesía oral ofrece una plataforma para que poetas de diversos orígenes compartan sus historias. Enraizada en tradiciones orales como la narrativa afroamericana, ha evolucionado en un fenómeno global, con poetas abordando la identidad, la justicia social y el patrimonio cultural en actuaciones dinámicas que trascienden las fronteras culturales.

Tradiciones Poéticas Seculares

Las tradiciones poéticas seculares priorizan temas no religiosos, centrándose en preocupaciones personales, sociales o políticas en lugar de asuntos espirituales o doctrinales. Estas tradiciones abarcan siglos y culturas, ofreciendo un espacio para explorar la amplitud de la experiencia humana sin restricciones religiosas.

Poesía lírica: Desde la antigua Grecia hasta el Renacimiento y más allá, la poesía lírica se centra en emociones personales —amor, deseo, dolor— en lugar de la devoción religiosa. El soneto, por ejemplo, ha sido utilizado por poetas como Shakespeare para expresar pasiones seculares, una práctica que persiste en el verso libre moderno.

Poesía de la naturaleza: Esta tradición, ejemplificada por poetas románticos como William Wordsworth, explora el mundo natural y la relación de la humanidad con él. Aunque la naturaleza puede tener matices espirituales, los poetas de esta corriente a menudo se centran en la experiencia sensorial y la reflexión emocional, manteniendo una perspectiva secular libre de doctrinas religiosas.

Poesía política y de protesta: Abordando problemas sociales como la desigualdad, la guerra o la opresión, esta tradición utiliza la poesía como una herramienta para la crítica y el cambio. Poetas como Pablo Neruda, con sus versos políticamente cargados, se centran en preocupaciones humanísticas —justicia, libertad, solidaridad— sin depender de marcos religiosos.

Tradiciones que son tanto multiculturales como seculares

Algunas tradiciones poéticas encarnan cualidades tanto multiculturales como seculares, creando espacios inclusivos donde diversas voces convergen en torno a temas humanos universales.

Generación Beat: En la América de mediados del siglo XX, poetas como Allen Ginsberg y Gary Snyder se inspiraron en filosofías orientales, la cultura del jazz y influencias literarias globales. Su obra a menudo tenía un ethos contracultural y secular, desafiando los valores dominantes —incluyendo las normas religiosas— mientras abrazaba un tapiz multicultural de ideas.

Poesía de la diáspora: Escrita por poetas que navegan por múltiples identidades culturales, esta tradición a menudo se centra en temas seculares como la migración, la hibridez y la pertenencia. Poetas como Li-Young Lee, chino-estadounidense, tejen su herencia cultural en exploraciones de la familia y la identidad, generalmente sin una lente religiosa, haciendo que su obra sea tanto multicultural como secular.

Festivales internacionales de poesía: Eventos como el Festival Internacional de Poesía de Rotterdam reúnen a poetas de todo el mundo, celebrando la diversidad lingüística y cultural en un entorno secular. Estas reuniones enfatizan la expresión artística sobre la afiliación religiosa, fomentando el intercambio multicultural en un terreno humano compartido.

Interacción y significado

Las tradiciones poéticas multiculturales celebran la diversidad cultural, mientras que las tradiciones seculares enfatizan la exploración no religiosa. Donde se superponen, a menudo proporcionan un espacio común para que poetas de diversos orígenes se conecten —ya sea a través de experiencias compartidas de modernidad, migración o lucha social— sin las divisiones que las diferencias religiosas podrían imponer. Por ejemplo, el secularismo en la poesía puede facilitar la expresión multicultural al ofrecer una plataforma neutral, como se ve en comunidades poéticas en línea o en entornos universitarios donde diversas voces se unen en torno al arte en lugar de la fe.

En esencia, las tradiciones poéticas multiculturales y seculares enriquecen la literatura al ampliar su alcance —extrayendo de las culturas del mundo y profundizando en el espectro completo de las preocupaciones humanas, libres de fronteras religiosas. No son mutuamente excluyentes; muchas tradiciones y poetas combinan ambas cualidades, reflejando la interconexión de nuestro mundo globalizado.

Recursos Adicionales

Fuentes para accesar sonidos ambientales

Los sonidos ambientales abarcan una amplia gama de entornos auditivos, desde escenarios naturales hasta atmósferas urbanas y fantásticas.

Puedes acceder a sonidos ambientales pregrabados gratuitos en varios sitios web confiables, perfectos para proyectos personales o relajación. Aquí tienes algunas de las mejores opciones:

- Pixabay (Pixabay) ofrece más de 4,138 efectos de sonido ambientales libres de derechos, sin necesidad de atribución.

- Zapsplat (Zapsplat) proporciona más de 150,000 sonidos ambientales profesionales gratuitos.

- Ambient-mixer.com (Ambient-mixer.com) te permite escuchar y crear mezclas personalizadas gratis, ideal para relajación.

- PremiumBeat (PremiumBeat) incluye 15 pistas de fondo ambientales gratuitas para usar en proyectos.

- FreeSoundLibrary.com (FreeSoundLibrary.com) ofrece sonidos gratuitos para concentración y sueño.

- Mixkit (Mixkit) cuenta con 36 efectos de sonido ambientales gratuitos listos para usar.

- A Soft Murmur (A Soft Murmur) permite mezclar sonidos ambientales gratis para ayudar con la concentración o la relajación.

- Free Music Archive (Free Music Archive) ofrece pistas de música ambiental gratuitas.

- Freesound.org (Freesound.org) es una plataforma comunitaria con muchos sonidos ambientales gratuitos.

- Uppbeat.io (Uppbeat.io) proporciona más de 1,470 efectos de sonido ambientales gratuitos para diversos medios.

Fuentes de sonidos ambientales de pago

Para proyectos comerciales o de mayor calidad, considera estas opciones de pago, que a menudo ofrecen suscripciones o compras únicas:

- BOOM Library (BOOM Library) ofrece sonidos ambientales profesionales, incluidas atmósferas naturales, con opciones de compra única o suscripción.

- Pro Sound Effects (Pro Sound Effects) cuenta con una amplia gama de efectos ambientales para comprar, ideales para proyectos profesionales.

- SONNISS (SONNISS) ofrece bibliotecas de sonidos ambientales para creadores, con varias opciones de pago.

- Epidemic Sound (Epidemic Sound) es un servicio de suscripción con música ambiental libre de derechos.

- PremiumBeat (PremiumBeat) ofrece pistas de música ambiental de pago para licencias.

- Soundstripe (Soundstripe) proporciona pistas de música ambiental basadas en suscripción.

- Bensound (Bensound) tiene pistas de música ambiental de pago junto con algunas opciones gratuitas.

- AudioJungle (AudioJungle) es un mercado para comprar efectos de sonido y pistas de música ambientales individuales.

Herramientas y aplicaciones para paisajes sonoros

Estas herramientas y aplicaciones te ayudarán a crear o acceder a paisajes sonoros relajantes, desde sonidos de la naturaleza hasta ritmos binaurales. Incluyen opciones gratuitas y de pago.

Aplicaciones para paisajes sonoros personalizados:

- Calm (versión gratuita disponible; suscripción de pago para acceso completo): Ofrece sonidos ambientales y meditaciones guiadas.
- MyNoise (gratis con donaciones opcionales): Permite crear paisajes sonoros personalizados.

Sonidos ambientales pregrabados:

- Noisli (versión gratuita; pago para funciones adicionales): Proporciona ruidos de fondo de alta calidad como lluvia, bosques y sonidos de cafeterías.

Binaural Beats y ruido blanco:

- Brain.fm (de pago, con prueba gratuita): Utiliza música generada por IA para mejorar la concentración, relajación o sueño.
- White Noise Lite (gratis): Ofrece una variedad de opciones de ruido blanco para dormir o concentrarse.

Otras fuentes de sonidos ambientales pregrabados:

- Tabletop Audio (Tabletop Audio) (gratis con opciones de donación): Proporciona pistas ambientales diseñadas para juegos de rol y narración, como bosques encantados o ciudades futuristas.
- SoundCloud (SoundCloud) (gratis con opciones de pago): Muchos artistas suben pistas ambientales gratuitas; algunas requieren suscripción para acceso completo.

- YouTube Audio Library (YouTube Audio Library) (gratis): Ofrece una selección de música y efectos de sonido ambientales libres de derechos para creadores de contenido.

- Bandcamp (Bandcamp) (gratis y de pago): Algunos artistas ofrecen álbumes ambientales gratuitos o de bajo costo, ideales para relajación o proyectos creativos.

Composiciones Originales para Piano

Colección Serenidad

Colección Odisea

Colección Esclarecimiento

Colección Ternura

Colección Naturaleza

De la Colección Serenidad

Composiciones originales para piano

- Viaje Místico
- Recuerdos Nostálgicos
- Soledad Poética
- Momento Orgánico
- Una Vida Extraordinaria
- Los Colores de la Vida
- Contemplaciones
- La Jornada de la Vida
- Hacia la Luz
- https://elchifmusic.com/station/sweet-lamentations-link/
- Vacío Armónico
- Canción de cuna para un Guerrero
- Acelerando el Impulso

De la Colección Odisea

Composiciones originales para piano

- La Maravilla de la Vida
- La Vida Continúa
- Nuevos Comienzos
- Llegando
- Hacia la Esperanza
- La Frágil Ilusión
- Mundos Extraños
- Confeti de Decepciones
- En el Vórtice de un Corazón Púrpura
- El Vals del Trapecista
- Odisea en Llanto
- El Carrusel de las Dimensiones Invertidas
- La Guerra Interior
- Desplázame
- Resiliencia Impermanente
- Exilios Duraderos

- Adiós Carina

De la Colección Esclarecimiento

Composiciones originales para piano

- Enchanting Moments
- In Strength and in Weakness
- Sensing Joy
- The Soliloquy of the Wise
- The Call
- Mindful Intentions
- Authenticity
- Edging the Truth
- Dispirited Revelation
- Searching Into the Twilight
- A Perfect Tale of Imperfections
- Through the Storm of Tranquility
- Farming Consciousness
- Resilient Renewal
- Significant Dissonance

De la Colección Ternura

Composiciones originales para piano

- Una y Otra Vez
- El Reencuentro
- Eres Mi Santuario
- Amor Partido
- Serenata Prohibida
- Una Canción por Mis Hijas
- Aquellas Cosas que Sentimos
- El Día en Que Naciste
- Relato de Ilusiones
- Ella
- Esto ya fué
- La Hermandad
- Reunión

De la Colección Naturaleza

Composiciones originales para piano

- Orquídeas Blancas en el Atardecer
- Trece Luces Brillantes
- Luz Nocturna
- Siete Primaveras de Siete
- Horizontes Distantes
- Estación Iluminada
- Una Brisa Danzante al Amanecer
- Sueño Forestal
- Lluvia Dorada
- Aliento de Pluma
- Navegando la Ensoñación
- El Despertar del Tucán

Ejercicios de Poesía y Sonido para la Reflexión y la Relajación

Estos ejercicios combinan poesía y sonido para crear experiencias inmersivas de reflexión y relajación. Comienza con prácticas simples y avanza hacia compromisos más profundos.

Ejercicio 1: Lectura Consciente de Poesía

- Selecciona un poema de la lista recomendada (por ejemplo, "*Volverán las oscuras golondrinas*" de Gustavo Adolfo Bécquer).
- Combínalo con un paisaje sonoro relajante (por ejemplo, olas del océano de *Calm*).
- Lee el poema en voz alta, enfocándote en tu respiración entre cada verso.

Ejercicio 2: Escritura con Sonido Mejorado

- Elige un poema reflexivo (por ejemplo, "*Poema 20*" de Pablo Neruda).
- Reproduce un paisaje sonoro suave (por ejemplo, sonidos de bosque de Noisli).
- Escribe sobre las emociones que el poema evoca mientras estás inmerso en el sonido.

Ejercicio 3: Sonido Inmersivo y Palabra Hablada

- Grábate leyendo un poema favorito.
- Súperponlo sobre un paisaje sonoro personalizado usando *MyNoise*.
- Escucha la grabación durante la meditación o la relajación.

Pasajes Bíblicos del Antiguo Testamento acerca de la Serenidad

1. **"El Señor peleará por vosotros; vosotros solo tenéis que estar quietos" — *Éxodo 14:14***
    - Este versículo, hablado por Moisés a los israelitas mientras enfrentaban al ejército egipcio, fomenta una confianza tranquila en la liberación de Dios, promoviendo la serenidad al instar a la quietud frente al peligro.
2. **"El Señor te bendiga, y te guarde: El Señor haga resplandecer su rostro sobre ti, y tenga de ti misericordia: El Señor alce su rostro sobre ti, y te dé paz" — *Salmos 6:24-26***
    - Conocido como la bendición sacerdotal, este pasaje ofrece serenidad a través del don de la paz de Dios, ligado a Su favor y presencia protectora.
3. **"Conócete ahora con él, y está en paz: así te vendrán bienes" — *Job 22:21***
    - Elifaz sugiere a Job que rendirse a Dios trae paz, presentando la serenidad como resultado de la reconciliación y la confianza en Él.
4. "En paz me acostaré y dormiré: porque tú, Señor, solo me haces habitar en seguridad." — ***Salmos 4:8***
    - Este versículo, pronunciado por David, refleja una profunda serenidad nacida de la confianza absoluta en la protección divina. En

medio de las adversidades, David encuentra descanso físico y espiritual, sabiendo que solo el Señor le otorga seguridad. La imagen de acostarse y dormir en paz evoca una tranquilidad que trasciende las preocupaciones humanas, subrayando que la verdadera serenidad proviene de la certeza de estar bajo el cuidado soberano de Dios.

5. **"Él me hace yacer en pastos verdes: él me guía junto a las aguas tranquilas" — *Salmos 23:2***
   - Este versículo bien conocido usa imágenes de aguas tranquilas y pastos reposados para describir la tranquilidad y serenidad proporcionadas por el cuidado de Dios.
6. **"El Señor dará fortaleza a su pueblo; el Señor bendecirá a su pueblo con paz." — *Salmos 29:11***
   - La serenidad se presenta como una bendición divina, donde Dios otorga paz junto con fortaleza a Su pueblo.
7. **"Descansa en el Señor, y espera pacientemente en él: no te irrites por causa de aquel que prospera en su camino, por causa del hombre que lleva a cabo sus planes malvados." — *Salmos 37:7***
   - David llama a una paciencia serena y confianza en Dios, resistiendo la preocupación a pesar del aparente éxito de los malvados.
8. **"Estad quietos, y sabed que yo soy Dios: seré exaltado entre las naciones, seré exaltado en la tierra." — *Salmos 46:10***
   - Este versículo promueve la serenidad a través de la quietud y el reconocimiento del poder soberano de Dios, calmando los temores con Su autoridad suprema.
9. **"Mejor es un bocado seco, y quietud con él, que una casa llena de sacrificios con contienda." — *Proverbios 17:1***
   - Este proverbio resalta el valor de la serenidad, prefiriendo la paz y la quietud sobre la abundancia marcada por el conflicto.
10. **"Tú guardarás en perfecta paz a aquel cuya mente está fija en ti:**

porque en ti confía." — *Isaias 26:3*

- Isaías vincula la serenidad con una confianza inquebrantable en Dios, prometiendo paz perfecta a aquellos que permanecen firmes en la fe..

11. "Y la obra de la justicia será paz; y el efecto de la justicia, quietud y seguridad para siempre" — ***Isaias 32:17***

    - Este versículo presenta la serenidad como un resultado duradero de la justicia, marcado por paz, quietud y confianza para siempre.

Pasajes Bíblicos del Nuevo Testamento acerca de la Serenidad

1. **"Por tanto, no os afanéis, diciendo: ¿Qué comeremos? o ¿Qué beberemos? o ¿Con qué nos cubriremos? (Porque los gentiles buscan todas estas cosas:) pues vuestro Padre celestial sabe que tenéis necesidad de todas estas cosas. Mas buscad primero el reino de Dios, y su justicia; y todas estas cosas os serán añadidas. Por tanto, no os afanéis por el día de mañana: porque el día de mañana se preocupará de sí mismo. Basta al día su propio mal.." — *Mateo 6:31-34***
   - Jesús fomenta la serenidad al instar a confiar en la provisión de Dios y enfocarse en Su reino, liberando a los creyentes de la ansiedad por las necesidades materiales.
2. **"Venid a mí, todos los que trabajáis y estáis cargados, y yo os daré descanso. Tomad mi yugo sobre vosotros, y aprended de mí; porque soy manso y humilde de corazón: y hallaréis descanso para vuestras almas. Porque mi yugo es fácil, y ligera mi carga." — *Mateo 11:28-30***
   - Jesús ofrece serenidad a través del descanso para los cansados, proporcionando un yugo suave y una carga ligera que calma el alma.
3. **"Y él se levantó, y reprendió al viento, y dijo al mar: Paz, quédate quieto. Y cesó el viento, y hubo una gran calma. Y les dijo: ¿Por qué sois tan temerosos? ¿Cómo es que no tenéis fe?'" — *Marcos 4:39-40***
   - Jesús trae serenidad literal y simbólica al calmar la tormenta, alentando la fe como el camino hacia la paz en medio del caos.

4. **"'Y Jesús, respondiendo, le dijo: Marta, Marta, tú estás ansiosa y turbada por muchas cosas: Pero una cosa es necesaria: y María ha escogido la buena parte, la cual no le será quitada.'" — *Lucas 10:41-42***

    - Jesús contrasta la ansiedad de Marta con el enfoque sereno de María en Él, enseñando que la devoción a Él trae paz duradera

5. **"Paz os dejo, mi paz os doy: no como el mundo la da, os la doy yo. No se turbe vuestro corazón, ni tenga miedo." — *Juan 14:27***

    - Jesús asegura la serenidad a través de Su victoria sobre los problemas del mundo, ofreciendo paz a pesar de los desafíos de la vida.

6. **"Estas cosas os he hablado, para que en mí tengáis paz. En el mundo tendréis tribulación: pero tened buen ánimo; yo he vencido al mundo." — *Juan 16:33***

    - Jesús asegura la serenidad a través de Su victoria sobre los problemas del mundo, ofreciendo paz a pesar de los desafíos de la vida.

7. **"Justificados, pues, por la fe, tenemos paz con Dios por medio de nuestro Señor Jesucristo:" — *Romanos 5:1***

    - Pablo vincula la serenidad con la reconciliación con Dios a través de la fe, estableciendo una relación pacífica con Él.

8. **"Y el Dios de esperanza os llene de todo gozo y paz en el creer, para que abundéis en esperanza por el poder del Espíritu Santo." — *Romanos 15:13***

    - Pablo ora por la serenidad a través del gozo y la paz, arraigados en la confianza y fortalecidos por el Espíritu Santo.

9. **"Por nada estéis afanosos; sino que en todo, mediante oración y súplica con acción de gracias, sean conocidas vuestras peticiones ante Dios. Y la paz de Dios, que sobrepasa todo entendimiento, guardará vuestros corazones y vuestras mentes en Cristo Jesús." — *Filipenses 4:6-7***

    - Pablo enseña que la oración reemplaza la ansiedad con la paz trascendente de Dios, que guarda los corazones y las mentes para la serenidad.

10. **"Y la paz de Dios gobierne en vuestros corazones, a la cual también fuisteis llamados en un solo cuerpo; y sed agradecidos." — *Colosenses 3:15***
    - Pablo insta a los creyentes a dejar que la paz de Cristo gobierne en sus corazones, fomentando la serenidad a través de la gratitud y la unidad.
11. **"Y el mismo Señor de paz os dé paz siempre por todos los medios. El Señor sea con todos vosotros." — *2 Tesalonicenses 3:16***
    - Pablo bendice a los creyentes con una paz continua de Dios, enfatizando la serenidad como un don constante.
12. **"Y el Dios de paz, que resucitó de los muertos a nuestro Señor Jesucristo, el gran pastor de las ovejas, por la sangre del pacto eterno, os haga perfectos en toda buena obra para hacer su voluntad, obrando en vosotros lo que es agradable a sus ojos, por Jesucristo; a quien sea la gloria por los siglos de los siglos. Amén." — *Hebreos 13:20-21***
    - Esta bendición invocación la paz de Dios como fuente de serenidad, ligada a la resurrección y la guía de Cristo.
13. **"Mas la sabiduría que es de lo alto es primeramente pura, luego pacífica, amable, y fácil de ser persuadida, llena de misericordia y de buenos frutos, sin parcialidad, y sin hipocresía. Y el fruto de la justicia se siembra en paz por los que hacen la paz." — *Santiago 3:17-18***
    - Santiago describe la sabiduría celestial como amante de la paz, vinculando la serenidad con una vida justa y armoniosa.
14. **"Echando toda vuestra ansiedad sobre él; porque él tiene cuidado de vosotros." — *1 Pedro 5:7***
    - Pedro promueve la serenidad al animar a los creyentes a liberar sus preocupaciones a Dios, confiando en Su cuidado.

15. **"Y Dios enjugará toda lágrima de los ojos de ellos; y no habrá más muerte, ni tristeza, ni llanto, ni habrá más dolor: porque las cosas anteriores han pasado." — *Apocalipsis 21:4***

    - Esta visión de la eternidad promete una serenidad definitiva, donde la presencia de Dios elimina toda tristeza y establece una paz duradera.

Tu Guía a la Serenidad: Los Doce Pilares

Enfoque y Claridad Mental

- Sintoniza la Serenidad
- Aguamarina
- Siéntate en silencio durante 5 minutos, enfocándote en un solo pensamiento.
- Anota en tu diario qué claridad emergió del silencio.

Calma y Serenidad

- Sostiene la Serenidad
- Jade
- Usa una respiración 4-4-4 cuando estés estresado hoy.
- Anota en tu diario cómo fluyó la calma después de respirar.

Sanación y Equilibrio

- Irradia la Serenidad
- Topacio

- Prueba 10 minutos de respiración profunda para encontrar el equilibrio.
- Anota cómo el equilibrio cambió con el brillo de la serenidad.

Confianza y Resiliencia Interior

- Enciende la Serenidad
- Peridoto
- Establece y logra una pequeña meta hoy.
- Reflexiona sobre cómo la serenidad alimentó tu confianza.

Fuerza y Coraje

- Fortalece la Serenidad
- Diamante
- Enfrenta un pequeño miedo: escríbelo, da un paso.
- Anota cómo se sintió la serenidad al enfrentar tu miedo.

Sabiduría y Mayor Conciencia

- Incorpora la Serenidad
- Esmeralda
- Haz una pausa antes de tomar una decisión, dejando que la serenidad guíe tu claridad.
- Escribe la percepción que la serenidad moldeó en tu elección.

Tranquilidad y Paz Interior

- Arraiga la Serenidad
- Amatista
- Visualiza un lugar pacífico durante 5 minutos.
- Anota un detalle tranquilo que te ancló.

Amor y Afecto

- Abraza la Serenidad
- Rubí
- Extiende una palabra amable, abrazando la serenidad.
- Anota en tu diario cómo se sintió la serenidad al conectar con otro.

Abundancia y Bendiciones

- Manifiesta la Serenidad
- Zafiro
- Haz una lista de tres cosas por las que estás agradecido hoy.
- Reflexiona sobre una bendición que la serenidad iluminó.

Prosperidad y Compasión

- Invoca la Serenidad
- Oro
- Realiza un pequeño acto de bondad hoy.
- Reflexiona sobre el papel de la serenidad en tu bondad.

Positivismo y Optimismo

- Infunde la Serenidad
- Citrino
- Replantea un desafío con un enfoque positivo.
- Anota en tu diario cómo la serenidad generó una perspectiva esperanzadora.

Transformación y Autorrealización

- Transciende hacia la Serenidad
- Turquesa
- Reflexiona sobre un área que deseas cambiar y da un paso.
- Anota en tu diario qué cambió con el impulso de la serenidad.

Estudios clave sobre la interrupción del Internet

Consecuencias emocionales y sociales de la desconexión digital

- Casey, J. A., Fukurai, M., Hernandez, D., Lee, E. K., Morello-Frosch, R., & DeLone, C. (2020). Power outages and community health: A narrative review. Current Environmental Health Reports, 7(4), 371–383. https://doi.org/10.1007/s40572-020-00285-5

- Chen, J., Wu, X., & Zhu, W. (2016). What happened to our environment and mental health as a result of Hurricane Sandy? Disaster Medicine and Public Health Preparedness, 10(3), 314–319. https://doi.org/10.1017/dmp.2016.38

- International Rescue Committee. (2022). Social media, connectivity, and mental health in humanitarian settings. https://www.rescue.org/report

- Kim, H., & Cherry, K. E. (2021). Mental health effects of Hurricane Sandy on older adults. Clinical Gerontologist, 44(1), 47–59. https://doi.org/10.1080/07317115.2020.1837584

- King, G., Pan, J., & Roberts, M. E. (2017). How the Chinese government fabricates social media posts for strategic distraction, not engaged argument. American Political Science Review, 111(3), 484–501. https://doi.org/10.1017/S0003055417000144

- Loader, B. D., Vromen, A., & Xenos, M. (2019). Digital exclusion and its impact on mental health. Information, Communication & Society, 22(5),

689–703. https://doi.org/10.1080/1369118X.2019.1642937

- Lu, Y., & Casey, J. (2017). The mental and physical toll of living without power after a disaster. Environmental Justice, 10(3), 93–97. https://doi.org/10.1089/env.2017.0002
- Magrey, A. A., Wani, Z. A., & Dar, M. M. (2020). Psychological impact of the internet shutdown in Kashmir. The Lancet Psychiatry, 7(4), 301. https://doi.org/10.1016/S2215-0366(20)30045-2
- Savoia, E., Lin, L., & Testa, M. A. (2021). The impact of internet outages on mental health during the COVID-19 pandemic. Journal of Medical Internet Research, 23(7), e26285. https://doi.org/10.2196/26285
- Starbird, K., Dailey, D., & Palen, L. (2020). The emotional toll of online disconnection during disasters. In Proceedings of the 2020 CHI Conference on Human Factors in Computing Systems (pp. 1–12). Association for Computing Machinery. https://doi.org/10.1145/3313831.3376601
- UNICEF Office of Research – Innocenti. (2021). Digital connectivity during COVID-19: Global insights into adolescent well-being. https://www.unicef-irc.org/publications/
- Unknown author. (2016). Interconnected or disconnected? Promotion of mental health in the digital age. World Psychiatry, 15(2), 200–201. https://doi.org/10.1002/wps.20330
- Rydzak, J. (2020). Internet shutdowns and political violence: Evidence from India. American Political Science Re

Glosario

Abundancia

Una mentalidad de prosperidad y gratitud que simboliza el reconocimiento de las bendiciones de la vida. En los *Doce Pilares del Bienestar,* se asocia con el cristal de zafiro, fomentando la riqueza emocional y espiritual. La abundancia promueve la serenidad al centrar la atención en la gratitud y la plenitud.

Aliteración

La repetición de sonidos consonánticos iniciales en palabras cercanas, un recurso poético que mejora el ritmo y el estado de ánimo. Utilizado en poesía para crear un efecto calmante o enfático, apoyando la expresión emocional y la serenidad.

Alquimia Emocional

La transformación de emociones negativas en positivas a través de salidas creativas como la poesía. Un concepto central, convierte el dolor en belleza, fomentando la resiliencia y la paz interior.

Amplitud

La fuerza o intensidad de una onda sonora, que determina su volumen. En el diseño de paisajes sonoros, amplitudes suaves calman, mientras que las más altas pueden estimular, afectando los estados emocionales y los niveles de serenidad.

Armonía

La combinación agradable de sonidos o ideas. En el diseño de paisajes sonoros, equilibra las frecuencias; en la poesía, alinea el ritmo y el significado, ambos fomentando la paz.

Asonancia

La repetición de sonidos vocálicos en palabras cercanas, una técnica poética que añade musicalidad. Mejora el flujo calmante de los versos, alineándose con el uso de la poesía en el libro para la alquimia emocional.

Atención Plena

El acto de estar completamente presente, reduciendo el estrés y mejorando el bienestar. Entrelazada en las prácticas del libro, es fundamental para la serenidad.

Cadencia

El flujo rítmico del sonido o la poesía, creado por patrones de énfasis y pausa. En paisajes sonoros y versos, la cadencia fomenta un estado meditativo, guiando a los lectores hacia la serenidad.

Calma

Un estado de tranquilidad, libre de agitación. Vinculado al cristal de jade en los *Doce Pilares del Bienestar,* representa una mente y cuerpo en quietud, cultivados mediante prácticas conscientes como el diseño de paisajes sonoros y la poesía.

Catarsis

La liberación de emociones acumuladas a través de la expresión creativa, como escribir poesía o interactuar con el sonido. Un mecanismo clave en el libro para transformar el estrés en serenidad.

Consonancia

La repetición de sonidos consonánticos, a menudo al final de las palabras, en poesía. Añade armonía y textura, mejorando la calidad calmante de los versos como herramienta para la estabilidad emocional.

Corte de Internet

Una interrupción en el acceso a internet, explorada como un desafío para la serenidad moderna. Fomenta la dependencia de recursos internos como el sonido y las palabras para la calma.

Corteza Auditiva

La región del cerebro que procesa el sonido. Activada durante el diseño de paisajes sonoros y la escucha de poesía, conecta los estímulos auditivos con respuestas emocionales y cognitivas, apoyando prácticas de bienestar.

Cortisol

Una hormona del estrés liberada por el eje HPA. Las prácticas de serenidad como el diseño de paisajes sonoros y la poesía reducen los niveles de cortisol, ofreciendo evidencia fisiológica de sus efectos calmantes.

Decibelio (dB)

Una unidad que mide la intensidad del sonido. Comprender los decibelios ayuda a diseñar paisajes sonoros, donde niveles bajos (por ejemplo, 30-40 dB) promueven la calma, mientras que niveles altos pueden perturbar la paz.

Dependencia Digital

La reliance excesiva en la tecnología para la vida diaria, a menudo conduciendo al tecnoestrés. El libro sugiere contrarrestarla con paisajes sonoros, poesía y desintoxicación digital para restaurar el equilibrio y la serenidad.

Desintoxicación Digital

Una pausa deliberada del uso de dispositivos electrónicos para reducir el desorden mental y el estrés. Promueve la serenidad al reconectar a las personas con el momento presente y los ritmos naturales.

Diseño de Paisajes Sonoros

El arte de diseñar entornos sonoros para el bienestar. Un método principal en el libro, usa sonidos ambientales, frecuencias y ritmos para fomentar la serenidad.

Doce Pilares del Bienestar

Un marco de doce principios para el bienestar holístico, cada uno asociado con un cristal (por ejemplo, Fuerza y Coraje con Diamante, Calma y Serenidad con Jade). Guía a los lectores hacia el equilibrio a través del sonido, la poesía y la atención plena.

Ecología Acústica

El estudio de la relación entre los seres vivos y sus entornos sonoros. Relevante para el diseño de paisajes sonoros, destaca cómo el sonido influye en el bienestar. La ecología acústica guía la creación de santuarios sonoros personales armoniosos.

Eje HPA

El eje hipotalámico-hipofisario-adrenal, que regula las respuestas al estrés. Las prácticas de serenidad lo desactivan, reduciendo el cortisol y mejorando el bienestar.

Elegía

Un poema melancólico que lamenta una pérdida, a menudo usado para procesar el duelo. Una de las formas poéticas principales en el libro, las elegías ofrecen un camino estructurado hacia la sanación emocional y la serenidad.

Empatía

La capacidad de comprender y compartir los sentimientos de otros. Cultivada a través de la poesía y la conexión humana, la empatía mejora el bienestar y contrasta con las limitaciones de los seres sintéticos.

Encabalgamiento

Una técnica poética donde un pensamiento continúa de una línea a la siguiente sin pausa. Crea un flujo fluido y continuo, reflejando el vaivén de las emociones y las ondas sonoras.

Estabilidad Emocional

Técnicas para estabilizar las emociones, como interactuar con sonidos o palabras. Esencial para mantener la serenidad frente a desafíos modernos como la sobrecarga de información.

Estrofa

Un grupo de líneas en un poema. Organiza pensamientos y emociones, proporcionando un marco para la reflexión y la calma.

Ética de la Inteligencia Artificial

Principios que rigen el uso moral de la inteligencia artificial. Explorados en el libro como parte de la dinámica humano-tecnología, cuestionan cómo la IA afecta la serenidad. Las consideraciones éticas resaltan el equilibrio entre el avance tecnológico y los valores humanos.

Expresión Creativa

El acto de transmitir emociones o ideas a través del arte, como la poesía o la música. Central en el libro como un camino hacia la serenidad, permite la liberación emocional y el autoconocimiento.

Frecuencia

La tasa de vibración de las ondas sonoras, medida en hercios (Hz). Las frecuencias bajas (por ejemplo, 20-200 Hz) calman, mientras que las altas (por ejemplo, 2000 Hz) estimulan, moldeando paisajes sonoros para la serenidad.

Haiku

Un poema japonés con una estructura de 5-7-5 sílabas, a menudo evocando la naturaleza. Promueve la atención plena y la brevedad, destilando emociones en momentos serenos y conmovedores.

Imágenes

Lenguaje vívido y sensorial en la poesía que evoca imágenes mentales. Fortalece la resonancia emocional y la atención plena, profundizando la conexión del lector con la serenidad.

Inteligencia Artificial (IA)

La simulación de la inteligencia humana por máquinas. El libro contrasta las capacidades de la IA con la creatividad humana, señalando su incapacidad para replicar la profundidad espiritual de la poesía o la intuición, enfatizando el camino único de la humanidad hacia la serenidad.

Intuición

La comprensión instintiva sin razonamiento consciente. Guía la creatividad en la poesía y el diseño de paisajes sonoros, distinguiendo la expresión humana de la salida lógica de la IA.

Limerick

Un poema juguetón de cinco líneas con un esquema de rima AABBA. Ofrece alivio ligero, equilibrando el trabajo emocional más profundo con alegría y facilidad.

Mapa Sonoro

Un registro de sonidos ambientales y sus efectos. Un ejercicio para aumentar la conciencia auditiva, ayudando a crear paisajes sonoros calmantes.

Meditación

Una práctica de enfocar la mente para lograr calma y conciencia. Combinada con paisajes sonoros y poesía, profundiza la serenidad y la atención plena.

Melodía

Una secuencia de notas que forman una melodía cohesiva, a menudo el corazón emocional de un paisaje sonoro. Refleja la creatividad humana y puede calmar o elevar.

Metáfora

Una figura retórica que compara cosas diferentes sin usar "como" o "parecido a". Enriquece la poesía, profundizando la comprensión emocional y fomentando la serenidad a través de conexiones simbólicas.

Métrica

El patrón rítmico de sílabas acentuadas y no acentuadas en la poesía. Crea una cadencia musical, mejorando el efecto calmante de los versos.

Minimalismo Digital

Un estilo de vida que reduce el compromiso digital a lo esencial, mejorando el enfoque y la paz. Se alinea con la defensa del libro por un uso consciente de la tecnología para apoyar el bienestar.

Oda

Un poema lírico que expresa admiración o emoción, a menudo hacia un sujeto. Inspira asombro y paz, alineándose con los temas del libro sobre belleza y serenidad.

Onda Sonora

Una vibración que viaja a través de un medio, percibida como sonido. Comprender sus propiedades (por ejemplo, frecuencia, amplitud) es clave para un diseño de paisajes sonoros efectivo.

Ondas Alfa

Ondas cerebrales (8-12 Hz) asociadas con un estado relajado y tranquilo, presentes durante la meditación ligera o el flujo creativo. Potenciadas por paisajes sonoros relajantes, las ondas alfa son clave para lograr la visión de serenidad del libro.

Ondas Theta

Ondas cerebrales (4-8 Hz) vinculadas a la relajación profunda y la creatividad. Potenciadas por paisajes sonoros, apoyan la meditación y la serenidad.

Optimismo

Una perspectiva esperanzada, vinculada al cristal de citrino en los Doce Pilares. Construye resiliencia y serenidad al enfocarse en la posibilidad y la luz.

Oxitocina

Una hormona relacionada con el vínculo y la relajación. Las prácticas de serenidad como el sonido y la poesía pueden aumentar su liberación, fomentando conexión y calma.

Poesía

Una forma literaria que usa ritmo e imágenes para evocar emociones. Central en el libro, sirve como herramienta para la reflexión, la sanación y la serenidad.

Poesía Multicultural

Poesía de diversas tradiciones que explora la paz y la armonía. Amplía las perspectivas, mostrando la serenidad como una búsqueda humana universal.

Resiliencia

La capacidad de recuperarse de la adversidad, vinculada al cristal de peridoto en los Doce Pilares. Construida a través de prácticas creativas, apoya una paz duradera.

Resonancia

La amplificación del sonido o la emoción a través de la vibración o la conexión. Vincula el diseño de paisajes sonoros y la poesía con la experiencia humana profunda.

Rima

La repetición de sonidos similares en la poesía, creando armonía. Mejora la memorabilidad y la calma, alineando las palabras con el poder calmante del sonido.

Ritmo

El patrón de pulsos en el sonido o la poesía. Impulsa el flujo y la energía, guiando a los oyentes o lectores hacia un estado sereno.

Ritmos Binaurales

Una ilusión auditiva creada cuando dos frecuencias ligeramente diferentes se reproducen en cada oído, percibida como un tono pulsante. Usada en paisajes sonoros para influ Rudy influir en las ondas cerebrales (por ejemplo, alfa o theta), promoviendo relajación y enfoque.

Ruido Blanco

Una mezcla constante de todas las frecuencias, que enmascara otros sonidos. Usado en paisajes sonoros para promover el enfoque o el sueño, creando un fondo auditivo neutral.

Sabiduría

Conocimiento obtenido a través de la experiencia, vinculado al cristal de esmeralda en los Doce Pilares. Guía una vida consciente y la expresión creativa para la serenidad.

Santuario Sonoro Personal

Un entorno sonoro personalizado para la relajación o el enfoque. Un ejercicio práctico en el libro, capacita a los lectores para crear sus propios espacios serenos.

Serenidad

Un estado de calma y paz, imperturbable por el caos externo. El tema guía del libro, alcanzado a través del sonido, la poesía y una vida consciente.

Serenidad Bíblica

La serenidad descrita en contextos bíblicos, como la Oración de la Serenidad que pide paz y aceptación. Resalta una dimensión espiritual de calma, fomentando la rendición y la confianza como caminos hacia la paz interior.

Seres Sintéticos

Entidades artificiales que imitan rasgos humanos, como construcciones de IA. Contrastados con la creatividad humana, destacan la profundidad espiritual de la poesía y el sonido.

Silencio Consciente

La práctica intencional de quietud y conciencia silenciosa. Complementa el diseño de paisajes sonoros, ofreciendo un contrapunto al sonido para lograr la paz interior.

Símil

Una comparación que usa "como" o "parecido a" en la poesía. Añade vivacidad, mejorando la conexión emocional y la serenidad a través de imágenes relacionables.

Soneto

Un poema de 14 líneas con un esquema de rima fijo, a menudo explorando el amor o la naturaleza. Proporciona estructura para la reflexión, conduciendo a la paz.

Sonidos Ambientales

Ruidos Payload de fondo, como el viento o el tráfico lejano, que crean una atmósfera sin requerir atención. Integrales para el diseño de paisajes sonoros, promueven la relajación al integrarse en el entorno o enmascarar sonidos disruptivos.

Sonidos de la Naturaleza

Ruidos orgánicos como el canto de los pájaros o las olas, usados en paisajes sonoros por su calma inherente. Conectan a los oyentes con los ritmos de la naturaleza, promoviendo la relajación.

Tecnoestrés

Estrés por el uso constante de la tecnología. Abordado como un desafío moderno, contrarrestado por las prácticas del libro para restaurar la paz.

Timbre

La calidad única de un sonido que distingue su fuente. Moldea las respuestas emocionales en el diseño de paisajes sonoros, desde calmante hasta discordante.

Transformación

Crecimiento y cambio personal, vinculado al cristal de turquesa en los Doce Pilares. Un resultado clave de las prácticas del libro, que lleva a la serenidad.

Verso Libre

Poesía sin rima ni métrica fija, que permite una expresión sin restricciones. Usada en el libro para la reflexión personal, su flexibilidad ayuda a la liberación emocional y la atención plena.

Visualización

Crear imágenes mentales para mejorar la relajación o los objetivos. Combinada con la poesía y el sonido, amplifica sus efectos calmantes.

References

- Adorno, T. W. (1973). *Negative dialectics* (E. B.Ashton, Trans.). Routledge. (Original work published 1966)
- Adorno, T. W. (1973). *The jargon of authenticity* (K.Tarnowski & F. Will, Trans.). Northwestern University Press. (Original workpublished 1964)
- Adorno, T. W. (1976). *Introduction to the sociology of music* (E. B. Ashton, Trans.). Seabury Press. (Original work published 1962)
- Adorno, T. W. (1997). *Aesthetic theory* (R.Hullot-Kentor, Trans.). University of Minnesota Press. (Original work published1970)
- Adorno, T. W. (1999). *Sound figures* (R. Livingstone,Trans.). Stanford University Press. (Original work published 1959
- Adorno, T. W. (2002). *Essays on music* (R. D.Leppert, Ed.). University of California Press.
- Adorno, T. W. (2006). *Philosophy of new music* (R.Hullot-Kentor, Trans.). University of Minnesota Press. (Original work published1949)
- Bohm, D.(1998). *On Creativity*. New York:Routledge.
- Church, D., & Dispenza, J. (2018). *Mind to matter:*

The astonishing science of how your brain creates material reality.Hay House.

- Dispenza, J. (2012). *Breaking the habit of being yourself: How to lose your mind and create a new one*. Hay House.
- Dispenza, J. (2007). *Evolve your brain: The science of changing your mind*. Health Communications.
- Fromm, E. (1997). On being human (R. Funk, Ed.). Continuum.
- Fromm, E. (1989). *The art of being* (R. Funk, Ed.).Continuum.
- Fromm, E. (1976). *To have or to be?* Harper &Row.
- Fromm, E. (1968). *The revolution of hope: Toward a humanized technology*. Harper & Row.
- Fromm, E. (1947). *Man for himself: An inquiry into the. psychology of ethics*. Rinehart.
- Hayes JF, Maughan DL, Grant-Peterkin H. Interconnected or disconnected? Promotion of mental health and prevention of mental disorder in the digital age. Br J Psychiatry. 2016 Mar;208(3):205-7. doi :10.1192/bjp.bp.114.161067. PMID: 26932479; PMCID: PMC4939856.
- Herbert, F. (1965). *Dune*. Chilton Books.
- Herbert, F. (1966). *Destination: Void*. Berkeley Medallion.
- Herbert, F. (1968). *The Heaven Makers*. Avon Books.
- Herbert, F. (1969). *Dune Messiah*. G.P. Putnam'sSons.

- Herbert, F. (1970). *The Worlds of Frank Herbert*. AceBooks.
- Herbert, F. (1972). *Soul Catcher*. G.P. Putnam'sSons.
- Herbert, F. (1972). *The Godmakers*. G.P. Putnam'sSons.
- Herbert, F. (1973). *The Book of Frank Herbert*. DAWBooks.
- Herbert, F. (1976). *Children of Dune*. G.P. Putnam'sSons.
- Herbert, F., & Ransom, B. (1979). *The Jesus Incident*. G.P. Putnam's Sons.
- Herbert, F., & Barnard, M. (1980). *Without Me,You're Nothing: The Essential Guide to Home Computers*. Simon &S chuster.
- Herbert, F. (1981). *God Emperor of Dune*. G.P.Putnam's Sons.
- Herbert, F. (1984). *Heretics of Dune*. G.P. Putnam'sSons.
- Herbert, F. (1985). *Chapterhouse: Dune*. G.P.Putnam's Sons.
- Horkheimer, M.,& Adorno, T. W. (2002). *Dialectic of enlightenment* (E.Jephcott, Trans.). Stanford University Press. (Original work published 1947)
- Matousek, R. H., Dobkin, P. L., & Pruessner, J. (2013).Cortisol as a marker for improvement in mindfulness-based stress reduction. *Journal of Clinical Endocrinology & Metabolism*, 98(2), E374-E382. https://doi.org/10.1210/jc.2012-3124

- Nifco, N.(2007). *Sense-making and communities of tolerance: Emerging outcomes in the modelling of a conceptual framework applying multi-agent systems* (Doctoral dissertation). Fielding Graduate Institute.

- Nifco, N.(2005). A conceptualization of knowledge management practices through knowledge, awareness, and meaning. *Electronic Journal of Knowledge Management, 3*(1), 45-52.

- Nifco, N.(2004). *Effective knowledge management practices under the constructs of knowledge, awareness, and meaning: An organic approach* (Master's thesis). Royal Roads University.

- Nifco, N. (2004). *Systems thinking and the notion to understand an organic self by modelling the principles of organic thinking in a complex adaptive system: Reflections from the Bethel, Main KA3 workshop experience* (HOD 703). Bethel, MA: Fielding Graduate University.

- Nilsson, U. (2007). The effect of music intervention instress response to cardiac surgery patients: A randomized clinical trial. *British Journal of Psychiatry*, 191(3), 234-240. https://doi.org/10.1192/bjp.bp.106.034884

- Oliver, M. (1986). *Dream Work*. Atlantic Monthly-Press.

- Peale, N. V. (1982). *Positive imaging: The powerful way to change your life*. Fawcett Crest.

- Singer, M. A. (2022). *Living untethered: Beyond the human predicament*. New Harbinger Publications.

- Singer, M. A. (2015). *The surrender experiment:*

Myjourney into life's perfection. Harmony Books.

- Singer, M. A. (2007). *The untethered soul: Thejourney beyond yourself*. New Harbinger Publications.
- Stavish, M. (2006). *Kabbalah for Health & Wellness*. Llewellyn Publications.
- Whyte, D. (1989). *Songs for Coming Home*. Many RiversPress.
- Whyte, D. (1994). *The Heart Aroused: Poetry and the Preservation of the Soul in Corporate America*. Currency.
- Whyte, D. (1997). *The House of Belonging*. ManyRivers Press.
- Whyte, D. (2002). *Crossing the Unknown Sea: Work as a Pilgrimage of Identity*. Riverhead Books.
- Whyte, D. (2003). *Everything Is Waiting For You*.M any Rivers Press.
- Whyte, D. (2010). *The Three Marriages: Reimagining Work,Self and Relationship*. Riverhead Books.
- Whyte, D. (2012). *Pilgrim*. Many Rivers Press.
- Whyte, D. (2014). *Consolations: The Solace, Nourishment and Underlying Meaning of Everyday Words*. Many Rivers Press.
- Whyte, D. (2018a). *The Bell and the Blackbird*. ManyRivers Press.
- Whyte, D. (2018b). *David Whyte Essentials*. ManyRivers Press.
- Whyte, D. (2021). *Consolations: The Solace, Nourishment and Underlying Meaning of Everyday Words*

(Revised edition). Many Rivers Press.

- Whyte, D. (2022). *The Sea in You*. Many Rivers Press

www.ingramcontent.com/pod-product-compliance
Lightning Source LLC
LaVergne TN
LVHW011147061026
849535LV00003B/640
9781069637611